Dr Roger Gould

Gérez vos émotions, perdez du poids !

Dites non à l'alimentation consolation

Ixelles éditions

Traduction : Sabine Rolland
Ouvrage réalisé sous la direction de Sophie Descours

Titre original : *Shrink yourself*

ISBN 978-2-87515-047-9
D/2010/11.948/48
Dépôt légal : 1er trimestre 2010

E-mail : contact@ixelles-editions.com
Site Internet : www.ixelles-editions.com
Ixelles Éditions est une division de Ixelles Publishing SA

Introduction

Il y a vingt ans, j'ai commencé à travailler avec certains de mes patients en psychothérapie qui souffraient également de troubles du comportement alimentaire. Quand ils me disaient qu'ils avaient du mal à contrôler leur poids parce qu'ils mangeaient trop, je leur demandais : « Pourquoi mangez-vous trop si ce n'est pas un choix délibéré de votre part ? » Leurs réponses à cette question, toujours la même, que j'ai posée pendant des années, ne sont pas difficiles à imaginer. Ce sont celles que vous trouvez dans tous les livres de régimes, dans tous les blogs, dans toutes les confessions de personnes fortes, boulimiques ou, sans aller jusque-là, qui se suralimentent au quotidien. Ces personnes mangent parce qu'elles ont une faim de loup, parce qu'elles s'ennuient, parce qu'elles se sentent seules, parce qu'elles sont mariées, parce qu'elles sont célibataires, parce qu'elles passent devant une pâtisserie, parce qu'elles sont à une soirée, parce que leur mère fait la cuisine et qu'elles ne veulent pas la décevoir, parce qu'elles souhaitent égaler le bon coup de fourchette de leur mari, parce qu'elles refusent de se priver, parce qu'elles sont déprimées, etc.

J'ai étudié la question pendant des années. Mes patients me parlaient de leur problème, nous admettions, ensemble, que leur comportement était assez illogique et pouvait être lié à certains aspects de leur enfance et de leur éducation, mais tout ce travail d'exploration demeurait superficiel et ne me menait nulle part. Mes patients tournaient en rond, me répétant qu'ils mangeaient parce qu'ils étaient en colère contre untel, qu'ils s'étaient bien juré de ne pas recommencer, mais qu'ils ressentaient une telle culpabilité qu'ils envoyaient balader tous les régimes et continuaient de se gaver. Ils me disaient qu'ils étaient complètement impuissants dès qu'ils se retrouvaient face à la nourriture, trop démunis pour avoir un comportement raisonnable.

Un jour, ça a fait tilt dans ma tête. « Impuissance face à la nourriture » – voilà la clé du problème ! En fait, je leur posais la mauvaise question. Il ne fallait pas leur demander : « Pourquoi mangez-vous ? », mais : « Pourquoi vous sentez-vous impuissant ? » Pourquoi, après vous être juré de contrôler votre comportement alimentaire, votre envie de manger est-elle si forte qu'elle – ou que cette partie de vous-même – l'emporte sur votre intention consciente ? Vous n'êtes pas seulement victime d'un besoin de manger irrépressible, mais d'une lutte pour le pouvoir entre deux parties de votre cerveau : laquelle va avoir le dessus quand votre main s'apprête à saisir la part de gâteau au chocolat ?

Une fois que j'ai réalisé cela, j'étais en terrain de connaissance, et je n'ai pas tardé à trouver la réponse à cette nouvelle question : « Pourquoi vous sentez-vous impuissant ? » J'ai découvert que le rapport problématique à la nourriture de certains de mes patients – en majorité des patientes – offrait de grandes similitudes avec l'alcoolisme et la toxicomanie. Les alcooliques et les toxicomanes se sentent complètement impuissants face à l'alcool et à la drogue, mais c'est face à leur existence même, ou plus exactement à certains aspects de leur vie, qu'ils sont réellement impuissants. Quand ils se retrouvent confrontés à telle ou telle difficulté, ils se tournent vers ces substances dangereuses et/ou illégales, alors que les personnes dépendantes de la nourriture recourent, dans la même situation, à un tranquillisant légal et en vente partout !

J'ai compris également que les problèmes d'hyperphagie ou de suralimentation compulsive étaient en rapport avec les différents stades de notre développement psychique. Mon précédent livre s'articulait autour d'un aspect de l'impuissance : celui de la sécurité. Dans *Gérez vos émotions, perdez du poids*, j'axe mon propos sur la maturation de la conscience de l'individu. Pourquoi ? Parce que c'est sa conscience exagérément critique qui lui fait croire, à tort, qu'il est impuissant. Ma formation de psychanalyste m'a plongé dans toute la complexité de ce terrible conflit interne entre l'individu et sa conscience critique, conflit qui sous-tend le sujet de ce livre – comment prendre son poids et sa vie en main.

J'ai écrit ce livre pour vous faire partager ce que j'ai appris et ce qui a déjà marché pour des milliers de personnes.

Qui, lorsqu'il s'agit de contrôler son poids, ne cherche pas une solution simple, voire carrément un remède miracle ? Où que vous regardiez, vous ne pouvez pas échapper à la publicité pour un nouveau régime, une nouvelle pilule amaigrissante, un nouveau programme d'exercice physique ou une nouvelle solution chirurgicale. J'aurais aimé vous offrir un moyen tout simple de combattre ce qui vous empoisonne la vie depuis si longtemps, mais j'en suis bien incapable. En revanche, ce que je peux vous offrir, c'est le fruit de mes années d'expérience. Aujourd'hui, je suis convaincu que le sentiment d'impuissance joue un rôle clé dans les problèmes de poids et qu'il faut agir sur lui pour pouvoir agir sur son poids. L'impuissance est le chaînon manquant. À elle seule, elle explique pourquoi vos tentatives répétées pour maigrir ont échoué ou pourquoi vos succès ont été de courte durée. Je ne vous apporte pas une solution magique, mais une démarche psychologique qui a fait ses preuves et vous permettra de retrouver la maîtrise, non seulement de votre comportement alimentaire, mais aussi de nombreux aspects de votre vie.

Pourquoi mangez-vous ?

Au départ, la nourriture n'est pas seulement une source de vie, mais une expression de l'amour. L'hospitalité, au cœur de la quasi-totalité des cultures, se manifeste par un acte simple : offrir à manger. Et une fête ou une cérémonie ne serait pas complète sans le repas qui l'accompagne.

Manger pour des raisons autres que la simple survie est un aspect normal de l'existence. La nourriture ne devient problématique qu'à partir du moment où elle devient indissociable des sentiments et des émotions. Et tout commence dans l'enfance. « Quand j'étais sage, je recevais un biscuit » ; « Quand je tombais et que je pleurais, on me donnait quelque chose à manger pour me consoler » ; « Le seul moment que je partageais avec ma mère, c'était à la table de la cuisine, devant le repas » ; « Quand je m'étais mal conduit, j'étais privé de dessert » – voilà ce que j'entendais de la bouche de mes patients. D'un simple moyen de subsistance, la nourriture peut devenir une récompense, une consolation, une distraction, une punition, un objet d'amour, une amie et bien d'autres choses encore. À partir de là, elle devient pour l'individu un moyen de contrôler ses émotions – de faire face à son sentiment d'impuissance. Une fois que la nourriture constitue un moyen privilégié d'aborder un problème quelconque, l'individu cesse de développer de nouvelles manières de gérer ses tensions intérieures, éprouve de plus en plus de difficultés à contrôler son poids et finit par renforcer son sentiment d'impuissance.

Autrement dit, quand quelque chose vous ennuie ou vous perturbe (quelqu'un qui vous ignore, par exemple), vous vous sentez mal à l'aise et vous êtes pris d'une irrésistible envie de manger. Et si vous mangez plus que de raison, vous le regrettez aussitôt après, vous vous haïssez et vous prenez quelques grammes supplémentaires. En général, le moment où vous éprouvez un malaise intérieur coïncide avec celui où vous avez une envie de nourriture soudaine et irrépressible. Prenons un exemple concret. J'ai eu en consultation Claire, une femme mariée de trente-trois ans qui avait une dizaine de kilos en trop. Elle m'a raconté qu'un jour elle s'était empiffrée après s'être disputée avec son mari. Je lui ai demandé pourquoi elle avait choisi de manger pour gérer ce qu'elle ressentait au fond d'elle-même. Elle m'a répondu : « Avais-je le choix ? » Pendant la demi-heure qui suivit, nous avons cherché, ensemble, ce qu'elle aurait pu faire d'autre que de manger. Et nous avons trouvé six autres options. Par exemple, elle aurait pu reconnaître ses torts, se détendre en allant faire une promenade ou en prenant un bain ou se donner le temps de réfléchir à la situation pour clarifier ses sentiments et ses émotions. Au fil des années, j'ai été frappé par le nombre impressionnant d'individus qui avaient la même réaction que Claire. Il se passait quelque chose et ces individus sentaient qu'ils n'avaient pas d'autres moyens que de manger pour gérer ce qui venait de se passer. Ils capitulaient devant la nourriture parce qu'ils se sentaient impuissants. En choisissant de manger, ils renonçaient totalement à leur capacité de résoudre leurs problèmes et de prendre leur vie en main, ce qui ne faisait que renforcer leur sentiment d'impuissance. Le seul moyen de redevenir maître de votre vie et de vos choix est de vous accorder une pause, le temps de réfléchir à ce que vous pouvez faire, à part manger, quand une émotion vous envahit. Même si vous pouvez ne pas avoir vraiment conscience que quelque chose vous a ennuyé, troublé ou perturbé, si vous vous surprenez à avoir faim alors que vous venez de manger, vous pouvez logiquement en déduire que vous avez été remué émotionnellement.

De nombreuses études ont montré que, dans ces moments-là, vous n'avez pas réellement faim ; vous êtes mené par une faim d'origine émotionnelle. Une dispute avec votre partenaire… et vous mangez, une situation professionnelle inconfortable… et vous mangez, une accalmie dans votre emploi du temps… et vous mangez, un parent ou un enfant qui a besoin de votre aide… et vous mangez, un souvenir qui ressurgit ou un projet qui vous tracasse… et vous mangez – quelque chose, n'importe quoi, suscite en vous un sentiment d'impuissance momentané.

Dans ce livre, je vous aide à prendre conscience du laps de temps qui s'écoule entre le moment où quelque chose vous a affecté et le moment où vous ressentez une envie soudaine de manger (alors que vous n'avez pas réellement faim) et à explorer ce qui se passe dans votre tête à l'instant où vous éprouvez cette envie incontrôlable. Jusqu'à présent, les émotions et les problèmes qui alimentent votre désir compulsif de nourriture ont toujours agi dans l'ombre et saboté toutes vos bonnes intentions. Du moins, c'est ce que je suppose. Sinon, vous n'auriez pas ouvert ce livre.

À qui s'adresse ce livre ?

Ce livre s'adresse à celles et ceux qui n'entretiennent pas un rapport sain avec la nourriture. Certaines personnes peuvent ne pas être en surpoids et être pourtant obsédées par ce qu'elles vont manger et avoir tendance à utiliser la nourriture pour gérer leur stress et leurs émotions. Leur obsession de la nourriture focalise toute leur attention, ce qui leur évite d'affronter et, par conséquent, de pouvoir traiter les vrais problèmes de leur existence. J'ai écrit ce livre pour tous les hommes et toutes les femmes qui ont trop souvent utilisé la nourriture pour faire face aux défis et aux difficultés de la vie.

Lorsque l'acte de manger est utilisé pour permettre à l'individu de se sentir mieux, il l'empêche en réalité d'être informé par ses sentiments, d'achever sa maturation émotionnelle et d'avoir la vie épanouissante dont il rêve. Une fois qu'il apprend à détourner son attention de la nourriture et de son surpoids pour la réorienter vers ses vrais problèmes, il commence à mieux voir qui il est réellement, ce qu'il veut réellement et comment l'obtenir. Il devient alors semblable, dans son comportement, à la personne amoureuse, à l'enfant qui joue et s'amuse tellement qu'il ne veut pas venir dîner ou à l'artiste si absorbé par ce qu'il crée qu'il en oublie de manger. Il se réapproprie son pouvoir sur lui-même et sur les événements.

Si vous avez décidé de découvrir pourquoi vous avez tant de mal à perdre du poids depuis si longtemps dans le but de vous libérer enfin et définitivement de votre addiction à la nourriture, ce livre est pour vous.

Comment ce livre est-il structuré ?

Lorsque j'ai commencé à étudier le sentiment d'impuissance en rapport avec les problèmes de poids, j'ai réalisé que l'impuissance face au besoin de manger n'était qu'une strate superficielle de l'impuissance. Elle recouvrait en réalité cinq autres strates plus profondes, cinq autres sentiments déclencheurs d'une impuissance à résister à l'appel de la nourriture. À quelles occasions se sent-on impuissant ? Quand on doute de soi-même, quand on éprouve une frustration, quand on ressent une vulnérabilité ou une insécurité intérieure, quand on est en proie à la rébellion ou à la colère et quand on se sent vide intérieurement. Ce sont ce que j'appelle les *cinq strates de l'impuissance* et je les examine en détail tout au long de ce livre. En explorant chacune de ces strates, vous allez pénétrer plus profondément dans votre psyché et développer une vision plus claire et plus mature de l'individu que vous êtes et que vous êtes en train de devenir.

Lorsqu'un individu franchit la barrière qui sépare la nourriture « moyen de subsistance » de la nourriture « source de confort intérieur », toutes ces strates se combinent et la nourriture devient une affaire psychologique au lieu de demeurer une nécessité biologique. En général, vous êtes capable d'identifier le contexte dans lequel cette transformation s'est produite : par exemple, à l'occasion d'une transition difficile – divorce, déménagement, changement d'école, etc. Mais quel que soit le moment où vous avez franchi la limite, vous avez gardé ce mode de fonctionnement et êtes devenu incapable de vous en défaire. Ce livre vous aidera à vaincre vos sentiments d'impuissance et à vous libérer de votre addiction.

Dans la première partie (chapitre 1 à 8), que j'appellerai « Voyage au centre de vous-même », vous allez vous familiariser avec ces cinq strates, découvrir leur mécanisme d'action et comprendre comment elles ont influencé votre vie jusqu'à présent. Dans la seconde partie (chapitre 9 à 17), je vous propose des exercices pratiques, exactement comme si vous étiez en consultation dans mon cabinet. Les exercices que je vous propose vous permettront de développer la compréhension de vous-même dont vous avez besoin pour changer vraiment.

Ensemble, nous allons ôter ces cinq strates, une par une, et réaliser les exercices qui vous révéleront à vous-même. Nous allons essayer de savoir pourquoi, après tant d'efforts pour vous débarrasser de votre addiction à la nourriture, vous êtes encore prisonnier d'un sentiment de totale impuissance. Nous allons prendre un nouveau départ. À mesure que vous éplucherez votre psyché pour enlever chacune des strates d'impuissance qui recouvrent votre vrai Moi, vous verrez votre dépendance à la nourriture diminuer jusqu'à laisser émerger l'individu que vous êtes vraiment, dans toute sa puissance et sa maîtrise de lui-même.

NdT : Ce livre s'adresse prioritairement aux femmes, même si beaucoup d'hommes sont également concernés par les problèmes de poids. Pour faciliter sa lecture, je suis donc partie du principe que vous, lecteur, êtes une lectrice.

Chapitre 1

Qu'est-ce que la faim émotionnelle ?

Je suis constamment au régime depuis vingt ans. J'ai perdu 358 kg au total. – Erma

Quelles que soient les personnes qui habitent dans votre quartier, vous en croiserez toujours qui, que vous le sachiez ou non, sont en train d'abandonner leur régime. Elles se sont réveillées le matin décidées à le suivre mais, dès l'après-midi, elles avaient déjà une main sur le chocolat et se tenaient le front de l'autre, se demandant pourquoi, mais bon sang pourquoi ! elles n'avaient pas de volonté. Vous êtes peut-être l'une d'entre elles.

Ce n'est un secret pour personne que le surpoids raccourcit l'espérance de vie. Des recherches démontrent régulièrement qu'une bonne alimentation et un exercice physique adapté peuvent prévenir jusqu'à 83 % des diabètes, des hypertensions et des maladies cardiovasculaires. D'après une étude récente, l'obésité peut diminuer vos réserves d'énergie, contrarier votre réussite sociale, voire réduire vos revenus. Alors, sachant cela, pourquoi êtes-vous incapable de perdre vos kilos superflus ?

Parce que vous avez transformé la nourriture en mécanisme de gestion de vos problèmes.

Alice, l'une de mes patientes, m'a confié dernièrement : « Ma dépendance à la nourriture remonte à la préadolescence. Si j'étais triste en revenant à la maison, ma mère me disait : «Mange, ça ira mieux après.» Je n'avais pas de problèmes de poids quand j'étais petite, mais j'ai été poussée à manger, à manger, et à manger encore. À l'adolescence, la nourriture est devenue mon amie.

Un jour, lorsque j'avais seize ans, j'ai découvert que mon petit ami m'avait trompée avec cette garce de Marion. Je me revois en train de pleurer sur le canapé. Ma mère m'a préparé une énorme coupe glacée qu'elle m'a fait avaler, cuillère après cuillère. Et aujourd'hui, j'ai toujours envie de sucré à chaque fois que j'ai le cafard. Lorsque mon divorce a été prononcé le mois dernier, je me suis précipitée chez le marchand de glaces. Je sais que je mange pour éviter les émotions. »

Utiliser la nourriture pour gérer ses émotions relève de ce qui s'appelle la *faim émotionnelle*. Une étude que j'ai menée sur dix-sept mille personnes incapables de poursuivre leur régime a montré que la quasi-totalité d'entre elles avaient rechuté suite à des perturbations émotionnelles généralement liées à une atteinte de l'estime de soi ou à une blessure affective. Tout allait très bien jusqu'au jour où elles ont perdu leur travail, où leur mari a démarré une relation extraconjugale, où l'un de leurs parents est tombé malade. Vous avez peut-être vécu ce genre de situation, et tous vos efforts pour contrôler votre poids ont été anéantis du jour au lendemain.

J'ai appris qu'il ne servait à rien de compter le nombre de calories pour combattre la faim émotionnelle. Vous allez devoir plonger au plus profond de vous-même pour contrôler votre faim émotionnelle. Pourquoi ? Parce qu'aussi réelle que votre faim puisse vous paraître, elle vient de votre tête, pas de votre ventre.

Patricia, quarante-cinq ans et mère de trois enfants, m'a raconté qu'elle avait avalé tout un paquet de biscuits après une après-midi de shopping frustrante avec sa fille âgée de seize ans. Elle m'a dit : « J'étais tellement furieuse contre elle, que pouvais-je faire d'autre pour me calmer ? » Cette femme, pourtant loin d'être sotte, ne voyait pas d'autre issue que la nourriture, malgré tous mes efforts pour lui faire envisager d'autres possibilités. Son habitude d'étouffer ses sentiments et ses émotions en mangeant était si profondément ancrée dans son cerveau qu'elle l'empêchait d'utiliser son bon sens. Patricia avait perdu sa capacité à réfléchir de façon claire et constructive sur un problème à forte charge affective – l'un des symptômes de la faim émotionnelle. Elle n'avait pas besoin d'un paquet de biscuits pour apaiser sa faim physique, mais elle était convaincue du contraire. Elle croyait dur comme fer que les biscuits représentaient le seul moyen de faire disparaître sa colère et sa frustration et de se débarrasser de ses pensées négatives à l'égard de sa fille.

Patricia et Alice ont plusieurs choses en commun.

1. Elles mangent trop pour masquer leurs sentiments/émotions.
2. Elles choisissent des « aliments plaisir » de compensation, la douceur du sucré (pas des légumes verts !), d'où leur sentiment de culpabilité.
3. Elles court-circuitent leurs facultés cognitives, notamment celles leur permettant de résoudre un problème.

Ces trois comportements résument la faim émotionnelle. Commençons par un petit questionnaire pour savoir si vous faites partie de ces personnes qui mangent pour gérer leur vie du mieux qu'elles peuvent.

Êtes-vous une « mangeuse compulsive » ?

Pour le savoir, répondez maintenant aux sept questions suivantes.

La dernière fois que vous avez trop mangé :

1. Avez-vous eu faim soudainement ou votre sensation de faim s'est-elle développée progressivement ?
2. Lorsque vous avez eu faim, avez-vous ressenti le besoin irrépressible de manger quelque chose immédiatement ?
3. Lorsque vous avez mangé, avez-vous fait attention à ce que vous mangiez ou avez-vous avalé votre nourriture machinalement, sans réfléchir ?
4. Quand vous avez eu faim, n'importe quel aliment nourrissant aurait-il suffi à l'apaiser ou aviez-vous besoin d'un certain type de nourriture ou bien d'une sucrerie ?
5. Vous êtes-vous sentie coupable après avoir mangé ?
6. Avez-vous mangé à un moment où vous étiez contrariée ou affectée par une émotion, quelle qu'elle soit, ou parce que vous ressentiez un « vide » intérieur ?
7. Avez-vous englouti votre nourriture ?

Examinons vos réponses.

1. La faim émotionnelle apparaît soudainement, alors que la faim organique se développe lentement. La faim organique commence par de petits gargouillis dans l'estomac qui deviennent ensuite de gros gargouillis avant de se transformer en crampes. La faim émotionnelle, elle, est intense et subite.
2. La faim émotionnelle réclame de la nourriture sur-le-champ et une satisfaction immédiate, contrairement à la faim organique qui est capable d'attendre pour être apaisée.
3. L'attention portée aux aliments est propre à la faim

organique. En général, vous choisissez ce que vous allez manger pour l'apaiser et vous prêtez attention à ce qu'il y a dans votre assiette. Vous êtes consciente des quantités de nourriture que vous avalez et, quand vous sentez que votre ventre est plein, vous vous arrêtez de manger. En revanche, vous faites rarement attention à ce que vous mangez quand vous êtes gouvernée par une faim émotionnelle. Vous allez vouloir continuer à ingurgiter de la nourriture, même si vous êtes rassasiée.

4. La faim émotionnelle réclame souvent un certain type de nourriture pour être apaisée. Si vous avez réellement faim, même des carottes vous paraîtront appétissantes. Mais si votre faim est compulsive, seul votre péché mignon, qu'il s'agisse d'un gâteau, d'une glace ou d'une tablette de chocolat, vous fera vraiment envie.
5. La faim émotionnelle débouche souvent sur un sentiment de culpabilité ou la promesse de mieux vous comporter la prochaine fois. La faim organique ne suscite aucune culpabilité parce que vous savez que vous avez mangé pour rester en bonne santé et faire le plein d'énergie.
6. La faim émotionnelle résulte d'un déclencheur émotionnel, la faim organique d'un besoin physiologique.
7. Quand vous apaisez votre faim organique, vous savourez plus ou moins chaque bouchée, alors que quand vous mangez pour satisfaire votre faim émotionnelle, vous ingurgitez votre nourriture frénétiquement et machinalement. En baissant les yeux, vous constatez soudain que vous avez englouti la tablette de chocolat sans vous en apercevoir.

La vraie raison pour laquelle vous avez si faim – la faim nerveuse

Vos réponses aux sept questions ci-dessus vous laissent-elles penser que vous êtes une « mangeuse compulsive » ? Avez-vous découvert que vous confondiez la faim émotionnelle avec la vraie faim, la faim biologique ? Si oui, pourquoi ?

En fait, vous avez deux ventres – un vrai et un faux. Le faux est un ventre fantôme, en somme. La faim que vous ressentez dans votre ventre réel vous signale quand votre organisme a un besoin biologique de nourriture. Si c'était le seul signal de faim que vous receviez, vous seriez mince. C'est votre ventre fantôme qui est à l'origine de vos problèmes de poids. Il vous envoie un signal de faim quand des émotions perturbatrices et des problèmes personnels non résolus commencent à franchir le seuil de votre conscience. Vous vous sentez alors obligée de manger ou, plus précisément, de vous remplir pour étouffer l'expression de vos émotions. La faim nerveuse est tellement puissante qu'elle ne vous fait reculer devant rien pour la satisfaire. Vous n'hésitez pas à vous lever la nuit pour vider le placard, à voler les bonbons de votre enfant quand il est endormi, à chaparder et à cacher de la nourriture.

Danielle, l'une de mes patientes, m'a décrit un épisode typique de faim nerveuse : « Dès l'instant où mon mari quittait la maison, je me surprenais à avoir faim alors que je savais que je n'avais pas réellement faim. J'essayais de repousser cette sensation – je sortais le chien, je faisais du jardinage… mais durant tout ce temps, je pensais uniquement à ce que j'allais pouvoir manger. Une fois rentrée à la maison, j'ouvrais le frigo je ne sais combien de fois, puis j'allais inspecter le garde-manger, et de nouveau le frigo. Trois cookies, deux morceaux de fromage, une poignée de noix de cajou, cinq autres cookies, puis le reste du paquet. Je m'installais devant la télé et, là, j'avais de nouveau faim. À chaque spot publicitaire, il me fallait quelque chose d'autre à manger. »

Danielle ne savait pas quoi faire de sa peau quand elle était seule. Ce contexte vous parle ? Ou est-ce que ce sont d'autres situations qui déclenchent en vous le besoin d'ouvrir le frigo ? Tous les mangeurs compulsifs ont des problèmes qui leur sont propres et qu'ils veulent éviter de voir en face. Quand ces problèmes ressurgissent à un moment ou à un autre, leur ventre fantôme se rappelle à eux avec insistance et ils se retrouvent soudain impuissants face à leur désir de nourriture.

Qu'est-ce qui déclenche votre faim nerveuse ?

Il y a deux catégories de facteurs déclenchants. La première inclut *des situations, des lieux ou des événements.* Par exemple, vous vous précipitez sur la nourriture quand vous avez une réunion de travail qui vous stresse ou une réunion de famille qui, vous le savez, va être terriblement ennuyeuse. Pour certaines personnes, le déclencheur est un rendez-vous chez le docteur, une invitation au restaurant ou un événement sportif. Pour d'autres, c'est une journée de travail particulièrement inintéressante.

La seconde catégorie se rapporte à *des individus.* Une personne en particulier – votre patron, l'un de vos parents, votre mari, votre partenaire ou l'un de vos enfants – déclenche votre faim nerveuse. Par un regard, une parole ou, au contraire, un silence pesant. Quand vous êtes en présence de cette personne, vous êtes sûre de vous empiffrer.

Bénédicte, l'une de mes patientes, est prise d'une faim nerveuse quand, à son travail, elle doit accomplir une mission importante dans un délai déterminé. Le mois dernier, elle a mangé deux grands paquets de chips en une seule journée et bu quatre canettes de soda ; le lendemain, elle avalait quatre confiseries en barre et ainsi de suite. Résultat : elle a pris cinq kilos dans le mois.

Florence, au contraire, gère bien son stress au travail, mais elle craque tard le soir quand son mari ne rentre pas à la maison. Elle me confie : « J'ai l'impression de ne rien pouvoir contrôler. Je deviens terriblement anxieuse et je ne pense plus qu'aux gâteaux. J'ai toujours envie de quelque chose de sucré et de bourratif comme du cake, des biscuits ou des petits pains au lait. J'en tremble presque, alors j'avale quelque chose, puis je veux autre chose, juste pour repousser l'anxiété. »

Autrement dit, la faim nerveuse est la faim qui accompagne le mal-être intérieur d'une personne.

Comment vous êtes devenue dépendante de la nourriture

Si vous êtes sujette à la suralimentation compulsive, vous vous interrogez sans doute sur son origine. Êtes-vous devenue une « mangeuse émotionnelle » suite à des problèmes vraiment graves ou à un dysfonctionnement dans la transmission de votre information génétique ? J'en doute. La faim émotionnelle est la norme chez tous les êtres humains à la naissance. Quand une mère nourrit son bébé, le nouveau-né arrête de pleurer parce que la nourriture l'apaise. Les bébés associent le lait maternel à la survie, à l'amour et à la tranquillité d'esprit. Un bébé qui ne reçoit pas le lait de sa mère peut se contenter d'un substitut – un biberon ou une tétine, par exemple. La tétine n'a ni chaleur, ni goût, ni valeur nutritionnelle, mais elle ressemble suffisamment à l'expérience du sein maternel pour calmer bébé. Il est naturel pour un nouveau-né de rechercher sans cesse son bien-être dans la présence apaisante de sa mère et tout aussi facile, plus tard, d'utiliser la nourriture pour retrouver cet état de confort initial.

Le premier régulateur de votre humeur a été votre mère. Si vos besoins de nourriture et de bien-être ont été satisfaits, vous aurez tendance à associer la sensation de confort à la nourriture. Et s'ils n'ont pas été satisfaits, chez vous nourriture et amour seront liés et vous vous retrouverez à réclamer de la nourriture alors que c'est de l'amour que vous voulez vraiment.

En grandissant, vous avez dû apprendre à réguler vos propres humeurs et à faire face à des situations stressantes sans votre mère, sans la proximité immédiate de la nourriture ou de son amour. Vous avez dû développer une aptitude mentale vous permettant de gérer votre vie intérieure en tant qu'être autonome. Si vous continuez d'appuyer sur le bouton nourriture comme sur un interrupteur pour éteindre votre mal-être et allumer votre bien-être instantanément, vous n'avez pas achevé une tâche essentielle : celle du développement psychique. Vous voulez être indépendante, mais peut-être qu'en même temps, l'idée d'indépendance suscite une crainte ou une résistance en vous. Vous en saurez davantage sur cette ambivalence dans les prochains chapitres.

Bien que vous ne soyez plus un bébé, vous avez conservé une mémoire sensorielle de cette partie enfouie de votre passé en vertu de laquelle, aujourd'hui encore, l'acte de manger change réellement votre disposition d'esprit, du moins temporairement. Quand vous vous sentez anxieuse, manger « compresse » votre anxiété, comme pour en réduire le volume. La suralimentation compulsive fonctionne, et même très bien. Elle vous apaise quand vous allez mal, et c'est bien là le problème.

Mais comme vous le savez, votre bien-être est de courte durée : une fois que vous avez fini de manger, vous commencez à vous en vouloir terriblement et à vous détester.

Vous êtes probablement devenue dépendante de la nourriture pour surmonter un malaise intérieur à un stade donné de votre développement et retrouver la sécurité de la petite enfance. Peut-être était-ce quand vos parents se sont séparés, quand vous avez changé d'école, quand vous ne trouviez personne à la maison en rentrant de l'école, quand vous êtes entrée à l'université ou quand vous avez eu votre premier enfant.

Marie s'est mise à trop manger après le déménagement de sa famille. Elle m'a confié : « J'avais onze ans environ. J'avais toujours habité le même quartier et, là, mes parents avaient décidé de déménager. Je ne m'étais pas fait de nouvelles copines. Je disais à mes parents que j'avais besoin d'argent pour acheter du matériel scolaire, et j'allais à l'épicerie du coin pour m'acheter des barres chocolatées, des bonbons, bref tout ce que je pouvais m'offrir et cacher dans mon sac à dos. Je m'empiffrais de gâteaux préparés par ma mère, prétextant que je devais en emporter à l'école. J'imagine qu'à l'époque c'était parce que je voulais qu'on s'occupe plus de moi et que mes anciennes copines de classe me manquaient. Mais j'ai grossi… sans me faire de copines. »

Les toxicomanes continuent de se droguer parce qu'ils ont une terrible nostalgie de l'état extatique que la drogue leur a procuré la première fois, mais c'est quelque chose qu'ils ne retrouveront jamais, tout comme Marie ne pouvait pas retrouver sa maison et ses copines d'avant en se goinfrant de barres chocolatées. Sachez que vous ne pourrez jamais retrouver l'état de bien-être absolu du bébé que vous étiez, quelle que soit la quantité de nourriture que vous avalez.

Certaines de mes patientes me disent que le fait de manger les transporte dans une bulle où tous leurs soucis semblent disparaître – un état assez similaire à celui que les bébés ressentent lorsqu'ils tètent. D'autres me disent que manger leur donne l'impression d'être protégées et donc moins fragiles et vulnérables – une expérience comparable à celle du bébé tenu contre le sein de sa mère. Vous utilisez, consciemment ou non, la nourriture pour anesthésier votre esprit et vous éviter de vous confronter à des problèmes que vous refusez de gérer. J'appelle cet état modifié de conscience où l'acte de manger vous transporte ailleurs la « transe alimentaire » – j'en parlerai plus longuement dans le chapitre suivant. C'est un facteur très important dans la suralimentation compulsive.

Si vous vous empiffrez quand vous vous sentez mal pour modifier votre état d'esprit du moment, c'est que la nourriture est devenue un substitut à la douce béatitude que vous ressentiez, toute petite. Bien sûr, quand vous allez vous acheter une friandise au distributeur parce que vous vous sentez dépassée dans votre travail, vous ne pensez pas faire un petit câlin dans les bras de votre maman, mais c'est pourtant l'origine inconsciente de votre besoin soudain de nourriture.

En langage psychologique, la nourriture est devenue pour vous un objet d'amour. Vous séparer de votre nourriture reviendrait à arracher l'enfant des bras de sa mère, à détruire votre sanctuaire secret et à vous exposer au chaos perpétuel de la vie. Rien d'étonnant à ce que vous vous accrochiez avec autant de ténacité à vos fringales émotionnelles – les perdre est une perspective trop effrayante !

Pourquoi avez-vous tant de mal à vous libérer de votre faim émotionnelle ?

On abrite à l'intérieur de soi une personne mince qui se bat pour émerger, mais on peut généralement l'endormir avec quelques bouchées de gâteau au chocolat. – Anonyme

Globalement, tous les régimes alimentaires et les programmes de remise en forme vous conseillent de réduire vos apports alimentaires ou de choisir ce que vous mangez selon certaines règles bien définies et, somme toute, logiques. Ces stratégies impliquent que vous puissiez contrôler consciemment vos habitudes alimentaires, choisir des pousses de luzerne au lieu de vous jeter sur des glaces, et gérer comme il faut les problèmes que vous rencontrez. Malheureusement, c'est tout simplement impossible pour les personnes dépendantes de la nourriture. Pourquoi ? Parce que leur besoin de manger est trop fort. La nourriture est devenue un outil psychologique, un moyen d'éviter des sentiments trop intenses ou anxiogènes. Si vous n'avez pas appris à gérer votre vie et vos émotions autrement que par le biais de la nourriture, vous ne serez pas capable de suivre un régime très longtemps. Quand les choses vont bien dans votre vie, vous êtes peut-être en mesure de suivre votre régime, mais dès que vous êtes confrontée à un défi à relever ou à une difficulté à surmonter, vous allez inévitablement recommencer à vous « shooter » à la nourriture.

Utiliser la nourriture pour essayer de gérer ses sentiments ou ses émotions engendre un cercle vicieux. Manger vous permet d'éviter vos soucis pendant un moment, mais des problèmes non réglés ont toujours tendance à s'aggraver. Le schéma habituel est le suivant : vous rencontrez un problème, cela vous met mal à l'aise, vous

vous jetez sur la nourriture, puis vous culpabilisez... et le cycle infernal s'amorce parce que vous avez de nouveau besoin de manger pour étouffer à la fois votre culpabilité et votre problème d'origine. Certes, la nourriture vous procure un soulagement et un plaisir immédiats, mais vous ne tardez pas à réaliser qu'un gâteau, puis deux, puis trois ne suffisent pas. Vous finissez par avoir besoin d'augmenter la quantité de nourriture absorbée et la fréquence de vos prises alimentaires pour remplir le vide béant issu d'une politique de l'autruche face à la vie.

Les personnes souffrant de suralimentation compulsive luttent contre cet engrenage depuis des années, voire des décennies. S'il est si difficile de briser le cercle infernal, c'est parce que le simple fait de reconnaître son existence ne suffit pas, pas plus que la volonté. Non, si vous voulez changer un trouble du comportement alimentaire aussi solidement ancré en vous, vous devez plonger au plus profond de vous-même pour explorer des terres intérieures encore vierges. Vous devez analyser ce qui se passe dans votre vie, oser vous confronter à ce que vous cherchez à éviter à tout prix en mangeant. C'est le seul moyen de rompre le cercle infernal. Et c'est ce que nous allons faire ensemble.

Le sentiment d'impuissance

Après avoir travaillé avec des milliers de mangeurs émotionnels, j'ai réussi à percer les mystères de la faim émotionnelle pour en tirer certaines vérités fondamentales. Vous pensez que vous vous battez essentiellement contre un sentiment d'impuissance face à votre désir de nourriture incontrôlable. Mais des années d'expérience m'ont apporté la preuve que ce sentiment d'impuissance face à la nourriture, bien qu'affreusement douloureux, n'est que l'arbre qui cache la forêt et la conséquence d'une expérience de l'impuissance beaucoup plus profonde. En réalité :

1. Vous vous sentez impuissante à gérer vos doutes sur vous-même.
2. Vous vous sentez impuissante à être vraiment satisfaite de votre vie.
3. Vous vous sentez impuissante à assurer votre propre sécurité.
4. Vous vous sentez impuissante à affirmer votre indépendance de manière adaptée.
5. Vous vous sentez impuissante à combler le vide que vous ressentez intérieurement.

Vous mangez quand vous ressentez l'une ou plusieurs de ces formes d'impuissance parce que votre profond sentiment d'impuissance se transforme presque instantanément en désir de nourriture incontrôlable. Cette vérité constitue la pierre angulaire de tout ce dont je vais vous parler ultérieurement.

Vous apprendrez à surmonter ces cinq expériences de l'impuissance en prenant conscience du fait que vous n'êtes pas réellement impuissante, mais que vous cédez inutilement le pouvoir qui est le vôtre sur le contrôle de vous-même et de votre vie. Une fois que vous réaliserez cela, votre besoin irrépressible de nourriture deviendra contrôlable ; vous récupérerez votre pouvoir face à la nourriture et obtiendrez une plus grande maîtrise sur tous les domaines de votre existence.

Compulsion contre motivation

Dans un conte populaire amérindien, un grand-père explique à son petit-fils qu'il a deux loups en lui. Le premier le remplit d'espoir et lui rappelle combien sa vie est merveilleuse, le second le remplit de doute et le persuade qu'aucun effort n'en vaut la peine. Le petit garçon demande, inquiet pour son grand-père : « Quel est le loup qui gagne ? » Le vieil homme lui répond : « Celui que je nourris. »

Les deux loups en vous sont votre motivation à perdre du poids d'un côté et votre sentiment d'impuissance de l'autre, et c'est généralement votre impuissance à résister à l'appel de la nourriture qui est la plus forte. À chaque fois que vous mangez de façon compulsive parce que vous vous *sentez* impuissante à ce moment-là, vous renforcez votre conviction erronée d'*être* réellement en dessous de tout. Vous nourrissez le mauvais loup.

Quels que soient vos efforts pour peaufiner votre régime alimentaire, aussi sincère que soit votre promesse d'abandonner certains aliments, vous ne pouvez pas stopper votre faim émotionnelle très longtemps. Quand vous le faites, vous vous sentez vide ou anxieuse. Vous êtes au bord de l'ennui et de la déprime. Tant que vous ne prenez pas conscience de votre sentiment d'impuissance et de sa transformation instantanée en désir de nourriture incontrôlable, vous ne pouvez pas changer.

Mais dès l'instant où vous commencez à vous dire que votre suralimentation compulsive vous a rendu service d'une certaine façon, vous êtes en mesure de comprendre que votre incapacité à perdre du poids n'a rien à voir avec votre manque de volonté ni avec le fait que vous n'ayez pas trouvé la bonne façon de vous alimenter. Si vous n'avez pas été capable de perdre du poids, c'est parce que la nourriture est devenue une réponse d'apaisement automatique aux difficultés ou aux tensions que vous avez rencontrées dans votre vie.

Mon objectif est de vous aider à devenir attentive, consciente, observatrice et vigilante pour vous permettre d'appuyer sur la touche STOP dès que vous êtes en proie à l'un des cinq sentiments d'impuissance et avant d'atteindre le point de non-retour – celui où la nourriture est dans votre bouche. C'est uniquement dans cet intervalle de temps que vous pouvez amorcer un changement dans votre comportement alimentaire. Cet instant est si bref que vous n'avez même pas conscience de faire un choix à ce moment-là. Mais vous en faites un. Ensemble, nous allons essayer de ralentir le processus en examinant en détail ce qui sépare l'instant X du sentiment d'impuissance et l'instant Y du besoin de manger. Vous aurez alors la possibilité de faire un choix différent.

C'est la faim émotionnelle qui fait échouer les régimes

Les régimes ne marchent pas. Ils ne marchent pour personne. Bien sûr, au terme du programme que je vous propose, vous allez devoir surveiller votre alimentation et faire régulièrement de l'exercice, mais vous devez commencer par focaliser votre attention sur ce qui vous procure un sentiment d'impuissance dans votre vie, notamment par rapport aux aliments.

Vous avez sans doute de l'espoir, là, maintenant, à la perspective d'entreprendre ce voyage qui vous libérera de l'emprise de la nourriture. Mais je vous soupçonne aussi d'être sceptique sur la réussite finale de cette entreprise. Au fond de vous, une petite voix vous dit : « Quelque chose d'aussi profond et d'aussi fort que ma faim émotionnelle peut-il vraiment être changé ? »

La réponse est oui, évidemment ; vous pouvez vous réapproprier votre pouvoir sur vous-même et sur votre vie, et transformer radicalement votre rapport à la nourriture, en brisant des schémas comportementaux installés depuis des décennies.

Mais le scepticisme est un point de départ obligé. Une fois que vous l'aurez dépassé, vous pourrez constater ce qui vous a rendue prisonnière de votre cercle vicieux pendant si longtemps.

Les vendeurs de régimes partent du principe que, parce que vous voulez à tout prix perdre du poids, vous serez suffisamment motivée pour tenir votre engagement et maigrir. Comme vous le savez, l'acte de manger génère une récompense instantanée, tandis que vous ne serez pas récompensée de vos privations avant des semaines, des mois, voire des années. Récompense future contre satisfaction immédiate : voilà pourquoi vous jouez au yo-yo avec vos régimes et votre poids. Il ne vous suffit pas d'être motivée pour réussir à surmonter le désir de récompense immédiate qui vous pousse à manger ce que vous savez que vous ne devriez pas manger.

J'en ai eu la preuve lorsque j'ai donné des consultations dans un institut ou des clientes déboursaient des sommes folles pour participer à un régime alimentaire associé à des exercices physiques sous la surveillance de spécialistes. Malgré le coût exorbitant de ce programme, j'ai souvent vu des participantes s'acheter en douce des hamburgers et des frites au coin de la rue. Il ne s'agissait que de personnes très motivées envoyées dans cet institut par leur médecin en raison de problèmes de santé, mais leur motivation n'était visiblement pas suffisante pour les aider à résister à leur faim émotionnelle.

Selon une étude récente réalisée aux États-Unis, 33 % des femmes en surpoids se disent prêtes à troquer 5 % des années qui leur restent à vivre contre 5 kg de moins – perdus définitivement, bien sûr. Avec un tel désespoir, vous vous attendriez à ce qu'elles réussissent à perdre du poids… eh bien non, ce qui montre à quel point l'envie compulsive de manger est plus forte que l'envie de perdre du poids. Vouloir continuer à éprouver le soulagement et le bien-être que leur procure la nourriture est une motivation beaucoup plus puissante que vouloir maigrir.

Ne soyez pas découragée si vous reconnaissez maintenant combien vous aimez la nourriture et en êtes dépendante, si vous craignez de ne plus pouvoir fonctionner en cessant de manger trop. Tout le monde en passe par là.

À ce stade :

- Vous vous êtes définie comme une mangeuse émotionnelle.
- Vous commencez à voir la différence entre la faim biologique et la faim émotionnelle ou nerveuse.
- Vous commencez à comprendre pourquoi vous vous êtes mise à utiliser la nourriture comme source de bien-être ou récompense.
- Vous savez que votre faim émotionnelle n'est pas due à votre manque de volonté mais à un profond sentiment d'impuissance.
- Vous devez vous rappeler que, dans l'intervalle de temps qui sépare le moment où vous éprouvez un sentiment d'impuissance et celui où vous ressentez une envie de nourriture incontrôlable, vous faites un choix qui peut être modifié.
- Vous allez devoir vous débarrasser du déni de la réalité pour faire le travail d'apprentissage qui vous libérera de votre dépendance à la nourriture.

Chapitre 2

La nourriture : un tranquillisant vendu sans ordonnance

Christine, quarante ans, a quitté sa région d'adoption – où elle avait pris vingt kilos – pour retourner dans sa région natale. Ce n'était pas seulement la cuisine du Sud qui l'avait fait grossir, mais sa relation avec un partenaire violent, puis les années où elle avait vécu seule dans un quartier déprimant. Elle avait honte de son poids en revenant dans sa ville natale – il faut dire qu'elle avait été mannequin –, mais elle était déterminée à repartir de zéro. Cette fois, elle se disait qu'elle allait obtenir ce qu'elle méritait dans son travail et ses relations amoureuses. Mais premier faux pas : lorsqu'elle a décroché un emploi dès son retour, elle n'a pas négocié un salaire suffisamment élevé pour elle. En raccrochant le téléphone, elle s'est sentie vaincue, impuissante à repartir du bon pied, comme quand vous balayez votre régime d'un revers de main en vous disant « à quoi bon ? » Bien sûr, Christine n'a pas réalisé qu'elle ressentait toutes ces choses – elle a juste raccroché le téléphone et a soudain été prise d'une fringale.

Dans le chapitre précédent, nous avons défini la faim

émotionnelle comme l'utilisation de la nourriture dans le but de gérer un sentiment d'impuissance face aux difficultés de la vie. Nous avons vu qu'il y avait toujours un déclencheur – une perturbation intérieure suscitée par une personne ou un événement à forte charge émotionnelle. Ce n'est pas la personne ou l'événement en soi qui déclenche votre faim, mais ce que vous avez ressenti, vous, face à cette personne ou cet événement. Au début, vous pouvez même ne pas savoir ce que vous ressentez. En travaillant sur le programme que je vous propose, vous allez observer dans quelles circonstances (où, quand, avec qui, etc.) vous avez tendance à manger trop. Ensuite, vous allez être très attentive aux sentiments et aux émotions qui vous submergent quand vous vous retrouvez face à ces personnes ou dans ces situations.

Mélanie, âgée de trente-huit ans, est mariée avec deux enfants. Elle avait onze kilos à perdre après son premier enfant et, aujourd'hui, se retrouve avec dix-huit kilos à perdre après sa deuxième grossesse. Elle me confiait : « Je me suis aperçue qu'à chaque fois que j'allais voir ma belle-mère, même si je venais de déjeuner, j'allais tout droit vers la nourriture. J'utilise la nourriture comme une arme, même si c'est à moi que je fais du mal et non à ma belle-mère, pourtant à l'origine de mon émotion. »

Identifier les moments où vous mangez de façon compulsive est un premier pas considérable. Pourquoi ? Parce que vous allez mettre en lumière quelque chose de très important, et cela va vous permettre de l'analyser. Vous allez inévitablement devoir oser regarder en face ce qui vous perturbe et ce dont vous avez toujours essayé de vous débarrasser en grignotant.

Voyons les choses en face : personne n'accueille avec joie ses propres émotions négatives. Pour éviter cela, nous cherchons à faire quelque chose – faire comme si ces émotions n'existaient pas, faire un petit somme, aller faire un jogging, parler à un(e) ami(e), regarder la télé, lire un bouquin, boire un verre, fumer une cigarette, faire l'amour ou manger un morceau. L'idéal est d'arriver à considérer les émotions négatives comme le mauvais temps – vous savez qu'elles vont passer, et de la même manière que vous prenez votre parapluie parce que vous savez qu'il va pleuvoir, vous faites ce qu'il faut pour pouvoir les endurer le temps qu'elles passent. Si vous n'arrivez pas encore à accepter que vos émotions, aussi négatives soient-elles, fassent partie de vous et à les accueillir au lieu de les chasser, la nourriture restera votre médicament privilégié.

La nourriture vous protège des émotions négatives

Pourquoi la nourriture est-elle devenue la chose vers laquelle vous vous tournez systématiquement quand les émotions ou les sentiments suscités par des personnes ou des événements vous sont insupportables ? La nourriture vous sert à deux choses. Premièrement, elle vous aide efficacement à éviter vos émotions. J'appelle cette fuite devant le ressenti la *phobie du ressenti*. Deuxièmement, elle constitue un moyen, tout aussi efficace que le premier, de remplacer des émotions perturbatrices par une expérience agréable. J'appelle l'expérience agréable que la nourriture procure la *transe alimentaire* (j'ai introduit cette notion pour la première fois dans le chapitre 1). Bref, la nourriture vous protège des sentiments que vous refusez d'éprouver.

Si vos sentiments ou vos émotions vous ouvrent la porte de votre monde intérieur, la nourriture vous la ferme violemment. Elle vous permet de continuer à fonctionner en surface, et même si vous vous sentez impuissante à contrôler ce que vous mangez et en quelles quantités, au moins vous n'avez pas à réfléchir plus profondément sur la véritable origine de votre sentiment d'impuissance (vos déceptions sentimentales, vos insatisfactions professionnelles, vos problèmes relationnels avec vos enfants, etc.). Vous vous souvenez du cas de Christine, au début de ce chapitre ? Son incapacité à obtenir ce qu'elle souhaitait dans l'emploi qui lui a été proposé l'a submergée d'émotions négatives : déception, crainte d'avoir déjà raté son nouveau départ, colère contre elle-même. En se jetant sur la nourriture, elle a réussi à éviter de se confronter à son ressenti.

Beaucoup de personnes me disent que lorsqu'elles sont sur le point d'atteindre leur objectif – réussir à mincir – elles se livrent soudainement à de l'autosabotage, ruinant tous leurs efforts accomplis jusque-là. Et elles se demandent pourquoi, car leur comportement semble absurde. La réponse est pourtant simple : si vous n'avez plus à penser à votre poids, vous allez être tentée de penser à vos vrais problèmes, et cette perspective est très effrayante. Pourquoi est-elle effrayante ? Parce que vous vous sentez impuissante à changer ce qui vous pose réellement problème, au plus profond de vous-même. Vous avez fait un constat d'impuissance sans chercher à aller voir plus loin. Vous en avez conclu que vous étiez impuissante face à vos émotions et aux situations ou aux personnes qui les suscitent, alors pourquoi ne pas vous remettre à manger ?

La nourriture renforce votre sentiment d'impuissance

Nous avons dit que la nourriture vous ramenait à un stade antérieur de votre développement, essentiellement à votre petite enfance et à votre enfance, lorsqu'elle était associée au bien-être et à l'amour. Cependant, il ne faut pas oublier que l'enfance est aussi associée à l'impuissance. Petite, vous étiez bel et bien impuissante. Vous pouviez être maltraitée, vous ne pouviez pas contrôler vos impulsions, vous pouviez être abandonnée, vous étiez dépendante des autres pour être protégée et nourrie. Bien que la nourriture vous ramène à l'état d'esprit de votre enfance et vous apporte un peu du bien-être que vous éprouviez alors, quand vous l'utilisez de cette manière, vous revenez à un mode de gestion du monde qui vous entoure terriblement puéril. Et cela vous rappelle le sentiment d'impuissance propre à tous les enfants. Vous êtes une personne adulte, maintenant, et vous avez le choix : vous pouvez prendre votre vie en main en osant vous confronter à vos sentiments et en écoutant ce qu'ils ont à vous dire, ou vous pouvez continuer à manger pour gérer vos émotions, sachant que vous restez ainsi fixée au stade de l'enfance, un stade où vous étiez, en réalité, dépendante. Voir vos sentiments et vos émotions en face vous fait passer à l'âge adulte, le seul âge qui vous donne enfin la maîtrise des choses et de vous-même.

Pour l'affamée compulsive que vous êtes, les arbres vous cachent la forêt. Dès l'instant où une personne ou un événement a suscité une émotion en vous et où vous faites un constat d'impuissance face à cette émotion, on dirait que manger devient une question de vie ou de mort. Quand vous focalisez votre attention sur la nourriture pour ne pas voir le reste, vous ne mangez pas une pomme ou un seul biscuit. Vous avez tendance à engloutir avec voracité et agressivité une grande quantité de nourriture, généralement des aliments gras et/ou sucrés, donc mauvais pour la santé. Quand votre fringale est assouvie, vos sentiments perturbateurs ont disparu – mais pas pour de bon. Ils sont simplement enfouis sous la nourriture que vous avez ingurgitée, tels des fichiers perdus dans votre ordinateur. Ils existent quelque part, mais sont temporairement irrécupérables. Vous êtes dépendante de la fuite que la nourriture vous procure plus que de la nourriture elle-même.

La phobie du ressenti

Fortifiez-moi avec des pommes, car je suis malade d'amour. – le Cantique des cantiques, 2.5

Anouk, qui se dit dépendante de la nourriture, connaît une belle réussite professionnelle. Mais elle n'a pas encore trouvé une relation amoureuse satisfaisante, et quand elle rentre chez elle après le travail, elle se sent souvent seule. Elle dit : « Ça devient trop calme et silencieux si je ne mâche pas quelque chose. »

Pourquoi mangez-vous pour gérer votre mal-être intérieur ? Pourquoi mangez-vous pour éviter de gérer les émotions qui vous envahissent ? Êtes-vous comme l'une de mes patientes qui me disait : « Je fourre un maximum de nourriture dans ma bouche quand je suis en colère parce que j'ai peur de mordre quelqu'un » ?

Pourquoi ne voudriez-vous pas simplement faire face à votre colère, la vivre en toute conscience, la laisser vous mener là où elle doit vous mener et la laisser retomber au lieu de la réprimer ? Qu'est-ce qu'il y a de si terrible dans l'émotion ? Telle est la vraie question. Une fois que vous aurez compris pourquoi vous bloquez vos émotions négatives au lieu de les laisser suivre leur cours, vous pourrez décider de manière rationnelle s'il est plus raisonnable de vous confronter à votre ressenti ou de manger.

Personne n'aime éprouver de la colère, de la tristesse,

de l'ennui ou un sentiment de solitude. Mais la plupart des personnes dépendantes de la nourriture y sont carrément allergiques. En fait, elles souffrent de phobie du ressenti. Cette phobie les pousse à éviter à tout prix leurs émotions négatives parce qu'elles sont terrifiées rien que de penser à ce qu'elles peuvent signifier et jusqu'où elles peuvent les mener. Par exemple, j'ai entendu des patientes dire que si elles ne mangeaient pas, elles pleureraient pendant des jours. Mais tout le monde sait qu'on se sent beaucoup plus léger après avoir laissé ses larmes couler, couler et couler encore. Vous réfrénez vos sentiments depuis si longtemps que vous pensez sans doute ne pas être capable de les gérer. C'est normal. Mais vous avez tort. Les sentiments sont la porte dont vous avez besoin pour passer. Si vous voulez pouvoir faire appel à votre sagesse intérieure, vous devez cesser de manger sans réfléchir quand des sentiments désagréables émergent en vous.

Nous sommes des créatures avides de sens. Nous donnons un sens à chaque chose. Quand nous rentrons chez nous après une longue journée de travail, nous ouvrons notre ordinateur pour voir si nous avons des courriels ou consultons notre répondeur ; et si nous n'avons aucun message, nous nous disons que cela veut aussi dire quelque chose. Parfois nous sommes complètement à côté de la plaque. Le plus souvent, l'interprétation erronée que nous faisons de nos sentiments nous conforte dans l'idée que nous ne sommes pas aussi dignes d'estime que nous le voudrions, ce qui nous porte à croire que nous sommes plus impuissants que nous ne le sommes en réalité. Ces fausses interprétations donnent un retentissement excessif à des émotions simples.

Vous ne pouvez pas vous empêcher d'interpréter les actions des autres et les événements de votre vie, voire les sentiments que vous éprouvez, d'une façon particulière – en tout cas, d'une façon particulièrement propice à réveiller votre malaise intérieur. N'avez-vous pas remarqué que lorsque vous observez un enfant – pas le vôtre, bien sûr – mal se comporter, vous êtes capable de gérer calmement la situation et de corriger son comportement ? Et quand c'est votre enfant qui fait les mêmes bêtises, vous vous mettez en colère et vous criez. Vous êtes-vous demandé pourquoi ? C'est simple : quand votre enfant se comporte mal, vous interprétez son comportement en pensant à son avenir (s'il continue de se comporter ainsi, ça lui jouera des tours plus tard) ou en pensant à vous (on ne m'aurait jamais laissée faire des bêtises pareilles !). C'est votre interprétation personnelle qui donne une telle intensité à votre sentiment.

Les scénarios catastrophes

Les sentiments sont comme les épisodes de la météo. Ils sont variés et tous nécessaires. Moi qui vis dans le Sud, je vois comment une simple averse peut quasiment paralyser la ville. Les gens ne sont pas habitués à gérer la pluie, d'où leur panique quand il pleut. Mais la pluie n'est pas vraiment le problème. C'est ce qu'ils disent sur la pluie qui leur fait peur (cela va être dangereux de conduire, la circulation sera plus dense, mes enfants vont devoir rester enfermés, etc.). C'est la même chose avec vos sentiments. Ils ne sont pas problématiques en soi ; il est normal et sain d'éprouver toutes sortes de sentiments différents. C'est quand nous interprétons ces sentiments que nous sommes pris de panique et paralysés. J'appelle « scénarios catastrophes » vos interprétations erronées de vos sentiments et de vos expériences. En fait, vous envisagez des choses terribles, le pire qui puisse arriver. Au lieu d'éprouver de la tristesse, vous vous voyez déprimée à vie. Au lieu d'éprouver un sentiment de solitude, vous vous voyez à soixante-dix ans dans la peau d'une vieille fille entourée de ses chats. Au lieu de vous mettre en colère, vous craignez de blesser quelqu'un.

Nadège a trente-six ans et trois enfants. Tous les jours à partir de 16 h 30, elle se met à compter les heures jusqu'à ce que son mari rentre. Elle se sent complètement dépassée et elle a l'impression qu'elle ne pourra jamais souffler entre la lessive, les chamailleries des enfants et sa mère qui, veuve depuis peu, fait régulièrement des rencontres et veut que sa fille soit la confidente de ses nouvelles expériences amoureuses. La journée lui semble interminable, elle se sent très seule, quoique très sollicitée, et c'est là qu'elle compense par la nourriture. Quand son mari rentre, elle éprouve un terrible dégoût d'elle-même.

À chaque fois que Nadège se met à envisager le pire et à se dire qu'elle n'aura jamais de répit, au lieu de reconnaître simplement qu'elle est épuisée à partir de 16 h 30 et de faire quelque chose pour supporter plus facilement les heures qui la séparent ensuite du retour de son mari, elle se sent impuissante et prise d'une envie de manger soudaine et incontrôlable.

Lorsque vous réaliserez les exercices pratiques proposés dans la seconde partie de cet ouvrage, vous devrez identifier les scénarios catastrophes attachés à vos sentiments, ce qui vous aidera à comprendre pourquoi ces sentiments ont pris des proportions si démesurées et vous apparaissent si redoutables.

Si vous avez peur de rester aux prises avec vos émotions et de les explorer, c'est que vous avez déjà fait un constat d'échec. Vos émotions vous amènent à éprouver un sentiment d'impuissance encore plus profond – là où, justement, vous refusez d'aller. Comme vous le savez, la faim émotionnelle est déclenchée de façon réflexe. Quelque chose se passe, vous l'interprétez mal (scénario catastrophe) et vous en concluez que vous êtes impuissante, tout cela en une fraction de seconde. Juste au moment où vous vous sentez impuissante, vous êtes convaincue que la nourriture est la seule solution qui vous reste pour vous sentir mieux et que, sinon, ce sentiment d'impuissance va durer une éternité.

Voici quelques indications ici pour vous donner une vision plus claire de ce qui se passe réellement en vous au moment où vous décidez de manger malgré votre engagement à perdre du poids.

Les cinq constats d'impuissance

Constat n° 1 lié aux doutes sur vous-même. À votre travail, quelqu'un vous demande de faire quelque chose que vous ne savez pas faire. Vous faites un constat d'impuissance : « C'est que je suis stupide. » Votre sentiment est terriblement dévastateur, mais vous n'avez pas à vous précipiter vers le distributeur automatique et à vous goinfrer pour éviter de vous sentir stupide. Dans la seconde partie, vous apprendrez à répondre du tac au tac à votre voix critique intérieure et effacer l'idée que votre vrai Moi est stupide.

Constat n° 2 lié à votre frustration. Vous consultez régulièrement un site de rencontres en ligne et, aujourd'hui, vous allez à votre énième rendez-vous. Malgré tous les espoirs que vous avez mis dans cette nouvelle rencontre, c'est la déception des deux côtés. Vous faites un constat d'impuissance : « J'ai échoué et je n'y peux absolument rien. » La recherche du partenaire qu'il vous faut peut être décevante, certes, mais vous n'avez pas à compenser votre déception en vous arrêtant chez le pâtissier sur le chemin du retour. Dans la seconde partie, vous apprendrez à travailler sur vos relations.

Constat n° 3 lié à votre sécurité intérieure. Vous avez subi des traumatismes dans votre enfance. Vous faites un constat d'impuissance : « Je suis en danger et je ne peux pas me protéger. » Le traumatisme et la souffrance que vous éprouvez sont réels, mais des bourrelets graisseux supplémentaires ne peuvent pas changer ce qui vous est arrivé et ne vous protégeront absolument pas. Dans la seconde partie, vous apprendrez à créer une vraie sécurité intérieure en gérant vos vrais problèmes.

Constat n° 4 lié à votre rébellion. Vous êtes en colère contre vos enfants parce qu'ils n'écoutent jamais. Vous faites un constat d'impuissance : « Je préfère manger qu'exprimer ce que je ressens à l'intérieur de moi. » Si vous leur manifestez votre colère, vous avez peur de leur crier dessus avec violence, voire de les frapper sans pouvoir vous contrôler. En effet, accepter de se confronter à une émotion comme la colère peut être une perspective assez effrayante. Dans la seconde partie, vous ferez la différence entre la provocation puérile et l'affirmation de soi mature.

Constat n° 5 lié à votre sentiment de vide intérieur. Le soir, vous n'avez presque jamais de projets pour le lendemain. Vous vous sentez vide à l'intérieur, incapable d'éprouver satisfaction et bien-être. Vous faites un constat d'impuissance : « La nourriture est la seule chose qui peut me remplir et me combler. » Dans la seconde partie, vous vous donnerez les moyens de vous épanouir et de vous sentir bien.

La transe alimentaire

Vous avez compris comment votre ressenti prend parfois une telle ampleur que vous ne pouvez même pas envisager de l'affronter. Vous avez compris pourquoi, jusqu'à maintenant, vous avez toujours cherché à fuir ce que vous éprouviez – pour éviter d'amplifier vos émotions jusqu'à vous sentir complètement submergée et dévastée, au bord du précipice. Vous vous êtes toujours réfugiée dans la transe alimentaire, une bulle protectrice au sein de laquelle vous vous sentez nourrie, aimée et dégagée de toute responsabilité. La transe alimentaire est un endroit où vous trouvez repos et quiétude, loin de vos émotions négatives transformées momentanément en plaisir de manger.

Des patientes m'ont décrit ce que leur apportait la fuite dans la transe alimentaire. Vous allez peut-être vous reconnaître dans certains de leurs témoignages :

Judith est une mère au foyer de trente-huit ans. Elle pèse 80 kg pour 1,55 m. « La nourriture est fidèle. Elle est toujours là, et elle fonctionne toujours. Mon mari me dit que je fais l'amour à mes barres Kit Kat, et il a raison. Je les mange méthodiquement et, à chaque fois, cela me met en transe. Le bienfait à court terme ? Pendant quelques instants, c'est juste moi et le chocolat. Mon esprit se concentre sur la manière de le déguster, sa saveur, sa texture, la sensation qu'il me procure et, pendant ce temps-là, je ne pense à rien d'autre. Je suis dans un autre monde et quand je reviens à la réalité c'est toujours la même culpabilité et les mêmes remords. »

Hélène est une enseignante de trente-deux ans, célibataire. Elle pèse 65 kg pour 1,67 m. « La transe alimentaire est une sensation très puissante. J'adore les desserts ! Quand je suis en transe, je me délecte de chaque bouchée et je profite de toutes les explosions de saveurs qui bombardent mon palais. C'est la parfaite échappatoire momentanée. Quand je me concentre sur ce que je mange, je n'ai pas à me confronter à mes émotions, mais quand j'ai fini de manger, j'ai honte. »

Laurette, soixante-trois ans, est aujourd'hui à la

retraite après avoir travaillé comme directrice de la publicité. Elle pèse 127 kg pour 1,65 m. « Pour moi, la transe alimentaire est un endroit où rien ni personne ne peut vous atteindre et vous envahir. Elle vous plonge dans une sorte d'engourdissement, vous rendant insensible à tout ce qui se passe autour de vous, un peu comme une anesthésie. Je peux fuir, même si je sais que cette transe n'est que provisoire. Tout est merveilleux jusqu'à ce que je retombe sur terre. »

Angélique, vingt-quatre ans, est étudiante. Elle pèse 52 kg pour 1,62 m. « Quand je suis en pleine crise, j'engloutis des quantités phénoménales de nourriture. Toute mon énergie est utilisée pour ingurgiter un maximum de nourriture en un minimum de temps. »

En lisant ces témoignages, vous avez probablement remarqué que quel que soit le poids de ces femmes, et même si elles n'ont pas de kilos superflus, la nourriture est devenue un moyen d'évasion pour elles. Tant qu'elles sont dans leur transe alimentaire, elles sont bien, mais leur plaisir est toujours suivi d'un sentiment de culpabilité et de regrets, et peut s'en suivre une prise de poids.

Si la nourriture vous rend vraiment heureuse et satisfaite, même temporairement, elle devient un puissant narcotique. Pour y résister, vous devez adopter une vision d'ensemble, voir les conséquences de votre dépendance. Dans le cas d'une dépendance à la nourriture, vous devez prendre conscience, non seulement des kilos que vous allez prendre (car, visiblement, cela ne suffit pas à vous arrêter), mais aussi du retard que vous prenez dans votre développement psychique et spirituel, dans votre épanouissement personnel, en gardant l'habitude d'enfouir vos émotions sous la nourriture.

Vos sentiments et vos émotions ne sont pas là pour

vous rendre malheureuse et vous gâcher la vie. Au contraire, ils sont là pour vous fournir des informations sur votre vie intérieure. Il y a des messages enveloppés dans vos sentiments et vos émotions, et vous devez les écouter. Mais à cause des scénarios catastrophes que vous attachez à ces sentiments, vous redoutez de rester à leur contact suffisamment longtemps pour écouter ce qu'ils ont à vous dire.

Même un sentiment aussi banal que l'ennui signifie quelque chose. Votre ennui peut vous signaler que vous devez réaliser ce qui vous intéresse vraiment au lieu de faire ce que vous pensez devoir faire, ou vous dire que quelqu'un ou quelque chose vous manque. Il vous montre que vous aspirez à une vie plus satisfaisante que celle que vous menez actuellement, et si vous l'écoutez, il peut vous inciter à agir, à sortir de votre fauteuil relax pour poursuivre votre rêve.

Vous ne pouvez pas ignorer vos signaux émotionnels, qu'ils soient importants ou vous paraissent insignifiants. Si vous les ignorez, votre vie restera au point mort. Et si vous restez au point mort, vous ouvrez la porte à la dépression et à l'anxiété. À partir de là, vous mangez encore davantage pour supprimer ces émotions indésirables et vous entrez dans un cercle vicieux où la seule chose que vous savez, c'est que dès que vous vous sentez mal, vous devez aussitôt manger quelque chose. Ce mécanisme finit par devenir si bien rodé que vous n'êtes même plus consciente de votre mal-être. Tout ce que vous sentez, c'est une pression constante qui vous pousse à manger.

La nourriture vous offre un petit moment de répit dans votre vie, mais ce petit moment de répit prend fin, vous laissant avec vos problèmes. Vouloir faire une pause pour se détendre quand les sentiments deviennent trop intenses est normal et sain. C'est l'utilisation trop fréquente de la nourriture pour se détendre qui devient problématique.

Dans la seconde partie de ce livre, nous allons passer en revue ce que vous pouvez faire d'autre que manger pour marquer une pause et prendre le temps de réfléchir clairement à ce qui se passe en vous avant d'agir.

À ce stade :

- Vous avez reconnu votre phobie du ressenti.
- Vous avez commencé à réfléchir à la signification de vos émotions et de vos sentiments, sur vos interprétations erronées, vos scénarios catastrophes et vos constats d'impuissance.
- Vous avez identifié les influences positives de la transe alimentaire : l'évasion qu'elle vous permet et le plaisir qu'elle vous procure.
- Vous avez pris conscience du coût que représente votre tendance à vous réfugier dans la transe alimentaire au lieu de vous confronter à vos sentiments, notamment le fait qu'elle vous empêche de venir à bout des problèmes que vous devez résoudre.
- Vous avez commencé à entrevoir l'existence d'autres moyens de vous accorder un moment de répit quand vos sentiments deviennent trop intenses.
- Vous devez vous rappeler que vous devez contrôler la phobie du ressenti et la transe alimentaire pour comprendre les problèmes plus profonds qui motivent votre sentiment d'impuissance.

Chapitre 3

Quel est le prix à payer de votre sentiment d'impuissance ?

Tout ce qui doit durer est lent à croître. - Louis de Bonald, écrivain

Puissance contre impuissance

Il existe au moins deux sortes de pouvoir à considérer : le pouvoir sur les autres et le pouvoir sur soi-même. Le premier est votre capacité à influencer ou contrôler des événements et des situations extérieurs ou des personnes. Il dépend en grande partie du rôle que vous jouez au sein de la société et de l'importance que l'institution dans laquelle vous travaillez attache à ce rôle. Si vous êtes le président du FMI, de la Banque mondiale ou des États-Unis, vous possédez un grand pouvoir pour faire changer votre institution et le monde. Mais vous pouvez être impuissant à changer ce que vous voudriez changer. Comprenez bien : quel que soit votre rôle, vous avez un certain pouvoir d'influence sur le monde et certaines limites bien réelles pour changer tout ce que vous voudriez changer de la manière dont vous le voudriez et au moment où vous le voudriez. C'est la vie, et les mêmes principes s'appliquent aux rôles d'une mère, d'un père, d'un patron, d'un salarié, d'un ouvrier ou d'un veilleur de nuit. C'est le monde extérieur dans lequel nous vivons et auquel nous devons nous adapter.

Nous pouvons accroître notre pouvoir dans le monde de deux façons : en accédant à un rôle plus influent ou en améliorant nos compétences dans notre rôle, ce qui nous permet de devenir plus efficaces et donc plus influents.

Le second type de pouvoir est le pouvoir sur soi-même. Il ne s'agit pas seulement de se contrôler et de se discipliner, mais de s'autoriser à être l'auteur, l'agent, le maître de sa propre vie. C'est le type de pouvoir dont nous allons parler dans ce livre : comment maximiser votre pouvoir sur vous-même pour combattre votre faim émotionnelle et, indirectement, vivre une vie plus riche et plus satisfaisante. Vous renoncez inutilement à votre pouvoir sur vous-même et dissimulez cette capitulation sous une quantité excessive de nourriture, cela doit changer.

À chaque fois que vous abandonnez votre pouvoir sur vous-même, vous ressentez un ou plusieurs des cinq sentiments d'impuissance.

Vous avez une voix très critique à l'intérieur de vous qui vous dit de mille et une manières que vous n'avez pas tous les droits vous autorisant à contrôler votre vie et, quand vous croyez cette voix, vous perdez courage. C'est à ce moment-là que vous éprouvez un sentiment d'impuissance et, si vous êtes dépendante de la nourriture, c'est le moment où vous êtes prise d'une envie de manger incontrôlable. Cette voix extrêmement critique est votre conscience, une conscience qui n'a pas suffisamment évolué pour être le guide fiable de votre vie. Pourquoi ? Parce que vous continuez de vous évaluer selon des critères de perfection irréalistes.

Héloïse a vingt-sept ans. Elle pèse 64 kg pour 1,62 m. Son métier ? Gérer un restaurant. Elle possède son propre appartement. Elle est sortie parmi les premières de sa promotion. Selon les critères de la plupart des gens, elle est un modèle de réussite. Pourtant, à chaque fois qu'elle doit prendre une décision, ne serait-ce que de savoir si elle va prendre un taxi ou le métro, quelle table basse elle va acheter ou quel homme elle doit fréquenter, elle a besoin de demander conseil à ses amies. Elle est convaincue qu'elle n'est pas capable de décider toute seule. Elle n'a pas l'impression d'être l'auteur de sa vie dans certains domaines, même si elle l'a été dans d'autres. Lorsqu'elle est face à une grande décision à prendre (grande à ses yeux) et qu'elle ne peut pas joindre au téléphone l'une de ses amies, elle se sent impuissante et finit par manger. C'est ce sentiment d'impuissance à être maître de sa propre vie qui lui a fait prendre quelques kilos par-ci par-là. Pour se sentir plus légère face à cette douloureuse habitude, elle plaisante avec ses amies en se comparant à un « accordéon humain ».

À chaque fois qu'Héloïse écoute les critères de perfection irréalistes de sa conscience critique et ne parvient pas à prendre une décision toute seule, elle confirme son sentiment d'impuissance.

D'où vient cette voix qui vous rend impuissante ?

Durant les premières années de votre vie, vous étiez réellement impuissante. À votre naissance, vous n'aviez pas conscience d'être un individu à part entière. Vous ne vous voyiez pas séparée de vos parents. Vous pouviez les voir, les entendre, les toucher et les faire réagir à vos demandes, mais vous les viviez comme une partie de vous-même. Et parce que ce sont eux qui vous ont faite, on peut dire que vous étiez leur possession. Vous étiez totalement dépendante d'eux pour être nourrie, protégée et écoutée dans vos besoins. Vous viviez à travers leur regard. Quand vous avez découvert que vous aviez vos propres orteils, vos propres doigts de mains, votre propre nez, vous avez ressenti de l'étonnement et du plaisir, mais vous n'aviez toujours pas conscience d'être un individu – vous restiez un prolongement de vos parents.

Bébé, toute votre attention était dirigée vers vos parents – vous les observiez, vous appreniez d'eux, vous les sollicitiez pour qu'ils répondent à vos besoins. Vous ne les jugiez pas encore – ils représentaient Tout, la source de toute connaissance et de toute vie. Puisque vos parents constituaient la totalité de votre monde, vous avez trouvé un moyen de les garder avec vous quand ils quittaient la pièce. Vous imaginiez qu'ils vivaient à l'intérieur de vous. Vous avez commencé à les imiter pour qu'ils restent proches de vous. Quand vous observez de jeunes enfants, vous les entendez souvent répéter ce que papa et maman ont dit, en imitant leur voix : « C'est bien, ma chérie » ou « J'ai dit non » ou « Ne bois pas dans le salon ».

À l'âge de deux ans, vous aviez intériorisé vos parents. Vous saviez ce qu'ils pensaient de vous, si vous faisiez bien ou mal, et ils vous transmettaient leur jugement, même s'ils n'étaient pas là, à partir de l'image intériorisée que vous aviez d'eux. Vous n'aviez plus besoin de vos oreilles pour entendre votre mère vous dire : « Ne bois pas dans le salon » lorsque vous faisiez une tache ; vous vous disiez : « Je suis une vilaine petite fille », probablement avec la voix de votre mère, parce que votre mère vivait à l'intérieur de vous.

Durant votre enfance, vous aviez besoin de cette critique intérieure pour éviter les problèmes. Votre mère vous avait dit de ne pas vous approcher du feu, et vous avez intériorisé cette instruction pour ne plus avoir besoin qu'elle soit derrière votre dos à chaque fois que vous étiez en présence du feu. Votre mère vous avait dit de ne pas cracher sur les gens ou de ne pas leur tirer la langue, que c'était très irrespectueux de faire ça, et vous avez intériorisé sa réprimande pour ne pas vous faire d'ennemis à la maternelle. Si vous n'aviez pas écouté sans réfléchir les avertissements de votre mère, vous n'auriez pas pu jouer dehors toute seule, aller à l'école toute seule, faire toutes sortes de choses toute seule parce qu'on ne vous aurait pas fait confiance. Les règles intériorisées de maman et de papa vous ont aidée à naviguer et à survivre dans ce nouvel univers, parfois dangereux et déroutant, que vous exploriez.

Toutes les règles de vie que vous avez apprises étaient des principes absolus, qui n'admettaient aucune réplique : c'était tout ou rien, blanc ou noir. Ces règles provenaient de l'extérieur, mais vous les avez intériorisées et respectées même quand on ne vous surveillait pas. Elles sont devenues vos valeurs, vos principes, votre vision de la vie et votre conscience.

Tant que vous obéissiez à toutes ces règles, vous étiez récompensée par l'illusion de la sécurité absolue… des parents puissants vous protégeraient de tous les dangers de l'existence. Si vous désobéissiez, vous seriez abandonnée et obligée de faire face, toute seule, à tous les dangers terrifiants de la vie, sans les connaissances et les ressources nécessaires. Votre choix émotionnel à l'âge de deux ans était donc le suivant : obéir et être magiquement protégée ou désobéir et être impuissante, incapable de survivre. Vous commencez à voir les origines profondes du sentiment d'impuissance, n'est-ce pas ?

Cette voix intérieure très critique qui continue à vous dire ce que vous avez le droit de faire en tant qu'adulte avait, à l'origine, un pouvoir absolu sur vous. Pourquoi ? Parce que vous n'étiez pas capable de vous débrouiller seule à l'âge de trois ans. Mais en grandissant, vous devenez capable de mener votre vie à votre guise, vous pouvez vous assumer seule et vous épanouir. C'est votre conscience qui est à la traîne et doit être mise à jour pour correspondre à votre âge et à vos capacités. Mais ce n'est pas facile à faire, je l'avoue.

Comment aider votre conscience à grandir ?

Normalement, vous n'auriez pas dû continuer à respecter les mêmes principes rigides toute votre vie. Ils auraient dû être modifiés par l'expérience, replacés dans leur contexte. La plupart des règles valables pour un enfant de deux ans ne le sont plus à l'âge de douze ans. À cet âge, vous avez la capacité et le droit de traverser la rue toute seule, même s'il n'y a pas de feu. Vous avez le pouvoir, réel quoique limité, d'être autonome et responsable dans certains domaines de votre vie, par exemple d'aller à l'école toute seule.

Lorsque vous arrivez à vingt ou trente ans, vos règles initiales ont, en général, été modifiées plusieurs fois, car vos nouvelles expériences vous demandent de vous adapter à un monde que vous n'imaginiez pas dix ans auparavant. Vous pouvez râler et pester contre quelque chose ou quelqu'un si cela est justifié ; vous pouvez décider de ne plus aller voir tante Marie parce qu'elle vous critique sans cesse ; vous pouvez choisir de laisser vos vêtements entassés sur la chaise jusqu'au lendemain. En tant qu'adulte, vous avez la possibilité de fixer vos propres règles après avoir tiré la leçon de vos erreurs et procédé à des réajustements.

Maintenant que vous êtes adulte, quoi de plus simple que d'ignorer les anciennes règles et d'en établir de nouvelles, non ? Sauf qu'à chaque fois que vous modifiez une règle intériorisée, que vous remplacez une ancienne règle par une nouvelle, la vôtre, ou que vous abandonnez une règle qui n'a aucun sens pour vous, vous devenez terriblement anxieuse. Rappelez-vous, par exemple, ce que vous avez ressenti en commençant une sexualité adulte. Quand vous étiez petite, vous ne pouviez pas vous livrer à des attouchements sexuels sur d'autres personnes, peut-être même pas sur vous, sans être réprimandée. À l'adolescence, vous avez été bombardée de discours très directs, d'avertissements et d'interdictions concernant la sexualité. Lorsque vous êtes devenue suffisamment grande pour avoir une activité sexuelle adulte, vous avez dû réécrire le scénario et vous autoriser à aller de l'avant, à passer outre la voix intériorisée vous disant que le sexe, c'est mal. Chez beaucoup de personnes, ce saut exige de surmonter une anxiété très forte.

Quand vous faites d'une règle ancienne votre propre règle, vous enlevez l'autorité à votre propriétaire intériorisé pour la transférer à vous-même, la nouvelle propriétaire. C'est ainsi que vous devenez vous-même – en suivant pas à pas un processus au terme duquel vous devenez propriétaire de vos propres règles. Ce faisant, vous affaiblissez l'autorité initiale, celle de vos parents intériorisés. À chaque fois que vous créez vos propres règles et remettez en question les critiques rigides que vous avez écoutées, vous osez tenir tête à vos parents et être vous-même. C'est comme si vous donniez un avis de licenciement à vos parents, et n'importe qui en aurait des palpitations ! Vous sacrifiez l'illusion de la sécurité pour pouvoir être libre de vivre votre propre vie.

Quel est le rôle de votre conscience critique ? Continuer de vous sécuriser comme si vous étiez encore une petite fille obéissante. Elle veut rester intacte, le prolongement de la mentalité, des valeurs et de la vision du monde de vos parents – une copie exacte de ce qu'ils prétendent que vous devez être pour être aimée et ne pas être abandonnée. Mais votre rôle est d'affirmer votre individualité et vos valeurs en décidant ce qui est bien ou mal, utile ou inutile en fonction de la vision de la vie que vous acquérez au cours de vos multiples expériences. Vous voyez que vous et votre conscience critique avez des intentions antagonistes.

Il existe une tension naturelle entre votre besoin d'évoluer et le besoin de votre conscience critique de vous empêcher de vous débrouiller seule, de vous faire peur pour vous dissuader de prendre des risques et de vous frotter à la vie. Mais vous avez un besoin de liberté qui vous pousse à la rébellion. C'est comme si vous aviez deux puissantes créatures qui se battent en duel dans votre corps et votre esprit.

Dans le chapitre précédent, nous avons parlé de la manière dont les individus donnent une signification à leurs sentiments, aux situations qu'ils rencontrent et à leurs relations avec les autres. En général, ils n'interprètent pas les choses en leur faveur, mais d'une façon qui confirme leurs peurs les plus terribles. Pour faire mûrir votre conscience critique, vous devez commencer par comprendre qu'il y a deux choses qui se passent quand vous ressentez quelque chose ou quand quelque chose arrive dans votre vie. Il y a votre réalité intérieure, la façon dont vous évaluez ce que vous ressentez ou ce qui se passe sur la base de tout ce que vous avez vécu dans votre vie, de ce que vous pensez être et de ce que vous voudriez être. Et puis il y a la réalité extérieure, ce qui arrive réellement. Pour savoir vraiment ce qui se passe, vous devez prendre en compte tous les aspects d'un sentiment ou d'une situation. Rappelez-vous Héloïse. Lorsqu'elle est face à une décision difficile à prendre et ne peut pas se faire conseiller par l'une de ses amies, elle peut : soit se tourner immédiatement vers la nourriture parce qu'elle se sent trop impuissante à prendre une décision toute seule, soit évaluer tous les aspects de ce qui se passe réellement. Elle peut comprendre que ses amies sont occupées. Elle peut établir une liste des avantages et des inconvénients, puis essayer de prendre la décision toute seule. Elle peut aussi, si cela est possible, différer sa prise de décision. J'appelle ce processus d'examen de l'ensemble des aspects d'un sentiment ou d'une situation avant tout constat d'impuissance prématuré une « réinterprétation réaliste ». Il ne s'agit pas d'interpréter les choses de façon faussée simplement pour les tourner à votre avantage, mais de les interpréter d'un point de vue réaliste en partant du principe que votre première interprétation est davantage fondée sur votre réalité intérieure, ô combien bien ancrée dans votre passé.

Si vous voulez couper court à votre besoin soudain de nourriture, vous allez devoir apprendre à marquer un temps d'arrêt pour examiner ce qui est en train de se passer dans votre réalité intérieure et ce qui est en train de se passer dans la réalité extérieure, puis réinterpréter les choses de manière à être capable de vous réapproprier votre pouvoir et de devenir le libre auteur de votre vie.

Une fois qu'Héloïse a appris à réinterpréter la situation de façon réaliste, elle a senti qu'elle n'avait plus besoin d'un soutien à chaque fois qu'elle devait prendre une décision. Certes, elle aime toujours étudier tous les aspects d'un problème avec ses amies, mais elle a appris à faire confiance à sa propre capacité de faire des choix toute seule et pour elle-même.

Prenez la liberté d'être vous-même

Si tout se passe bien, votre conscience critique perd la partie. Vous grandissez, vous évoluez, vous n'avez plus de règles rigides, irréalistes et absolues à respecter ou de critères à satisfaire – vous avez juste un ensemble de valeurs, de principes et de repères tirés de votre expérience pour vous aider à déterminer vos actions et vos comportements. Vous développez une conscience bienveillante et mature qui n'est plus fondée sur la peur et des principes périmés, mais sur votre expérience de la vie. Votre conscience vous ramène un peu à la raison quand vous dérapez, vous rappelle que vous devez donner aux pauvres, aider les autres même si cela vous coûte et éviter certaines tentations trop risquées ou potentiellement nuisibles pour ceux que vous aimez. Dans le scénario idéal, vous devenez votre seul et unique maître pour gérer la réalité avec un esprit ouvert et créatif, enfin dégagé d'une vision du monde rigide et obsolète. Autrement dit, l'évolution naturelle de votre Moi met au chômage votre conscience critique et la remplace par une femme qui, dans un monde idéal, affronte les défis d'une manière adulte et directe, sans recourir à la dépendance alimentaire. Mais hélas…

Si vous avez utilisé la nourriture pour faire taire votre conscience critique au lieu de la transcender (parce que vous ne voulez pas entendre ses accusations concernant votre valeur, votre style, vos amis, votre capacité à être adulte, votre colère, vos valeurs, votre aptitude à être aimée et vos impulsions ni ses projections pessimistes sur vos rêves, vos ambitions et votre faculté de vous débrouiller dans la vie), vous avez stoppé ou considérablement ralenti la séparation naturelle et nécessaire avec votre conscience critique. Vous calmez sans doute par la nourriture votre voix intérieure critique quand elle s'exprime trop vigoureusement, mais vous redevenez dépendante de ses accusations et de ses exigences dès que vous avez fini de manger.

Dans le chapitre suivant, vous constaterez que vous pouvez progresser dans votre quête d'indépendance en vous confrontant à vos doutes sur vous-même, à ce manque de confiance en vous sur lequel votre conscience critique s'appuie pour vous contrôler. Dites-vous qu'il y a trois stades dans le développement de votre conscience. Vous avez maîtrisé le premier – vous n'obéissez plus à toutes les règles que vos parents vous ont transmises, votre conscience critique n'est donc plus le maître absolu qu'elle était quand vous aviez trois ans. Vous êtes dans le second stade, qui dure depuis longtemps – vous et votre conscience critique vous disputez le contrôle. Mais la bonne nouvelle, c'est que ce livre vous propulse vers le troisième stade où les fausses accusations continuelles font partie du passé et où votre conscience représente désormais vos valeurs et votre intégrité.

À ce stade :

- Vous avez commencé à comprendre que c'est vous-même qui vous rendez impuissante.
- La partie de vous qui se juge par rapport à des critères irréalistes, vous donnant le sentiment d'être impuissante, est une conscience trop sévère.
- Vous vous rendez compte que si vous mangez pour éviter les accusations de votre conscience critique au lieu de les regarder en face, vous n'aurez jamais la chance de remodeler votre conscience.

Chapitre 4

Première strate : vos doutes sur vous-même

Personne ne peut vous faire éprouver un sentiment d'infériorité sans votre consentement. – Eleanor Roosevelt

Chloé faisait du shopping avec son amie Lucie, célibataire, peu après la naissance de son fils. Les deux amies étaient très excitées par l'ouverture d'un nouveau magasin H&M. Une fois dans le magasin, elles ont chacune choisi des vêtements à leur taille – une taille XS pour Lucie et une taille L pour Chloé – et sont entrées dans la cabine d'essayage. En essayant leurs vêtements côte à côte, Lucie dit à son amie : « Chloé, pour le moment tu trouverais peut-être plus facilement dans un magasin pour… disons pour femmes fortes. » Chloé s'est sentie en colère contre Lucie, mais ce n'est pas l'offense en soi de son amie qui lui a porté un coup terrible. Si Chloé ne s'était pas déjà sentie si mal à l'aise avec son corps depuis qu'elle avait accouché, si son poids n'avait pas été un tel problème pour elle depuis son enfance, si elle ne s'était pas toujours comparée à Lucie depuis le lycée, la remarque de son amie ne l'aurait pas autant affectée et elle n'aurait pas eu besoin de s'acheter un goûter aussitôt après être sortie du magasin.

Imaginons qu'un homme récemment rencontré annule son rendez-vous avec vous. Vous tombez immédiatement dans une autocritique trop douloureuse à supporter (s'il a annulé notre rendez-vous, c'est qu'il y a quelque chose qui cloche chez moi), alors vous allez aussitôt trouver refuge dans la nourriture. Une fois que vous vous êtes goinfrée, vous vous critiquez et focalisez votre attention sur ce que vous venez d'engloutir au lieu de réfléchir au message contenu dans le sentiment douloureux que vous avez éprouvé. C'est pourquoi de nombreuses personnes se plaignent de la colère qu'elles éprouvent contre elles-mêmes de s'être empiffrés. Il est plus facile de vivre avec un Moi que l'on juge comme manquant par moments de self-control qu'avec un vilain Moi, constamment stupide, laid ou méchant, que personne ne veut fréquenter. En psychanalyse, cela s'appelle un *déplacement* – une petite astuce de notre psychisme pour réduire l'intensité de la souffrance intérieure liée à un manque d'estime de soi.

Un petit déplacement peut faire du bien de temps en temps, mais pas lorsqu'il s'agit de dépendance alimentaire. Dans ce cas précis, il ne fonctionne pas parce que vous enfouissez votre manque d'estime de vous sous la nourriture, ce qui le rend quasiment inaccessible à votre conscience. Vous êtes incapable de lutter contre cette autoaccusation qui vous fait vous dire à vous-même que vous êtes un être humain défectueux (laid ou stupide ou indigne d'être aimé). Tant que vous n'affrontez pas ces autoévaluations excessivement sévères (la partie de votre conscience qui fonctionne toujours au niveau de la critique), vous y croyez ; vous vous retrouvez alors accusée et reconnue coupable sans avoir pu tirer profit d'un procès équitable et transparent. Qui ne voudrait pas effacer un tel verdict avec de la nourriture et toujours plus de nourriture ? Qui ne préférerait pas se dire simplement dénuée de volonté plutôt que totalement indigne d'être aimée ? Tout le monde, c'est normal... mais ce n'est pas la bonne solution.

Le regard des autres a conditionné votre regard sur vous-même

Nous, les êtres humains, adorons mesurer, évaluer, juger. Si vous avez des enfants, vous savez que des miettes de gâteau n'ont rien à voir avec un gâteau entier. Elles n'apportent pas la même satisfaction. Demandez à des enfants de choisir une part de gâteau ou un jouet parmi d'autres et ils prendront la plus grosse part ou le jouet le plus impressionnant. En grandissant, nous continuons d'évaluer, non seulement la taille des choses, mais aussi leur qualité, leur apparence et leur valeur monétaire. Et nous nous évaluons de la même façon. Et les autres nous évaluent de la même façon.

Vous êtes évaluée et jugée depuis votre plus tendre enfance. Étiez-vous une élève modèle aux yeux de vos parents et de vos enseignants ? Étiez-vous suffisamment jolie, suffisamment gentille, suffisamment affectueuse, suffisamment sportive ? Naturellement, vous aviez des lacunes dans certains domaines, comme tout le monde. Le problème, c'est que vous avez appris à vous juger comme les autres vous jugeaient. Si vous êtes comme la plupart des individus, vous avez du mal à rester une journée sans émettre un jugement négatif sur vous-même. Dès que vous voyez une personne plus jeune, plus belle, plus intelligente, vous vous comparez à elle et, du moins provisoirement, vous pensez que vous n'êtes pas assez bien, que vous n'êtes pas à la hauteur. Quand vous vous jugez, vous ne vous jugez pas équitablement – vous comparez l'un de vos points faibles à l'un des points forts de l'autre.

L'opinion que vous aviez de vous-même petite fille dépendait étroitement de ce que vos parents, vos enseignants et vos amis pensaient de vous, mais avec l'âge, vous êtes censée développer un sens de votre identité qui vous est propre et suffisamment stable, sans vous référer à l'opinion des autres. Bien sûr, cela ne veut pas dire que vous allez être indifférente à ce que les autres disent ou font, mais cela vous rendra moins vulnérable aux émotions négatives et aux fringales quand quelqu'un vous dira qu'il n'aime pas ce que vous portez.

Si vous êtes dépendante de la nourriture, à chaque fois que vous vous dites que vous n'êtes pas assez ceci ou cela, vous avez faim. L'impression de ne pas être à la hauteur est un stimulant de la faim (une faim nerveuse) aussi puissant qu'une hypoglycémie ou une journée de jeûne (une faim biologique). Certes, d'autres facteurs émotionnels (que nous allons étudier dans les chapitres suivants) peuvent stimuler votre désir de nourriture, mais votre manque d'estime personnelle est, de loin, le plus fort et le plus habile à brouiller les pistes.

Par exemple, vous pouvez croire que vous désirez des croissants aux amandes parce que votre mari vous démolit verbalement et, qu'après cette dispute, vous avez besoin de vous réconforter avec quelques douceurs, mais en réalité vous mangez les croissants parce que vous croyez les choses ridicules qu'il a dites sur vous. C'est *votre propre manque d'estime de vous* qui déclenche votre faim *et non ses propos*. Si la valeur que vous vous accordiez était plus élevée que son opinion sur vous, vous ignoreriez ses propos et les croissants avec.

Supposons que vous vous ennuyez. Au lieu d'essayer quelque chose de nouveau ou d'intéressant, vous voulez manger. C'est parce que vous manquez de confiance en vous pour explorer une nouvelle idée. Supposons que vous êtes en colère contre votre voisin parce que son chien n'arrête pas d'aboyer. Vous mangez parce que vous redoutez l'issue d'une confrontation qui pourrait vous nuire. C'est parce que vous doutez de vous-même. Si vous êtes minée parce que votre mari vous demande de ne pas conduire aussi vite, c'est parce qu'au fond de vous-même vous doutez de quelque chose d'autre et, du coup, une simple critique submerge votre ego vulnérable.

En creusant un peu plus, vous allez sans doute découvrir que le seul véritable obstacle à la silhouette dont vous rêvez est le jugement très dur que vous portez sur vous-même. Cela peut vous paraître une bien étrange considération pour un livre sur les problèmes de poids, mais votre autoévaluation a beaucoup plus à voir avec la mesure de votre tour de taille que vous ne le pensez. Les émotions que votre psychisme transforme en faim nerveuse sont toutes reliées à votre vie intérieure dont le chef d'orchestre est votre manque d'estime de vous. Si la nourriture est devenue votre principal mécanisme de régulation émotionnelle, vous allez manger de façon compulsive à chaque fois que vous avez un coup de blues, à chaque fois que vous ne vous sentez pas à la hauteur, à chaque fois que vous pensez que vous n'êtes pas assez bien ou que votre vie n'est pas assez satisfaisante.

Des doutes sur vous-même déclenchés par les autres

Ce que les autres pensent de vous n'a pas à devenir votre réalité. – Les Brown, conférencier et écrivain

J'ai une patiente qui a parcouru la Thaïlande pendant un an. Là-bas, elle n'avait aucun problème de poids et, à son retour, elle avait atteint son poids idéal sans aucun effort. Elle m'a confié : « C'est incroyable. Rien ne m'embêtait lors de mon séjour, alors je n'avais pas à batailler contre la nourriture. Ma mère ne m'appelait pas pour me dire tout ce qui n'allait pas dans ma vie. Je n'étais pas dans une relation amoureuse. Il n'y avait personne pour critiquer mes résultats au travail. J'étais si focalisée sur le plaisir de rencontrer de nouvelles personnes, de méditer et de découvrir des choses que je ne mangeais que quand j'avais vraiment faim. »

Ce n'est pas pour vous suggérer de quitter famille et amis ou de démarrer une vie d'ermite si vous voulez perdre du poids. N'importe qui peut être un Bouddha au sommet d'une montagne avec rien ni personne autour de lui pour susciter des réactions intérieures. C'est la personne capable d'être un Bouddha à la table de sa belle-mère qui a le plus de chance d'atteindre l'illumination.

Rien n'active davantage les doutes sur soi-même que les critiques ou les attitudes de rejet des autres. C'est donc de là que nous allons partir. Même des individus qui ont confiance en eux voient leurs fondements intérieurs ébranlés lorsqu'ils se sentent rejetés, et si vous êtes dépendante de la nourriture, vous allez avoir besoin de manger dès qu'une émotion perturbatrice retentira en vous. Au moment où votre meilleure amie vous a fait remarquer que vous n'aviez pas rencontré un seul partenaire depuis un an, vous avez avalé trois bouchées. Vous êtes en colère contre elle et l'accusez de vous faire souffrir intérieurement, mais l'expérience m'a montré que ce n'est pas l'insulte ou l'offense *en soi* qui déclenche la faim émotionnelle. Vous pourriez survivre à toutes les insultes et les offenses du monde si seulement vous ne les laissiez pas susciter en vous un dégoût de vous-même. Vous ne pouvez vous en vouloir qu'à vous-même, car c'est vous qui vous dévalorisez à vos propres yeux. Quand vous faites l'objet d'un rejet ou d'une critique, vous éprouvez d'abord une souffrance – ça fait mal. Cette douleur déclenche, dans votre tête, le bon vieux magnéto qui vous dit que vous êtes une bonne à rien, une perdante, et que c'est pour cette raison que les autres vous traitent si mal. Vous profitez de ce rejet ou de cette critique pour penser le plus grand mal de vous-même et vous ne pouvez pas supporter de vous sentir aussi mal. Même si vous n'êtes pas d'accord avec le message que vous recevez – votre mère qui vous dit qu'à trente ans vous devriez être mariée, par exemple –, vous autorisez ce message négatif à susciter d'autres croyances négatives que vous avez sur vous-même. La critique vous fait redouter de ne jamais trouver quelqu'un qui vous aime et que vous aimez vraiment (scénario catastrophe). Ou vous fait croire que vous devez avoir quelque chose qui cloche pour ne pas vouloir être mariée à votre âge. Lorsqu'il s'agit de trouver des moyens de nous faire du mal, nous sommes particulièrement créatifs.

Vous vous faites du mal parce que quelqu'un vous fait du mal

Vous devez séparer *l'expérience d'être blessée* de *l'expérience de vous blesser vous-même en réaction à quelqu'un qui vous blesse* pour bien voir la différence entre les deux. C'est le jugement que vous portez sur vous-même qui vous fait si mal et vous pousse à manger. C'est la douleur de votre manque d'estime personnelle qui gargouille dans votre ventre fantôme. Les déceptions et les rejets sont des phénomènes réels qui peuvent se gérer de différentes façons. Mais le manque d'estime de soi, c'est autre chose. Il est plus difficile à déloger, car profondément enraciné et très douloureux. Nous en avons une peur bleue. Il est à l'origine de notre sentiment d'impuissance parce que, si nous sommes vraiment aussi minables que nous le pensons et n'avons pas le pouvoir de changer, alors la vie est simplement insupportable. Nous avons besoin d'un moyen d'évasion, n'importe lequel, et la nourriture est généralement la solution la plus acceptable.

Nous avons chacun nos points faibles qui nous incitent à porter sur nous les jugements les plus terribles. Vous pouvez vous effondrer si votre mari oublie de vous embrasser pour vous dire bonsoir en prenant son oubli comme la confirmation que vous êtes totalement indésirable. Votre amie peut craquer en apprenant que son patron refuse de lui accorder la promotion qu'elle souhaitait, interprétant son refus comme une preuve de son incompétence. Le tout est de savoir ce qui déclenche chez vous le plus grand sentiment de nullité. Si vous le savez, vous pouvez intervenir avant de réagir en mangeant.

Imaginons que vous rentrez de votre travail après une journée difficile et que votre conjoint vous critique ou se montre froid et distant. Au bureau, vous avez reçu une succession de coups de fil, tous plus éreintants les uns que les autres et, là-dessus, votre patron vous a demandé de revoir complètement le projet sur lequel vous travaillez depuis un mois. Sur le chemin du retour, vous êtes restée coincée dans les bouchons pendant une heure, et votre autoradio ne marchait plus. Vous voulez un peu de réconfort et de soutien, mais vous trouvez votre mari devant la télé. Il lève à peine les yeux en vous voyant rentrer. Pas de bisou, pas de mot gentil, pas de repas bien chaud qui vous attend. Le comportement de votre moitié vous laisse déçue, blessée, en colère. Alors vous allez dans la cuisine, mangez un morceau de fromage, une cuisse de poulet de la veille, le reste de pizza laissé par les enfants et quelques cochonneries encore. Pendant quelques minutes, vous oubliez votre journée de travail, votre patron, les bouchons, votre mari et vos enfants, mais vous ne tardez pas à entendre cette voix critique à l'intérieur de vous qui vous rappelle que vous venez de faire une entorse à vos résolutions et qu'en optant pour une solution alimentaire, vous avez évité de trouver une meilleure solution à votre déception. Comment faire face à ce flux d'émotions négatives ? Vous pouvez allumer la télé et rêvasser, aller vous coucher directement ou manger encore davantage. Toutes ces solutions anesthésient provisoirement vos remords et votre culpabilité, mais aucune ne résout le fond du problème. Votre mauvaise humeur risque de perdurer le lendemain.

Que se passerait-il si, au lieu de manger, vous pouviez faire un arrêt sur image et passer vos sentiments à la loupe au moment où vous les ressentez ? Vous découvririez certainement que vous redoutiez au départ que votre partenaire ait une bonne raison de vous ignorer, que vous craigniez qu'il se montre froid parce qu'une partie de vous n'est pas digne d'être aimée et mérite d'être rejetée. Si vous étiez capable de marquer un temps d'arrêt au lieu de vous jeter sur la nourriture pour apaiser votre tension, vous auriez la possibilité de procéder à une réinterprétation réaliste.

Vous verriez peut-être que votre mari a eu une dure journée de travail, lui aussi. Il sentait peut-être que vous étiez de très mauvaise humeur et se disait que, quoi qu'il dise, vous le prendriez mal. À partir de là, au lieu de ressentir aussitôt une déception ou de croire que vous êtes la cause de tout, vous auriez la possibilité de lui demander un peu de tendresse ou d'appeler une amie pour raconter votre journée, quelque chose qui vous aiderait à vous sentir mieux et pas seulement à vous faire oublier ce qui ne va pas. C'est humain de douter de soi ; nous avons tous des moments où notre confiance vacille, même si nous réussissons généralement à contrôler nos doutes au quotidien, du moins dans une certaine mesure, pour pouvoir fonctionner normalement. Mais le rejet, la critique ou la déception réveillent notre manque de confiance en nous et, quand il est activé, ce sentiment fait très mal.

Dès que vous êtes blessée par une personne ou un événement et vous mettez à douter de vous-même, vous mangez pour vous apaiser. En réalité, votre souffrance se transforme si rapidement en appétit que vous ne voyez même pas que la douleur vous a donné faim. Vous devez travailler à ralentir le processus et à réinterpréter la situation pour vous empêcher de vous faire mal parce que quelqu'un vient de vous faire mal.

Les doutes sur vous-même non provoqués

Il vous arrive parfois de douter terriblement de vous sans agent extérieur – individu ou événement déclencheur. Certaines personnes manquent énormément de confiance en elles quand elles sont seules. L'affront, la critique ou le rejet ne sont pas toujours nécessaires pour douter de soi-même.

Jeanne, quarante-trois ans et mère de trois enfants, me confie que quand ses enfants sont au lit, elle se sent horriblement frustrée, puis prise d'un sentiment de culpabilité qui lui donne l'impression d'être une mauvaise mère. Tout est silencieux dans la maison, et elle se retrouve sur le canapé à grignoter des M&Ms devant la télé.

Vous pouvez être réveillée au milieu de la nuit par un rêve où vous vous sentiez complètement démunie et avoir un besoin urgent de manger. Vous pouvez être assise seule sur un banc, dans un parc, et ruminer ce qui ne va pas chez vous, vous jugeant une mauvaise mère, une mauvaise épouse ou une mauvaise amie. Vous pouvez être paralysée par des paroles critiques que vous entendez dans votre tête – des critiques que vous avez reçues il y a des dizaines d'années. C'est comme si vous étiez habitée par un détracteur intérieur. Vous entendez le verdict prononcé contre vous, mais pas les délibérations, et vous ne vous autorisez aucune défense. Vos doutes sur vous-même peuvent être si envahissants que rien ni personne ne peut aller contre et vous persuader du contraire.

Camille a trente et un ans. Elle est assistante sociale. Elle passe sa vie à aider les autres. Au lycée, tous ses camarades l'appelaient pour lui parler de leurs problèmes. À l'université, elle a soutenu son petit ami tout au long de ses études de médecine pour avoir la surprise qu'il la quitte pour une collègue à l'hôpital. Camille a toujours mis ses propres besoins de côté et en a fait son métier. Elle est convaincue que si elle n'aide pas les autres, personne ne voudra d'elle et ne s'intéressera à elle. Aider les autres, c'est son armure. Une armure qui dissimule un sentiment profond de ne pas mériter l'attention et l'aide d'autrui.

Pour pouvoir faire face à la souffrance de ne pas se sentir à la hauteur, beaucoup d'entre nous développent un type de défense que j'appelle « l'armure ». Votre armure est un rôle ou un personnage que vous jouez pour vous blinder contre la souffrance suscitée par vos doutes sur vous-même. Cependant, l'armure n'est qu'une façade, et souvent une protection qui fonctionne mal. Elle nous empêche aussi de nous sentir réellement épanouis dans nos relations, parce que même si quelqu'un aime notre armure, nous savons secrètement qu'il n'aimera pas la vraie personne qui se cache derrière. Par exemple, vous ndosser un rôle de victime pour vous protéger ...utes intérieurs en pensant inconsciemment que si l'autre s'aperçoit à quel point vous êtes pitoyable et en demande d'attention, il va vous laisser tomber. Finalement, votre armure vous donne une raison supplémentaire de ressentir votre insuffisance, une raison de plus de céder à vos fringales. De même, si vous vous protégez en devenant une droguée du travail avec la motivation inconsciente d'être trop épuisée pour vous confronter à vos doutes sur vous-même, vous allez finir appauvrie spirituellement et affamée émotionnellement.

Les armures les plus fréquemment portées par le genre humain sont les suivantes : jouer les martyrs, jouer les mères nourricières, jouer les perfectionnistes, jouer les solitaires, jouer les clowns. Porter cette armure peut devenir si habituel que vous finissez par la confondre avec vous-même. Il est utile d'identifier le type d'armure que vous portez pour pouvoir l'ôter et affronter directement vos doutes sur vous-même. Tant que vous n'autoriserez pas votre vrai Moi à émerger, vous ne vous sentirez pas aimée et vous ne croirez pas à l'amour que les autres vous offrent.

Rencontrez votre voix autocritique

Appelons Joséphine votre censeur, cette voix qui vous critique à l'intérieur de vous. Bien sûr, vous n'avez pas réellement une personne nommée Joséphine qui vit dans votre corps, mais la voix critique que vous entendez en vous peut très bien être une autre personne, une entité cohérente avec ses attitudes, ses jugements et ses fonctions propres, qui influence vos actions et vos croyances sur vous-même. Faites une pause pour essayer d'écouter les messages d'autodépréciation de Joséphine, même à cet instant. Car Joséphine est rarement en vacances.

Même si vous êtes un adulte intelligent, autonome et qui fonctionne normalement, Joséphine exerce un grand pouvoir sur vous. Sa voix se fait tantôt très lointaine, comme étouffée au fin fond de votre conscience, tantôt tonitruante, vous rappelant à l'ordre sévèrement. Vous devez arriver à la contrôler pour réussir à contrôler votre faim émotionnelle. Lorsqu'une patiente vient me parler toutes les semaines de ses doutes sur elle-même, je tiens à lui faire remarquer qu'elle est une personne qui, malgré ses doutes, connaît également des réussites dans sa vie : elle a un travail, un mari, une famille, des centres d'intérêt et des passions. Alors je vais vous demander de veiller à ce que votre dialogue avec Joséphine ne perde pas de vue la réalité. Quoi qu'elle vous dise, vous devez toujours garder le sens de la réalité qui est la vôtre. C'est en restant ancrée dans votre réalité actuelle que vous resterez solide et sensée. Vous ne devez jamais perdre de vue vos qualités et vos victoires. Vous serez ainsi mieux placée pour écouter ce que Joséphine vous dit et y réfléchir au lieu de ruer dans les brancards à chaque fois qu'elle ouvre la bouche.

Selon moi, vous connaissez bien Joséphine mais n'avez jamais su comment la gérer autrement qu'en évitant de faire quoi que ce soit qui puisse lui déplaire. Vous vous êtes habituée à vivre avec elle et, lorsqu'elle est devenue trop agressive, vous avez essayé de la faire taire en mangeant ou en buvant pour oublier. Vous avez utilisé la nourriture pour tenter d'étouffer sa voix, et peut-être même l'alcool pour l'empoisonner.

Si vous avez tout fait pour étouffer et empoisonner Joséphine, c'est parce que vous la ressentez comme dangereuse, parce que, jusqu'à maintenant, vous lui avez accordé le statut de déesse. Quoi qu'elle vous ait dit, vous l'avez cru. Si Joséphine vous a chuchoté que vous étiez nulle ou indigne d'être aimée, vous avez accepté son jugement. Vous reprenez un morceau de gâteau parce qu'elle vous a convaincue que, quel que soit le régime que vous suivrez, ce sera du pareil au même. Que vous ne perdrez jamais de poids et que, même si vous perdez du poids, vous ne serez jamais aimée comme vous le souhaitez. Vous avez été aussi incapable de lui répliquer du tac au tac que de tenir tête à votre père ou à votre mère parce que vous n'osiez pas. Vous avez assimilé les critiques sévères et injustes de Joséphine à des vérités fondamentales sur vous-même, à la preuve de vos défauts et de vos insuffisances. Mais maintenant que vous avez donné à cette voix intérieure, non pas le nom d'une déesse, mais celui d'une mortelle, vous allez pouvoir l'analyser pour savoir si elle vous dit la vérité.

En fait, Joséphine est votre conscience ou, dans le langage psychologique, ce que nous appelons votre « surmoi ». Elle ne représente pas la totalité de votre conscience, mais une partie d'elle restée immature. Elle n'est ni un objet extérieur à vous ni un « autre », puissant et mystérieux, à l'intérieur de vous. Simplement, vous portez un jugement hypercritique sur vous-même, et vous le croyez sans réfléchir plus loin. Vous partez du principe que votre conscience est infaillible et toute-puissante. Mais, alors que la partie mature de votre conscience vous aide à vous comporter comme il faut dans la société, sa partie critique et immature va toujours trop loin dans la sentence et la culpabilité.

Comment affaiblir vos doutes sur vous-même ?

Vous avez deux moyens d'affaiblir vos doutes sur vous-même. Le premier consiste à engager un dialogue intérieur entre Joséphine et vous à chaque fois que vous vous accusez de quelque chose – je vous dirai comment faire dans le chapitre 13 de la seconde partie. Vous réinterpréterez vos sentiments et vos émotions pour parvenir à une réalité intérieure plus juste. Le second consiste à cesser de renforcer systématiquement vos doutes sur vous-même lorsque vous interprétez le monde extérieur ou votre monde intérieur en tirant des conclusions hâtives.

Imaginons qu'il se passe quelque chose – par exemple, que vous êtes déçue des résultats que vous avez obtenus dans votre travail. Vous en déduisez aussitôt que vous avez quelque chose qui ne va pas. Alors vous mangez pour éviter de vous appesantir sur ce soi-disant quelque chose qui ne va pas, ce qui revient à renforcer vos doutes sur vous-même. Vous interprétez l'événement de façon erronée juste parce que vous êtes déçue au fond de vous-même. Et parce que vous mangez pour étouffer ce sentiment, vous vous privez d'une occasion de procéder à une réinterprétation réaliste. Vous avez pactisé avec votre manque de confiance en vous. Le fait que vos résultats au travail aient été décevants ne signifie pas que vous avez quelque chose qui ne va pas – que vous êtes stupide, paresseuse ou incompétente – mais simplement qu'ils n'ont pas été aussi bons qu'ils auraient pu l'être. Si vous considérez la réalité extérieure pour étudier tous les aspects de ce qui s'est passé, vous allez peut-être vous rendre compte que vos efforts ont été insuffisants au regard de la difficulté de la tâche ou que vous n'avez pas eu suffisamment de temps pour faire du bon travail ou encore que vous n'étiez pas assez motivée pour le faire. Une fois que vous êtes en mesure de voir les choses telles qu'elles sont et de procéder à une réinterprétation au lieu de vous en tenir à une interprétation réflexe qui vous donne un sentiment d'impuissance et un désir incontrôlable de manger, plusieurs possibilités s'offrent à vous. Vous pouvez vous excuser. Vous pouvez vous engager à faire mieux la prochaine fois.

Vous pouvez réaliser que votre travail ne vous motive pas suffisamment et que vous feriez mieux d'en changer. En faisant cela, vous retrouvez votre pouvoir sur vous-même et devenez votre propre maître. La compétence que vous développerez à examiner votre monde extérieur actuel et non plus votre monde intérieur passé, celui gouverné par Joséphine, déterminera le degré de maîtrise que vous aurez sur votre propre vie et, par conséquent, sur votre poids.

Imaginez que vous tenez tous vos doutes sur vous-même empilés les uns sur les autres dans vos mains. À chaque fois que vous dialoguez avec Joséphine, vous ôtez un doute avec votre main droite. Bien sûr, je voudrais que vous vous débarrassiez de l'ensemble de vos doutes. Mais à chaque fois que vous créditez sur-le-champ votre interprétation erronée de telle ou telle situation, vous ajoutez un doute à la pile existante avec votre main gauche. Votre pile ne change pas et vous restez les bras chargés de doutes. En dialoguant avec Joséphine, vous mettrez vos doutes à la poubelle et, à chaque fois que vous réinterpréterez une situation en veillant à ce qu'elle reflète la réalité extérieure actuelle, vous empêcherez un nouveau doute de s'ajouter aux autres et de venir grossir la pile.

Vu que vos doutes sur vous-même constituent la première strate d'un sentiment d'impuissance qui vous pousse à vous suralimenter de façon compulsive, apprendre à les maîtriser, à ne plus craindre Joséphine et à tenir compte de la réalité extérieure pour éviter que de nouveaux doutes viennent s'ajouter aux précédents est la première démarche à effectuer pour vous en sortir.

Dans la seconde partie de ce livre, vous allez apprendre à vous défendre contre les accusations de Joséphine mais, pour l'instant, essayez de garder à l'esprit ces trois principes que nous venons de voir ensemble :

1. Vos doutes sur vous-même ne représentent qu'une partie de vous-même. Ils s'emparent de vos erreurs et de vos échecs quotidiens, puis les exagèrent pour vous les rendre insupportables. Si vous restez bien ancrée dans la réalité, vos doutes sur vous-même demeureront sans effet, une expérience passagère sans conséquence. L'une de mes patientes, Rose, est journaliste de presse. Lorsqu'il lui arrivait parfois de voir ses articles critiqués par le rédacteur en chef du magazine, elle se précipitait vers le frigo, se sentant insuffisamment créative. Elle a pris le temps de réfléchir pour se dire qu'une critique ne suffisait pas à faire d'elle une mauvaise journaliste. Elle est retournée à son bureau et a réécrit son article en tenant compte des remarques de son patron. Ce dernier a été très satisfait et elle n'a pas eu à supporter la culpabilité consécutive à ses fringales habituelles.
2. Vous entretenez un sentiment d'impuissance lié à votre manque de confiance en vous en interprétant de façon erronée les événements et les situations de la vie quotidienne. À chaque fois que vous déduisez d'un événement (par exemple un rejet) que vous avez certainement quelque chose qui ne va pas, vous alimentez ce sentiment d'impuissance. Au contraire, à chaque fois que vous prenez le temps d'analyser les choses pour comprendre cet événement dans toute sa complexité, vous restez ancrée dans la réalité. Votre interprétation initiale incorrecte doit être remplacée par une réinterprétation correcte. Rose avait mal interprété le commentaire critique de son patron, en déduisant qu'elle était une mauvaise journaliste. Lorsqu'elle a réinterprété cet événement, elle s'est rappelé que son patron était d'ordinaire tout à fait satisfait de son travail et l'estimait beaucoup.

3. Vous devez écouter votre voix critique et apprendre à lui répondre autrement qu'en mangeant. Dans la seconde partie de ce livre, vous trouverez des scénarios pour vous entraîner mais, pour l'instant, examinons ensemble les six accusations les plus courantes de Joséphine.

Les six accusations auxquelles vous allez devoir apprendre à répondre :

1. Si vous n'êtes pas parfaite, vous avez de gros défauts et de graves insuffisances.
2. Vous essayez de dissimuler et de nier l'existence de vos défauts et de vos insuffisances.
3. Vous êtes dans l'imposture.
4. Vous n'êtes pas réellement adulte et ne méritez pas d'avoir tous les droits des adultes.
5. Vous savez que le bien qu'on dit de vous n'est pas vrai.
6. Tout le monde sait ce que vous cachez.

À ce stade :

- Vous êtes consciente de douter de vous-même. Certains de vos doutes sont suscités par autrui, d'autres non.
- Vous commencez à comprendre que vous portez une armure pour vous protéger de vos doutes sur vous-même.
- Vous avez rencontré la voix intérieure critique de Joséphine et vous comprenez qu'elle entretient vos doutes sur vous-même.
- Vous avez fait un constat erroné en vous disant que vous êtes impuissante à vous débarrasser de vos doutes sur vous-même. Cette conclusion infondée vous a toujours poussée à trouver refuge dans la nourriture.

- Vous avez pris connaissance des six accusations de Joséphine contre vous.
- Vous avez compris que, jusqu'à maintenant, vous avez accepté ces accusations comme des vérités fondamentales sur vous-même, mais dorénavant vous savez que vous allez devoir dialoguer avec elles pour voir si elles se rapportent à votre passé ou à ce que vous êtes actuellement.
- Vous savez que vous avez deux méthodes pour maîtriser votre manque de confiance en vous :
  1. Vous pouvez diminuer vos doutes existants en répondant du tac au tac à votre conscience critique.
  2. Vous pouvez arrêter de rajouter des doutes à vos doutes déjà existants en faisant un retour sur vous-même quand vous interprétez une situation de façon erronée et en déduisez que vous avez quelque chose qui ne va pas.

Chapitre 5

Deuxième strate : vos frustrations

Nous, les êtres humains, venons au monde avec un désir inné d'excitation, de bien-être et d'épanouissement. Dès que nous poussons notre premier cri, nous recherchons ce qui nous fait plaisir. Nous nous délectons à téter le sein de notre mère (ou la tétine de notre biberon) ; nous aimons le contact des couvertures moelleuses et des peluches ; nous adorons que les personnes de notre entourage fassent attention à nous et nous fassent rire.

Tout petits déjà, nous chérissons certains « objets » – un parent, un frère ou une sœur, un personnage de télévision, une couverture, une tétine ou un jouet. Et tout petits déjà, nous expérimentons la frustration de ne pas toujours obtenir ce que nous voulons quand nous le voulons. Cette frustration crée une souffrance. Les bébés réagissent à leur souffrance en pleurant et, en général, voient leur sentiment de frustration assez vite apaisé – le biberon ou le sein maternel arrive, la couverture ou le jouet apparaît. Mais en grandissant, nous devons apprendre à soulager notre frustration tout seuls. Nos besoins et nos désirs augmentent, et nous devons redoubler d'efforts et d'audace pour trouver l'excitation, le bien-être et l'épanouissement auxquels nous aspirons tant.

Jusqu'à présent, quand vous ressentez une frustration quelconque, vous mangez pour la combler parce que vous constatez que vous êtes profondément impuissante à satisfaire vos véritables besoins et à avoir la vie que vous souhaitez. Votre frustration a sans doute fait naître et installé durablement en vous des sentiments de déception et de colère qui, au fil du temps, se sont transformés en dépression. Je vais vous aider à comprendre que vous avez tiré la mauvaise conclusion. Même si les frustrations sont inévitables dans la vie, vous avez toujours la possibilité de faire quelque chose pour les atténuer, les transformer ou cohabiter pacifiquement avec elles. Manger pour vous donner une récompense illusoire est la pire façon de gérer vos frustrations car, comme nous n'avons cessé de le répéter, vos problèmes existants ne sont pas résolus, de nouveaux problèmes s'ajoutent, vos doutes sur vous-même s'accumulent, vous avez encore plus envie de manger et vous haïssez encore davantage vos kilos superflus.

À ce stade, vous savez pertinemment que vous redoutez de vous confronter aux conséquences de vos sentiments, jusqu'où ils pourraient vous mener et ce qu'ils pourraient vous apprendre sur vous-même et sur votre vie. Vous êtes consciente de recourir à la nourriture pour éviter le malaise intérieur dans lequel vous plongerait votre ressenti. Quand vous mangez, c'est pour supprimer une émotion perturbante telle la tristesse ou la peur. Cette émotion négative dissimule une angoisse profonde que vous refusez de voir en face, par exemple que vous ne valez rien, que vous êtes bonne à rien ou que vous n'êtes pas digne d'estime. Si vous creusez cette idée, vous en concluez que vous êtes tellement nulle que vous ne serez jamais satisfaite de vous-même et de votre vie. Alors vous mangez, encore et encore, pour oublier provisoirement vos besoins insatisfaits – la meilleure façon de vous assurer qu'ils demeureront insatisfaits et d'être encore plus dégoûtée de vous-même.

Vous pouvez voir ce cercle infernal à l'œuvre chez l'une de mes patientes, Sophie, qui s'est battue pour perdre du poids pendant des années. À chaque fois qu'on lui suggérait de manger moins, elle paniquait. Elle ne pouvait pas imaginer qu'autre chose puisse remplacer le plaisir que la nourriture lui procurait. L'idée de ce qu'elle allait manger en rentrant le soir chez elle l'excitait d'un bout à l'autre de la journée. À vrai dire, le repas qui l'attendait était presque aussi excitant qu'un rendez-vous amoureux.

En réalité, son mariage ne la comblait pas, loin de là. Et rien, dans sa vie, ne lui donnait un sentiment d'accomplissement personnel. Malgré les nombreux compliments qu'on lui faisait sur les vêtements qu'elle créait et réalisait pour ses enfants, elle n'avait jamais eu le courage de les commercialiser, ou du moins d'essayer de le faire. Grâce au travail sur elle-même que nous avons effectué ensemble, Sophie s'est mise à considérer différents moyens de surmonter son manque de confiance en elle pour oser parler franchement à son mari, notamment de ses attentes à son égard, et lancer sa propre ligne de vêtements. Une fois qu'elle a commencé à tirer de réelles satisfactions de son existence, la nourriture a cessé d'être sa première source de plaisir.

Comme l'a fait Sophie, vous devez, vous aussi, oser regarder en face vos doutes sur vous-même, les mettre de côté et voir quelles sont réellement vos attentes et vos passions dans la vie. Dans la seconde partie, nous travaillerons sur les points que j'aborde dans ce chapitre, à savoir :

- Vos relations insatisfaisantes

- Vos besoins insatisfaits
- Votre potentiel inexploité
- Vos tensions accumulées

Vous mangez pour combler une insatisfaction dans vos relations amoureuses

Laissez-moi vous parler de Céline, incapable de trouver l'amour qu'elle désirait tant – une variation sur le thème des relations amoureuses et de leurs frustrations inévitables.

Céline avait quarante-neuf ans et sa vie amoureuse ressemblait à un paysage désolé. Elle ne fréquentait personne depuis deux ans et ne voyait aucun homme à l'horizon. Elle aspirait très fort à rencontrer un partenaire avec lequel elle pourrait partager les charges financières et les tâches ménagères, et contre lequel elle pourrait se blottir en discutant tard dans la nuit. Un jour, elle a essayé un site de rencontres, mais tous les types l'ont déçue, à l'exception de Jérémy avec lequel elle a fini par entamer une relation. Jérémy avait des qualités – il était généreux ; il s'occupait bien de Tiphaine, seize ans, la fille de Céline, et lorsque Céline a eu une opération à l'épaule, il a été aux petits soins pour elle. Mais il était beaucoup trop exigeant. Céline a dû mettre un terme à leur relation, car Jérémy voulait absolument passer plus de temps avec elle et ne comprenait pas qu'elle soit obligée de travailler soixante, voire soixante-dix ou quatre-vingts heures par semaine.

Aucun homme ne semblait comprendre cela. Son emploi du temps finissait par ne plus lui laisser le temps de se préparer des repas équilibrés ou de faire de l'exercice. Elle mangeait beaucoup à l'extérieur, et grossissait énormément. Ses amies l'incitaient à se réinscrire à un service de rencontres en ligne, mais elle leur répondait que cela n'avait jamais marché pour elle. À quoi bon, maintenant ? Elle avait sa fille dont elle devait s'occuper et un emploi du temps surchargé. Elle ne pouvait que s'en remettre au destin. Sans compter qu'elle voulait attendre de perdre du poids pour rencontrer des partenaires potentiels. Elle disait à ses amies qu'aucun homme ne voudrait sortir avec une femme de dix-huit kilos de trop. Quand sa sœur lui téléphonait pour lui suggérer d'aller voir un thérapeute, Céline explosait. Elle lui répondait qu'elle n'avait pas besoin de thérapie, mais qu'on la laisse tranquille, car elle n'en pouvait plus de toute cette pression. Après avoir raccroché, elle allait se préparer un smoothie au chocolat avec de la crème fouettée et se passait un bon film. Mais au milieu du film, elle avait toujours un petit creux, ce qui la poussait à avaler un paquet de biscuits.

Quand nous sommes amoureux, nous éprouvons un sentiment de complétude et n'avons même plus faim. Nous ne désirons rien d'autre que l'être aimé. Malheureusement, comme le dit une célèbre balade irlandaise : « Mais l'amour passe et devient froid, et s'estompe, comme la rosée du matin. » L'amour finit par s'évanouir, et c'est là tout le problème. Quand l'amour nous quitte, la faim nous prend. L'être aimé s'en va et les frustrations commencent. Alors, la faim émotionnelle ne nous quitte plus d'une semelle.

Nos peurs, nos frustrations et nos déceptions les plus profondes viennent de nos échanges avec les autres, en particulier avec les personnes que nous aimons le plus. Dans le chapitre précédent, nous avons parlé de la faim émotionnelle qui se déclenche lorsque les autres nous blessent, mais ce ne sont pas seulement les blessures qui nous poussent à trop manger. Il existe d'autres raisons. Par exemple, votre partenaire ne communique pas et cela vous frustre. Ou il ne vous apporte pas ce dont vous avez besoin. Ou son comportement vous effraie, vous consterne. Ou c'est vous qui sabotez votre relation parce que vous craignez l'intimité. Ou tout va bien, du moins en apparence, mais vous vous surprenez à vouloir davantage – davantage d'amour, davantage de liberté, davantage d'excitation. Que faire de la faim qui en résulte ?

D'abord, vous devez savoir si des problèmes relationnels sous-tendent en partie votre comportement alimentaire. Pourquoi ? Parce que les frustrations d'ordre relationnel peuvent être subtiles et que vous pouvez avoir développé des mécanismes de défense complexes pour les supprimer et maintenir le statu quo. En effet, il faut du courage pour reconnaître ses frustrations dans une relation affective, notamment de couple. Nous avons terriblement soif – ou plutôt faim – d'amour et d'intimité, et quand nous ne sommes pas comblés sur ce plan, nous refusons de l'admettre. Comme nous ne voulons pas perdre l'amour que nous tenons, nous nous accrochons désespérément à des relations amoureuses insatisfaisantes, pensant que c'est ce que nous avons de mieux à faire au lieu d'essayer d'améliorer les choses.

Comme le montre l'histoire de Céline, nombreux sont les êtres humains à recourir à la nourriture lorsqu'ils pensent que l'amour est totalement hors de portée. Certains espèrent inconsciemment combler leur vide intérieur en savourant de délicieuses friandises. D'autres décident consciemment de manger au lieu d'aimer. Ils ont constaté qu'il était plus facile d'avoir sa dose de bonheur en croquant un cookie que de répondre aux exigences émotionnelles de l'amour. La nourriture ne vous rétorque jamais rien, ne vous dit jamais non, ne vous critique pas. Je comprends l'euphorie passagère qu'elle procure, mais elle ne comblera jamais le besoin fondamental des êtres humains de vivre une relation intime, harmonieuse et épanouissante. Même si la nourriture peut vous donner un sentiment de complétude momentané, elle ne peut pas combler le vide qui demande à être comblé par de l'amour et de l'intimité.

Comment votre voix critique intérieure perturbe vos relations amoureuses

À présent, vous savez certainement que Joséphine, la reine du harcèlement moral, vous crée des problèmes qui vous empêchent de profiter d'une intimité durable. Tant que vos doutes sur vous-même vous travailleront, même dans les recoins les plus profonds de votre conscience, toutes vos relations affectives seront difficiles. Ce manque de confiance en vous vous rend hyperémotive, hypersensible au moindre affront ou manque d'égards parce qu'au fond de vous-même vous ne vous sentez pas digne d'intérêt. Il vous pousse à rentrer dans votre coquille trop rapidement, à vous cacher exagérément, à devenir jalouse et envieuse, à baisser les bras trop facilement et à rationaliser vos actions. Comme vous n'êtes pas sûre de vous, vous évitez d'aller vers les autres et dépensez trop d'énergie à protéger votre propre image. Vous portez une armure complète – un vrai défi pour n'importe quel partenaire ! Vous avez besoin d'une attention et d'une approbation excessives, et vous vous sentez blessée et en colère quand vous ne les obtenez pas. Vous devenez le type de partenaire que vous ne voudriez jamais fréquenter ! Ne vous étonnez pas si vous vous retrouvez seule ou si l'autre met le doigt là où ça fait mal.

J'ai découvert que la plupart de mes patientes en difficulté n'étaient pas prêtes à se séparer de Joséphine et continuaient de fonctionner à partir de leur conscience puérile et critique. Elles sont incapables de s'aimer, et encore moins d'aimer. Elles me disent qu'elles savent que l'amour demande des efforts, mais elles ne comprennent pas vraiment ce que cela signifie – que l'essentiel des efforts à fournir doit l'être à l'intérieur. En un sens, elles veulent un conte de fées, un prince parfait avec lequel tout serait formidable, alors qu'elles jouent le rôle de la méchante sorcière en faisant fuir les prétendants ou en compliquant la relation. Tant que vous n'entrerez pas en conflit ouvert avec Joséphine pour vous sentir digne d'être aimée, tant que vous ne serez pas convaincue que vous avez la capacité à être une partenaire aimante et digne de confiance, tant que vous ne croirez pas, au plus profond de vous-même, que vous êtes la personne avec laquelle vous aimeriez vivre toute votre vie, vos problèmes relationnels vous colleront à la peau et vous mangerez pour compenser.

De plus, si vous ne croyez pas dans votre propre valeur, vous allez avoir peur de vous dévoiler, de vous montrer telle que vous êtes, ce qui rend toute intimité impossible. Être proche de quelqu'un, c'est le laisser découvrir l'ensemble de votre personnalité, y compris vos défauts. Si vous ne vous aimez pas, vous allez avoir peur que votre partenaire découvre qui vous êtes vraiment, soi-disant quelqu'un d'exécrable, et redouter que Joséphine dise la vérité, rien que la vérité. Vous craignez aussi que votre partenaire confirme les accusations de Joséphine – une perspective si terrifiante que vous sabotez, consciemment ou inconsciemment, vos propres relations.

Un jour, l'une de mes patientes a décidé de faire du parachutisme pour surmonter ses peurs. Elle pensait que si elle sautait suffisamment souvent, elle n'aurait plus peur. Après avoir sauté à de nombreuses reprises, elle a réalisé qu'elle était censée avoir peur de sauter d'un avion à quatre kilomètres du sol.

C'est la même chose pour les relations amoureuses. À chaque fois que vous vous rendez vulnérable, vous pouvez vous attendre à avoir peur. À chaque fois que vous laissez la peur vous envahir ou vous faire fuir, vous renforcez l'image négative que vous avez de vous-même, vous persuadant que vous êtes faible et vouée à l'échec amoureux. Le défi consiste à oser affronter directement vos peurs et votre manque de confiance en vous.

Parfois, c'est l'armure que vous avez revêtue pour fuir Joséphine qui devient l'obstacle. Laissez-moi vous raconter l'histoire de Benoît.

Benoît sait s'y prendre avec les femmes. Tellement bien qu'il a cessé de compter ses conquêtes féminines au cours des cinq dernières années. L'année dernière, il a craqué pour Mathilde, mais le mari de cette dernière, Denis, s'est opposé à leur relation. Alors il est tombé fou amoureux de Sandrine, mais les deux enfants de cette dernière ont saboté leur relation. Ni les enfants ni les femmes trop amoureuses, telle sa dernière tocade, Angèle, ne lui réussissaient. Pourquoi, se demandait-il, Dieu ne pouvait-il pas lui envoyer une femme belle, sexy, intelligente, compatible, indépendante et sans enfants ? Il ne voulait pas se marier, mais il commençait à s'interroger sur le caractère éphémère de ses relations avec les femmes. Tous ses amis étaient mariés ou en concubinage, et il se sentait mal à l'aise de penser qu'il était le seul type à ne pas avoir fréquenté la même femme plus de quatorze mois, même s'il aimait sa vie de célibataire.

Récemment, des amis lui ont présenté Diane, apparemment parfaite sur tous les plans. Elle était belle, drôle et intelligente, et partageait ses centres d'intérêt. Mais au bout de quelques mois, elle lui a demandé : « Mais à quoi peux-tu bien penser ? Quel genre d'homme es-tu ? » Elle semblait parfois lire dans ses pensées comme dans un livre ouvert, et Benoît était effrayé de voir qu'elle savait exactement ce qu'il ressentait. Il lui a dit d'arrêter, elle s'est mise à faire la tête, et ils se sont disputés. Il lui a dit qu'il n'aimait pas les femmes trop curieuses, qui fourrent leur nez partout, et qu'il voulait simplement s'amuser. Elle a enchaîné en le mettant face à ce qu'elle appelait ses « problèmes relationnels ».

« Tu as quarante et un ans et tu es incapable d'avoir une relation durable parce que tu as peur, une peur terrible, de ce que tu es à l'intérieur. » Ses paroles ont touché un point sensible. Il a rompu avec Diane ce soir-là. Elle est partie en lui disant qu'il ne la méritait pas et qu'elle ne voulait pas être avec un type à problèmes.

C'était il y a un mois. Depuis, il n'est sorti avec personne. Il essayait d'oublier Diane, mais leur dernière dispute le tourmentait au point qu'il ne voulait plus entamer aucune relation de peur de se retrouver face à une situation similaire.

L'armure de Benoît était de courir les femmes. Elle dissimulait sa peur de l'intimité due à une hypersensibilité. Il redoutait d'être mis à nu et donc vulnérable. Si on arrivait à percer le fond de sa pensée, on y aurait découvert un imposteur, l'imposteur qu'il était convaincu d'être. Tant qu'il restait enfermé dans son armure, sans dialoguer avec Joséphine, ce qui risquait de transformer la perception qu'il avait de lui-même, il était voué à des déceptions amoureuses sans fin. Sa faim émotionnelle resterait énorme, et il aurait tout le temps des fringales pour compenser. Si Benoît ne cherche pas à comprendre sa soif de conquêtes féminines par une sérieuse introspection, ses échecs continueront de confirmer son manque d'estime personnelle et il finira par devenir une caricature de lui-même.

Le dénominateur commun à toutes vos relations amoureuses

Quelle que soit la relation que vous voulez améliorer,

vous devez partir du principe que vous ne pouvez changer que vous-même (pas l'autre) et, ce faisant, changer la dynamique de la relation. C'est le seul moyen de faire changer votre partenaire dans le sens que vous souhaitez. La plupart des gens ne le comprennent pas, même s'ils l'ont entendu des milliers de fois. Nous continuons de demander, d'exiger, de supplier que notre partenaire change pour nous faire plaisir. Mais cela ne peut pas marcher.

Flore est cadre dans une agence de publicité. Mariée depuis trois ans, elle suppliait son mari de ne pas le prendre pour lui quand elle rentrait furieuse de son travail. Elle attendait de lui qu'il comprenne combien son métier était stressant et qu'il accepte sa mauvaise humeur. Il est totalement irréaliste de s'attendre à un amour aussi inconditionnel. Lorsque Flore s'est rendu compte qu'elle était injuste de demander cela à son mari et qu'elle s'est mise à dominer sa colère avec davantage de maturité, sa relation s'est radicalement transformée. Elle a vu la plupart de ses demandes satisfaites et savait désormais profiter de ses soirées avec son mari. Ils se sont même mis à faire une petite promenade le soir après le dîner, ce qui l'a aidée à se détendre et à perdre du poids sans effort.

Joséphine entrave votre volonté de changement. Si elle n'avait pas son mot à dire, vous pourriez changer votre propre comportement pour rendre la relation beaucoup plus agréable et épanouissante. Que feriez-vous ?

- Vous essayeriez d'entamer un dialogue sincère.
- Vous attendriez moins de votre partenaire.
- Vous accepteriez d'avoir des points de vue différents sur certains sujets.
- Vous apprendriez à ne pas prendre les choses trop au sérieux.

- Vous appelleriez plus souvent votre partenaire.
- Vous ne seriez pas aussi entêtée.
- Vous ne chercheriez pas à tout contrôler. Vous laisseriez davantage d'espace à votre partenaire.
- Vous reconnaîtriez qu'il peut être très stressé de temps en temps.

Au lieu de cela, vous avez des attentes irréalistes en amour. Vous avez pris pour argent comptant les contes de fées de votre enfance. Vous avez grandi en attendant l'amour parfait, l'âme sœur, le prince charmant, et maintenant, quand votre partenaire se comporte comme un simple mortel imparfait, le ciel vous tombe sur la tête. Vous éprouvez de la colère, vous vous sentez blessée, offensée et, au fond de vous-même, incompétente – parce que vous pensez que si vous n'étiez pas une grenouille aussi affreuse à l'intérieur, vous seriez traitée comme une reine.

Si vous voulez améliorer vos relations amoureuses et réduire votre faim émotionnelle, soyez réaliste vis-à-vis de vos relations, y compris de vos attentes à l'égard des autres. D'abord, acceptez vos propres défauts et dites-vous que vous ne vous résumez pas à vos imperfections. Ensuite, acceptez que votre partenaire ait des défauts et qu'il ne se résume pas à ses imperfections.

Une relation avec un partenaire difficile peut se transformer complètement si vous modifiez certains éléments de votre attitude et de votre comportement. Vous avez deux moyens pour le faire :

D'abord, si votre relation vous frustre, vous pouvez travailler sur votre attitude, votre comportement, votre sensibilité ou votre rapport à l'intimité au lieu de vous empiffrer. Des petits changements peuvent suffire à vous soulager et vous n'avez pas forcément besoin de vous jeter sur la nourriture pour éprouver ce type de soulagement.

Ensuite, vous devez contrer Joséphine si elle essaie de vous empêcher de réaliser ces changements. Vous ne serez pas capable de changer si vous ne vous battez pas avec elle, et vous laisserez votre constat initial (« Mes frustrations n'ont pas d'issue ») se révéler juste.

Oser tenir tête à votre voix intérieure et lui répondre du tac au tac

Je sais que Joséphine peut vous dire certaines choses au sujet de vos tentatives pour améliorer vos relations. J'aimerais que nous en discutions à l'avance. Ainsi, quand elle essaiera de prendre le pouvoir, vous saurez quoi lui répondre.

Si vous pensez qu'avoir une discussion avec l'être aimé va vous aider, Joséphine va vous conseiller la prudence. Elle va vous dire que vous risquez d'entendre des choses sur vous auxquelles vous êtes incapable de faire face.

Si vous essayez de laisser un espace de liberté suffisant à l'être aimé, elle va vous dire que si vous n'avez pas assez d'emprise sur lui, il va trouver quelqu'un d'autre de plus intéressant et vous quitter.

Si vous pensez que vous attendez peut-être trop de l'être aimé, elle va vous dire qu'en ayant moins d'attentes envers lui, vous vous laissez marcher sur les pieds et être considérée comme une moins que rien. Il va profiter de vous parce qu'il sait que vous ne valez pas plus.

Si vous essayez d'accepter que l'être aimé adopte un point de vue différent du vôtre sur tel ou tel sujet, elle va vous dire que si vous avez une opinion contraire à la sienne, vous serez rejetée. Vos opinions ne comptent pas, après tout.

Si vous essayez de prendre les choses avec plus de recul et moins au sérieux (cela fait du bien, parfois), elle va vous dire que si vous ne prenez pas vos sentiments au sérieux, l'être aimé ne va pas y prêter attention. Elle va vous encourager à rester en colère et donc à vous sentir isolée.

- Si vous essayez d'être moins têtue, elle va vous dire que vous faites des compromis et qu'en abandonnant la partie, vous acceptez d'être imparfaite. Car selon ses critères, l'imperfection est rédhibitoire.
- Si vous voulez cesser de tout contrôler autour de vous, elle va vous dire que les choses vont mal tourner et que ce sera votre faute.
- Si vous essayez de vous montrer compatissante envers l'être aimé qui semble très stressé actuellement, elle va vous dire : « Et moi ? Où sont l'amour inconditionnel et le soutien à toute épreuve que je mérite ? » Si vous vous rendez compte que vous n'obtenez pas cet amour inconditionnel et ce soutien à toute épreuve, elle va vous convaincre que c'est parce que vous ne les méritez pas.

Joséphine se donne beaucoup de mal pour vous persuader que rien ne peut vous aider dans vos relations amoureuses. Elle vous garde enfermée à clé dans un schéma rigide qui ne permet aucune amélioration. Pour vous libérer de son influence négative et répondre à ses attaques, préparez des contre-attaques.

« Les hormones », me répond Claire, une patiente de quarante-deux ans, quand je lui demande pourquoi elle se sent déprimée.

Je lui demande : « Avez-vous autre chose qui vous tracasse ? »

Claire réfléchit un moment. « J'ai l'impression que quelque chose ne tourne pas rond, mais je ne sais pas vraiment quoi. »

Richard, un autre patient, vient me voir, la mine grincheuse. Je lui demande : « Qu'est-ce qui ne va pas ? »

Il me répond : « Rien. Je suis juste de mauvaise humeur. »

« Pourquoi êtes-vous de mauvaise humeur ? »

« Je l'ignore. C'est à vous de le découvrir, vous êtes là pour ça. »

Je vois tous les jours des patients comme Claire et Richard qui me disent qu'ils sont irritables et ronchons sans savoir vraiment pourquoi. Ils me décrivent un vague sentiment de malaise qui les ronge et leur donne envie de manger, mais pas de vraie bonne raison qui puisse l'expliquer. Alors nous explorons ensemble le fond de leur être, fouillons dans leur psyché à la recherche de réponses. Finalement, nous découvrons des besoins et des désirs insatisfaits profondément enfouis susceptibles d'entraîner de la dépression, de la colère, de la frustration et, bien sûr, de la faim – une envie irrésistible de combler le vide avec de la nourriture.

L'une de mes patientes écrivait en ligne : « J'attendais de la nourriture bien plus qu'un apport alimentaire. Elle m'apaisait, m'aimait, prenait soin de moi, me donnait quelque chose à faire quand je m'ennuyais et refusais de réfléchir au sens de ma vie. Bien sûr, la nourriture n'est ni un tranquillisant, ni un amant, ni une assistante sociale, mais juste de la nourriture. Je m'empiffrais pour combler tous mes manques au lieu d'essayer de les gérer de façon positive. Ce n'est qu'en réalisant que la nourriture n'était que de la nourriture que j'ai perdu beaucoup de poids. »

Nous désirons tous obtenir ce qui nous manque. Nous le désirons très fort. Vous désirez peut-être davantage de sécurité, davantage d'approbation ou davantage de temps libre dans votre vie. Mais il y a de grandes chances que vous ne sachiez pas très bien, voire pas du tout, ce que vous désirez. Depuis trente ans que j'exerce mon métier, je sais que si vous ignorez ce que vous voulez et n'arrivez pas à reconnaître consciemment vos désirs, vous allez être attaquée par une faim émotionnelle extrêmement féroce.

Vous aboutissez alors à la conclusion que vous ne pouvez rien faire contre votre frustration, hormis vous récompenser avec de la nourriture. Certes, si vous ne savez pas pourquoi vous vous sentez frustrée, vous ne pouvez rien y faire. Vous avez même peut-être peur de chercher une réponse parce que vous craignez de la trouver et qu'elle vous soit insupportable – quoi de pire que d'identifier un besoin que l'on croit voué à n'être jamais satisfait ? Mais, aussi effrayante que soit cette perspective, la guérison passe par l'exploration et la découverte de vos besoins insatisfaits, par le courage de mettre des mots dessus et par une réflexion visant à savoir quoi en faire.

Vous devrez faire le tri, déterminer lesquels sont puérils et irréalistes et lesquels valent la peine que vous cherchiez à les satisfaire. La seule chose dont vous avez besoin pour briser le cercle infernal de la faim nerveuse liée à des désirs insatisfaits est de prendre le temps de faire des fouilles, de mettre au jour vos frustrations et de les reconnaître comme vôtres.

N'oubliez pas que tous vos besoins légitimes réclament à cor et à cri d'être satisfaits. Lorsque vous ne satisfaites pas un besoin réel, vous expérimentez une faim émotionnelle. Vous pouvez vous donner l'illusion temporaire que tout va bien en ingurgitant de la nourriture, mais la nourriture seule ne répondra pas à un besoin autre que celui de la faim biologique.

Vos besoins ont besoin, eux aussi, de gagner en maturité

Pourquoi perdez-vous le contact avec vos besoins ou craignez-vous qu'ils ne soient jamais satisfaits ? En partie parce que vous ne les avez pas changés pour les adapter à l'évolution de votre vie. Par exemple, quand vous étiez petite, vous étiez dépendante de l'approbation de vos parents. Vous attendiez systématiquement qu'ils vous disent « C'est bien ! » après tout ce que vous faisiez – descendre un toboggan, faire un dessin ou faire caca dans le pot. Et vous aviez besoin de cette validation.

En grandissant, vous avez sans doute reçu moins de marques d'approbation. Tout simplement parce que les adultes ne peuvent pas s'attendre à être aussi approuvés que les enfants. L'approbation doit devenir intérieure. Vous avez besoin de vous applaudir vous-même. Votre patron ne va pas vous dire « C'est bien ! » à chaque fois que vous rédigez une note de service, votre mari ne va pas s'extasier à chaque fois que vous souriez – c'est à vous de vous réjouir de ce que vous avez accompli. Même s'il est normal d'avoir quelquefois besoin d'une validation externe. Si vous avez organisé un formidable anniversaire pour les quarante ans de votre mari et qu'il ne vous remercie pas, votre besoin de remerciement est un besoin adulte qui doit être satisfait d'une façon ou d'une autre. Pour être heureuse et avoir des relations satisfaisantes avec les autres, notamment avec l'être aimé, vous devez être capable de porter un regard lucide et objectif sur vos besoins.

Il est naturel que vos besoins et vos rêves changent au fur et à mesure que votre vie évolue, mais typique d'ignorer cette vérité et de continuer à agir comme si vos anciens besoins étaient toujours valables. À chaque fois que vous franchissez une nouvelle étape dans votre vie, c'est le moment de faire le point pour réévaluer vos besoins et vous débarrasser de ceux qui n'ont plus lieu d'être.

Ce dont vous avez probablement besoin aujourd'hui, c'est d'une opportunité pour exercer votre force et votre indépendance. De monter sur la scène plutôt que de vous cacher en coulisse. C'est pourquoi il est important de déterminer si vos désirs et vos besoins n'ont plus cours, s'ils sont liés à des peurs d'enfant et non ancrés dans la réalité présente.

Lydie, l'une de mes patientes, est âgée de trente-huit ans. Elle ne se bat pas avec son poids, mais avec sa relation à la nourriture. Elle pense constamment à manger et, quand il lui arrive d'avoir des fringales irrépressibles, elle se sent horriblement coupable et honteuse pendant des jours. Même si elle gère une entreprise de chez elle et fait figure de star du tennis dans son club local, elle redevient une petite fille en présence de son mari. Elle attend de lui qu'il règle les factures, qu'il s'occupe de l'entretien de leurs deux voitures et qu'il lui donne un coup de main dans son travail à chaque fois qu'elle se sent submergée. C'est comme si elle oubliait ses compétences, pourtant bien réelles. Quand il n'est pas là et qu'elle doit se débrouiller seule, elle se met à avaler des tonnes de nourriture.

La transformation de vos besoins personnels à un moment donné dépend du stade où vous en êtes dans votre existence. Des besoins jusqu'alors insignifiants deviennent pertinents. Entre quinze et vingt ans, vous vous frottez à la vie et vous avez besoin à la fois d'indépendance et de soutien familial dans votre passage de l'enfance à l'âge adulte. Entre vingt et trente ans, la conquête de votre indépendance passe par une plus grande expérience du métier que vous avez choisi, de l'amour et de l'amitié. Vous avez besoin d'apprendre dans tous les domaines, et toutes les occasions sont bonnes pour le faire. Entre trente et quarante ans, vous avez besoin de vous engager, de vous réaliser personnellement et d'approfondir votre connaissance de vous-même – ce qui passe souvent par les enfants et la vie de famille. Entre quarante et cinquante ans, vous avez souvent besoin de réussite professionnelle et de pleine réalisation dans votre travail, tandis qu'après cinquante ans le besoin de faire une pause, de ralentir le rythme et de prendre le temps d'une réflexion intérieure se fait sentir.

L'une de mes patientes me disait un jour : « Depuis que mon fils avait quitté la maison, je ne savais plus quoi faire de mon temps. Je me sentais perdue et j'ignorais ce dont j'avais besoin pour me rendre heureuse ; la plupart du temps, je finissais par manger pour passer le temps. » Réévaluer constamment ses besoins fait partie du processus d'évolution tout au long de la vie.

La clé de votre bonheur et de votre épanouissement est de vous connecter à vos besoins réels à chaque étape décisive de votre vie et de reconnaître la légitimité de vos besoins du moment de façon à pouvoir avancer. Même si vous découvrez que vous ne pouvez pas satisfaire tous vos désirs pour l'instant, quelles qu'en soient les raisons, vous pouvez au moins commencer à construire un projet adapté à la situation qui est la vôtre actuellement.

Sachez ce que vous voulez pour partir à la conquête de vos désirs

Le problème, et il est très courant, c'est quand vous ne savez plus ce que vous voulez et perdez contact avec vos rêves parce qu'ils vous semblent difficilement réalisables. Nous sommes pris par le tourbillon de la vie et n'avons plus le temps de penser à nous. Entre les obligations et les tâches journalières, les rituels incontournables du quotidien, nous perdons de vue nos rêves initiaux. Nous en arrivons même à oublier que nous avions des rêves. Et notre vieille amie Joséphine renforce notre amnésie en nous faisant croire que nous ne méritons pas mieux et devons juste accepter la vie telle qu'elle est. Mais nos vieux rêves nous tenaillent, ou de nouveaux besoins émergent, et bien que nous les ignorions, nous éprouvons une vague frustration, ce qui engendre colère et dépression.

Creusez en profondeur, sous la surface de la colère ou de la dépression, et vous trouverez presque toujours un désir frustré ou un besoin insatisfait. Une fois que vous aurez fait remonter le désir à la surface, vous pourrez le gérer. Vous rendre compte qu'il n'est pas si important, après tout, et l'oublier ; ou le considérer comme légitime et faire tout pour le réaliser. Mais si vous ne savez même pas ce que vous voulez vraiment, vous allez continuer à vous sentir vide à l'intérieur, et comme vous n'avez aucune idée de l'origine de votre problème et donc de la manière de le résoudre, vous allez vouloir combler votre vide béant par de la nourriture.

Mon patient Georges a cessé d'être de mauvaise humeur et déprimé le jour où il a décidé de s'inscrire en fac de droit. Il ne s'est plus senti prisonnier du désir de son père qui voulait qu'il devienne comptable.

Nul doute que vous avez déjà vu des enfants piquer une colère parce qu'ils n'obtenaient pas ce qu'ils voulaient. Vous avez certainement pensé, ou vous leur avez dit : « Il est préférable que vous sachiez le plus tôt possible que vous n'allez pas toujours obtenir ce que vous voulez dans la vie. » À votre âge, vous savez qu'il n'est plus acceptable de vous jeter par terre en criant et en donnant des coups de pieds dans tous les sens quand les choses ne se déroulent pas comme vous le souhaitez. Vous pouvez avoir envie de piquer une colère, notamment quand vous essayez de satisfaire des exigences puériles qui n'ont plus lieu d'être, mais vous savez qu'il est bien préférable de cultiver des désirs matures et réalistes que vous chercherez à atteindre par des moyens matures et réalistes. C'est à vous d'être suffisamment responsable pour essayer de satisfaire vos besoins en fonction de votre situation actuelle (famille, partenaire, travail, etc.).

Quand vous décidez de satisfaire un besoin, vous devez tenir compte de tout un ensemble – vos responsabilités, vos valeurs, vos passions, les gens que vous aimez. Toute décision est donc, par nécessité, un compromis complexe que vous êtes la seule à pouvoir faire. Mais quand vous le faites, vous fonctionnez dans le monde réel de l'ici et maintenant, en dehors du champ d'action de Joséphine. C'est votre espace de liberté.

Nadège a décidé de reprendre des études supérieures malgré le fait qu'elle doive aller chercher ses enfants à l'école à 16 h 30. Elle savait que sa décision allait tout compliquer – gérer les enfants serait plus difficile à cause de l'université, gérer son travail personnel serait plus difficile à cause des enfants et, par-dessus le marché, elle craignait que la gestion de son poids devienne mission impossible avec un tel emploi du temps ! Mais elle a été très surprise de voir qu'elle maîtrisait mieux ces trois domaines en élaborant un planning quotidien serré et en s'y tenant.

Comment votre conscience critique vous empêche de satisfaire vos besoins

Vos besoins restent parfois insatisfaits, non pas à cause de circonstances extérieures, mais parce que vos doutes sur vous-même vous freinent. Votre conscience critique vous persuade que vous n'êtes pas capable d'obtenir ce que vous voulez ou que vous ne le méritez pas, alors vous faites les choses sans conviction ou vos efforts se déploient par intermittence. Vous pouvez alors recourir à la pensée magique, espérant que les autres vont vous apporter ce que vous voulez ou ce dont vous avez besoin sans que vous le demandiez. Vous n'êtes pas loin de penser que demander quelque chose aux autres, c'est abuser de leur gentillesse (même si ce quelque chose, vous seriez heureuse de le donner aux autres), comme si vous méritiez moins que les autres. Mais attendre trop longtemps d'être nourrie ou respectée ou reconnue ou aimée va vous donner terriblement faim, à la fois physiquement et émotionnellement. Vous allez être pleine de ressentiment, de mauvaise humeur et fragilisée. Et cela va renforcer vos doutes sur vous-même.

Il est essentiel que vous compreniez que les personnes de votre entourage vont rarement satisfaire vos besoins comme vous le souhaiteriez, et des attentes exagérées risquent de vous rendre hypersensible aux déceptions. L'impression d'être démunie et une longue liste de besoins insatisfaits sont au cœur de votre faim émotionnelle ; elles vous poussent à manger pour vous sentir puissante et capable de satisfaire quelque chose, ne serait-ce que le désir de manger quelque chose de bon.

Voilà tout le problème. Si vous ne dites pas aux autres ce que vous voulez, vous n'avez aucune chance de l'obtenir. Vous les mettez d'office en situation de vous décevoir. Comme ils ignorent ce que vous voulez, ils ne peuvent pas vous le donner. Et puisque vous n'obtenez pas ce que vous voulez, vous vous sentez nulle et délaissée. Vos besoins insatisfaits grondent, bouillonnent et gonflent à l'intérieur de vous. Et vous mangez pour vous consoler, mais vous vous dégoûtez et vous jugez encore plus indigne de demander aux autres ce que vous voulez. Vous tombez alors dans un cercle infernal où vous ne pouvez être que perdante.

Liliane est une mère de famille de quatre enfants qui ne dit jamais non à personne. Elle me consulte pour essayer de perdre ses quatorze kilos de trop. Elle me dit qu'elle est trop occupée pour avoir le temps de penser à ce dont elle a besoin, et encore moins pour manger correctement et faire de l'exercice. C'est un réel travail de tout faire pour satisfaire ses besoins. Il faut parfois s'affirmer, négocier, faire des compromis, dire les choses clairement et fixer des limites. Il faut être prête à prendre des risques et à s'exposer. Si vous écoutez Joséphine et ses avertissements, fournir de tels efforts peut vous sembler trop anxiogène et vous pouvez trouver plus facile d'ignorer purement et simplement vos besoins – les réprimer totalement ou vous dire que vous vous en occuperez plus tard. Le problème est que les autres vont vous percevoir comme quelqu'un qui ne s'affirme pas, ils vont vous marcher sur les pieds et vous vous sentirez encore plus indigne. En revanche, si vous êtes capable de croire que vous survivrez même si les besoins que vous exprimez ne sont pas satisfaits, vous pourrez retrouver l'estime de vous-même en voyant que vous avez su défendre ce qui vous tenait à cœur.

Prenez conscience de votre potentiel inexploité

L'autre raison pour laquelle nous ne réalisons pas nos désirs est la crainte d'échouer si nous tentons quelque chose de nouveau. Tout le monde sait qu'aucun bébé ne marche parfaitement du premier coup. Et pourtant, l'équivalent adulte de tituber, d'avoir l'air stupide et de tomber nous effraie tellement qu'à tout prendre nous préférons la stagnation et l'immobilisation.

Une fois que vous commencez à éviter les défis et à abandonner vos rêves, l'appel du frigo se fait sentir. Vous mangez pour étouffer la frustration qui monte en vous quand vous capitulez et cédez le pouvoir qui est le vôtre. Vous mangez pour soulager la culpabilité et la tristesse qui vous étreignent en pensant que votre vie n'est pas aussi gratifiante qu'elle pourrait l'être. Vous mangez parce que vous êtes déchirée entre l'être que vous avez toujours été et l'être que vous pressentez pouvoir devenir si seulement vous osiez.

Qu'y a-t-il de si terrible dans la perspective de l'échec pour le redouter autant ? Pourquoi croupir, pourrir, mourir à vous-même plutôt que prendre un risque ? Si vous voulez vraiment supprimer cette frustration et ce manque d'estime de vous-même qui vous donnent faim, vous devez comprendre ce que vous redoutez exactement et le prix que cette crainte vous fait payer.

Réfléchissez à des erreurs que vous avez commises ou à des humiliations que vous avez subies. Comment vous sentiez-vous après un échec ou une erreur en public ? En privé ? N'oubliez pas les petites erreurs ou les petites gênes – poser une question idiote ou arriver dernière dans une course, par exemple.

Catherine illustre le prix à payer lorsqu'on a peur des défis. Catherine a toujours voulu être chanteuse. Elle a conservé des enregistrements où elle chantait *Live to Tell* de Madonna. Elle s'est toujours sentie libre en chantant. On lui demandait souvent de chanter en solo dans les spectacles de fin d'année, mais un jour le garçon dont elle était tombée amoureuse s'est moqué d'elle en l'écoutant chanter. Elle s'est sentie si humiliée qu'elle a cessé de chanter, excepté dans sa voiture lorsqu'elle est sûre que personne ne l'observe.

Lorsque j'ai demandé à Catherine comment elle vivait son renoncement à son rêve d'enfant, elle a réalisé qu'elle avait abandonné quelque chose qui lui procurait une joie profonde. Son rêve avait toujours été de gagner sa vie en chantant. Elle a donc décidé de rechanter en public. Elle s'est proposé de chanter au mariage d'un ami. Ses amis ont été surpris de voir qu'une voix magnifique se cachait sous un corps trop gros.

D'un commun accord, nous avons convenu qu'elle

allait réaliser un enregistrement de démonstration dans un délai de six mois. Elle l'a fait et utilisé cet enregistrement pour enseigner le chant à l'école de son quartier. Elle n'espérait plus devenir Madonna, mais un an avait suffi pour qu'elle décroche un emploi où elle était rémunérée pour chanter. Les enfants l'adoraient et elle se sentait enfin comblée. Elle avait pu se réaliser. Aujourd'hui Catherine ne se bourre plus de sucreries devant la télé ; elle est trop occupée à répéter les chansons qu'elle va apprendre à ses élèves.

Vous aussi avez peut-être abandonné vos vieux rêves. Si, dans votre vie, vous avez commis une erreur ou essuyé un échec, quel en a été le résultat final ? Par exemple, si vous avez affreusement mal chanté un jour, avez-vous cessé de chanter ? Ou avez-vous pris des leçons pour vous améliorer ? Qu'est-ce que la façon dont vous avez réagi à votre échec vous apprend sur vous-même ? Avez-vous évité de vous mettre en avant pour éviter de risquer de paraître stupide en public une nouvelle fois ? Qu'est-ce qui peut vous arriver de pire en ayant l'air stupide ? Que redoutez-vous ? Quelles opportunités avez-vous ratées en vous cachant ? Comment vous êtes-vous sentie aussitôt après vous être cachée ? Quels en sont les effets à long terme ?

Si vous prenez le temps de réfléchir à ces questions et d'écrire ce qui vous vient à l'esprit, vous allez découvrir une douleur au creux de l'estomac. Pas agréable, certes, mais supportable. C'est votre honte/peur qui s'est cristallisée à cet endroit, un endroit où elle se transforme facilement en faim émotionnelle.

Comprenez bien que l'absence de rêve à réaliser crée un espace vide qui réclame d'être rempli. Vous pensez qu'un dessert ou un plat de raviolis peut vous apporter quelques instants de bonheur absolu, mais aucune nourriture ne peut remplacer un rêve de toujours. Quand la

…iture est avalée, même si votre estomac est plein, vous restez vide. Désespérément vide.

Réappropriez-vous vos rêves

Continuez d'avancer et vous avez toutes les chances de tomber sur quelque chose, peut-être au moment où vous vous y attendez le moins. Je n'ai jamais entendu parler de quelqu'un qui soit tombé sur quelque chose en restant assis.
– Charles F. Kettering, inventeur

Peut-être vous êtes-vous résignée à abandonner la poursuite de vos rêves, momentanément ou définitivement. Vous ne deviendrez jamais danseuse étoile à soixante-cinq ans et avec de l'arthrose, vous ne pouvez pas épouser l'homme que vous convoitez depuis si longtemps s'il a déjà une femme qu'il aime, vous ne pouvez pas reprendre des études à temps plein si vous n'avez pas d'autre source de revenus et si vous avez un enfant en bas âge. Mais peut-être pouvez-vous faire un pas, tout petit, vers la réalisation de votre rêve. Si vous ne pouvez pas devenir danseuse étoile, vous pouvez prendre des leçons de danse classique. Et vous découvrirez peut-être que les claquettes vous conviennent mieux si vous n'avez pas la souplesse nécessaire, ajustant ainsi vos besoins à la réalité actuelle. Et qui sait ? Vous finirez peut-être par former une troupe de danseurs seniors.

Vous pouvez aussi admettre que vous avez passé l'âge et qu'il est largement temps de laisser tomber votre rêve de danseuse. Pour cela, vous devez accepter la frustration que représente le renoncement à ce rêve et vous dire qu'elle fait partie de la vie. Évaluez ce qui vous semble le plus raisonnable – vous rapprocher tout doucement de la réalisation de votre rêve, même si ce défi vous paraît énorme pour le moment, ou passer à un autre rêve. Si vous choisissez la seconde solution, soit par choix soit parce que vous n'avez pas le choix, vous allez avoir besoin de stratégies pour vous aider à gérer la frustration liée à la non-satisfaction de votre désir.

D'un côté, il est certain que l'échec peut vous ridiculiser aux yeux des autres. Si vous n'êtes pas spécialiste, si vous commettez des erreurs, si vous vous rendez compte que vous n'avez tout simplement pas les capacités nécessaires, les gens peuvent se moquer de vous et dire du mal de vous. Et alors ? Vous n'en mourrez pas. D'un autre côté, si vous ne vous engagez pas à poursuivre d'autres rêves et à essayer de relever des défis, vous allez perdre votre flamme intérieure et manger comme un ogre.

Comme vous le savez certainement, les gens qui réussissent le plus dans la vie sont ceux qui supportent bien l'échec. Si Edison n'avait pas échoué dix mille fois, il n'aurait jamais inventé la pile. En fait, il a retourné sa peur de l'échec à son avantage en se disant que plus il avait d'échecs, plus il avait de chance de finir par réussir. Jack London a essuyé six cents refus avant de vendre sa première histoire. Henry Ford a fait cinq fois faillite avant de rencontrer le succès. Il ne fait aucun doute que cultiver la résistance à l'échec est une condition sine qua non de réussite.

Qu'est-ce que cela signifie pour vous ? Que dans la vie qui est la vôtre, vous avez tout le loisir de cultiver une attitude courageuse. Les petits événements du quotidien suffisent largement à développer votre résistance, prendre des risques, vous tester et vous autoriser à évoluer malgré les risques que cela comporte.

Si vous n'exploitez pas votre potentiel latent parce que vos doutes sur vous-même vous font craindre l'échec et la déception, vous allez vous sentir terriblement lâche au fond de vous-même. Vous n'allez savoir que trop bien que vous n'avez pas accompli votre destinée ou franchi de nouvelles étapes dans votre vie, et cela va perpétuer votre manque de confiance en vous.

Vous devez au moins essayer d'exploiter votre potentiel pour cesser de nourrir votre manque d'estime personnelle. Accepter de relever au moins quelques-uns des défis qui sont devant vous, même si vous ne réaliserez peut-être jamais le grand rêve de votre vie. Ou bien prendre la décision mûrement réfléchie de ne pas poursuivre votre rêve à cause de tels ou tels impératifs. Mais laissée dans le no man's land obscur de votre inconscient, votre peur d'aller de l'avant demeure une source inépuisable de doutes sur vous-même.

Rappelez-vous : si vous ne trouvez pas des choses pour lesquelles vous passionner dans la vie, l'énergie créative qui est en vous va être obligée de se libérer dans des activités improductives comme manger, vous disputer avec vos proches, regarder tout le temps la télé, etc. Tout le monde a rêvé de faire des choses, qu'il s'agisse d'aller sur la Lune ou de devenir une star. Certains de ces rêves n'ont plus lieu d'être, mais cela vaut la peine de les revisiter et de s'appuyer dessus pour en imaginer de nouveaux.

Dans la seconde partie de ce livre, nous allons nous pencher ensemble sur vos rêves, déterminer ceux qu'il semble raisonnable de poursuivre et ceux qu'il est préférable d'utiliser comme un tremplin vers de nouveaux défis. L'histoire de Nicole montre comment renoncer à poursuivre son rêve et à prendre des risques peut faire grossir.

Nicole Millet était à son bureau et regardait dans la rue par la fenêtre. Devant elle, une pile de documents, dont le rapport annuel qui attendait depuis plusieurs jours déjà. Mais elle n'avait pas l'intention de le lire maintenant. « Le plus tard possible », pensait-elle. Ces derniers temps, tout l'ennuyait dans son travail. Elle se disait qu'elle avait besoin d'un nouveau défi. Au moment où elle allait reprendre un gâteau, elle fut avertie d'un nouveau message dans sa boîte électronique. Elle avait prévu de l'ignorer, mais elle vit qu'il provenait du PDG de l'entreprise. Il s'agissait d'une note de service annonçant le départ de son patron. Elle se demandait s'il avait été licencié. Elle l'aimait bien, mais connaissait son incompétence. Elle savait aussi qu'elle était la mieux placée pour le remplacer au poste de directeur général.

En effet, elle reçut le lendemain l'annonce du poste vacant. Elle était si nerveuse qu'elle fit un détour par la cuisine avant de l'imprimer. Elle savait qu'elle devait poser sa candidature, mais elle ne possédait pas le MBA exigé par le poste. Elle n'avait donc pas toutes les qualifications requises. De plus, accepter ce poste la mettrait dans la ligne de tir. Elle n'était pas sûre d'être capable de supporter une telle pression. Voulait-elle vraiment travailler aussi dur ? Serait-elle à la hauteur ?

Nicole tergiversa pendant dix jours au cours desquels elle n'arrêta pas de manger. Deux semaines plus tard, elle reçut une terrible nouvelle : Denise Müller avait décroché ce poste. Elle qui n'avait pas non plus de MBA, elle qui était deux fois moins intelligente qu'elle ! Comment Denise avait-elle pu obtenir un poste qui lui revenait à elle, Nicole ?

Au cours du mois qui suivit, Nicole boycotta les réunions dirigées par Denise, préférant noyer sa déception et sa colère chez Häagen-Dasz. Lorsqu'elle découvrit que Denise s'était inscrite à un programme de MBA en ligne, utilisant son droit à la formation, elle envisagea un temps de faire la même chose mais, finalement, se dit qu'elle devait oublier cette histoire.

Le mois suivant, Nicole avait pris six kilos et s'était aliénée toute l'équipe managériale par sa mauvaise humeur permanente. Elle se disait qu'elle devrait s'en aller avant d'être remerciée, mais elle ne trouvait pas l'énergie de démarrer un processus de recherche d'emploi.

La jalousie – une source d'information précieuse sur… vous

La jalousie, c'est de penser que les autres se sont bien amusés. – Erica Jong, femme de lettres et féministe

Comme le montre l'histoire de Nicole, la jalousie nous fournit un bon moyen d'éviter de voir en face nos difficultés et les défis à relever. Nicole a employé toute son énergie à en vouloir à Denise au lieu d'examiner sa propre incapacité à faire avancer sa carrière. Elle s'est cachée derrière sa jalousie comme derrière un écran de fumée qui masque son comportement problématique, son manque de courage et de volonté pour prendre des risques. Si elle s'est montrée jalouse envers Denise, c'est parce que cette dernière avait obtenu ce qu'elle voulait avoir, mais qu'elle avait peur d'aller chercher, et non parce qu'elle lui en voulait de sa réussite.

Nous essayons naturellement d'étouffer notre jalousie parce qu'on nous a appris que c'était un sentiment très laid. Et pourtant la jalousie peut nous aider beaucoup à découvrir qui nous sommes. Si vous ne savez pas ce que vous voulez, si vous êtes incapable de vous rendre compte des défis que vous avez évité de relever, la jalousie a un message pour vous. Elle vous dit ce à quoi vous aspirez vraiment – et ce n'est pas de la nourriture. Et vous devez l'écouter.

Si vous enviez la vie de votre voisin, prêtez attention au message caché. Ce type de jalousie renferme les informations dont vous avez besoin sur vos désirs les plus profonds et vos espoirs déçus, tout comme la jalousie de Nicole montrait ce qu'elle voulait vraiment – foncer, avoir le courage de se porter candidate au poste convoité et avoir un travail plus motivant.

La jalousie vous envoie un signal de l'intérieur vous disant que vous voulez plus que ce que vous avez déjà. Si vous faites tout pour supprimer ce signal en vous empiffrant, vous ne vous donnez pas l'occasion de satisfaire vos besoins profonds en procédant aux ajustements nécessaires.

Si vous êtes incapable de gérer votre stress, vous serez incapable de gérer votre poids

Il y a certaines choses que vous devez faire pour gérer votre vie d'adulte. Régler vos factures et payer vos impôts. Faire la vidange de votre voiture. Renouveler votre passeport. Avoir du papier toilette en réserve et sortir les poubelles. Des tâches qui réclament surtout de la discipline. Si vous ne vous occupez pas de ces choses-là, c'est le chaos et vous pouvez vous sentir perdue et incompétente, attendant que quelqu'un vienne à votre secours.

Si vous êtes incapable de gérer le quotidien, envisager de poursuivre vos rêves semble très compliqué. Nous avons déjà vu ensemble qu'en finir avec votre dépendance à la nourriture comme source de récompense passait par trois choses – vous confronter à vos doutes sur vous-même, cultiver des relations amoureuses satisfaisantes et poursuivre les objectifs qui vous tiennent à cœur. Il est donc essentiel de trouver le moyen de mieux gérer votre vie pour avoir davantage confiance en vous et entreprendre des choses passionnantes. Imaginons le scénario suivant :

Vous êtes en retard à votre séance de méditation. Dans votre précipitation pour arriver à l'heure, vous oubliez vos papiers. Dix kilomètres plus tard, vous vous apercevez que vous conduisez sans papiers, alors vous faites demi-tour pour rentrer chez vous. Le téléphone sonne. Une voix au bout du fil vous rappelle que vous avez rendez-vous chez le médecin à 14 heures. Vous n'arrivez pas à croire que vous avez pris rendez-vous chez le médecin à l'heure de votre séance de méditation. Maintenant que vous êtes en retard à vos deux rendez-vous, vous cherchez partout vos papiers et vous ne les trouvez pas parce que vous n'avez pas fait le ménage depuis trois semaines et que tout est en désordre. Vous raflez au passage quelques cookies que vous avalez sans réfléchir. Lorsque vous finissez par retrouver vos papiers dans la poche du pantalon que vous avez mis hier, vous êtes trop en retard pour aller chez le médecin ou le prof de méditation, alors vous vous consolez avec quelques cookies supplémentaires et un chocolat chaud. Vous reconnaissez-vous dans ce scénario ? Le stress vous donne-t-il désespérément faim ?

Même si vous avez certainement fait le lien entre le stress et les cookies, vous n'avez probablement pas réfléchi au rôle joué par la nourriture dans l'apaisement des tensions intérieures. D'abord, elle détourne votre attention de la situation anxiogène, du moins quelques instants. Vous vous sentez tout de suite mieux, mais ce qui a déclenché votre stress n'est pas réglé pour autant et ressurgit de plus belle dès les cookies avalés. Ensuite, si vous mangez beaucoup, vous devenez suffisamment léthargique pour calmer les symptômes physiques désagréables liés au stress, mais là encore, la cause de l'anxiété demeure.

Peu de choses excitent autant la faim émotionnelle que le stress. Vous éprouvez un stress et, la minute d'après, vous portez la nourriture à votre bouche. Pas le temps de la réflexion. Un acte réflexe. Un stress trop important augmente le risque de manger tout et n'importe quoi. Vous n'avez pas le temps de penser aux calories, à votre santé, à vous préparer un repas équilibré. Vous vous engouffrez dans un fast-food, vous accaparez le distributeur automatique ou vous saisissez les biscuits et le chocolat rangés dans votre placard.

Carine illustre parfaitement la manière dont le stress nous pousse à manger de façon compulsive. Elle élève seule son fils de cinq ans, Matis. Elle avait toujours voulu être mère, mais ne pensait pas que ce serait si dur. Son mari l'a quittée quand Matis avait deux mois. Ce serait déjà mieux si son petit garçon était obéissant, mais il lui désobéit en permanence. Lorsqu'elle réussit enfin à le mettre au lit, il lui reste une montagne de choses à faire. La vaisselle qui s'est accumulée dans l'évier. Les piles de factures impayées. Les déchets à trier et la poubelle à sortir. La lessive à faire. Les gâteaux que Matis doit emporter à l'école le lendemain matin. Sans même parler de ce qu'elle voulait faire pour elle – sur sa table de nuit, trône un livre qu'elle n'a jamais ouvert. Elle fait cuire les gâteaux pour ne pas décevoir son fils et l'institutrice, en mange quelques-uns au passage et s'affaisse dans le canapé, le regard dans le vide. Elle ne sait pas par quel bout prendre les choses à faire.

Comme Carine, nous avons tendance à employer des stratégies antistress totalement inefficaces. Ou efficaces pour diminuer un type de stress, mais pas les autres. Par exemple, si vous êtes stressée parce que vous ne gagnez pas assez d'argent, prendre des cours de salsa ne va pas vous aider. Mais si vous vous trouvez laide, la danse peut, au contraire, vous être d'un grand secours. L'important est d'identifier vos principaux facteurs de stress et de trouver des techniques pour vous aider à les gérer. Vous pouvez commencer à évaluer l'efficacité des techniques que vous utilisez.

La nourriture peut vous consoler, mais elle ne va pas nettoyer les toilettes à votre place

Rien n'est plus fatigant que la hantise éternelle d'une tâche non accomplie. – William James, philosophe

Il existe deux grands types de stress : le stress issu de circonstances extérieures sur lesquelles vous n'avez aucune prise (par exemple les catastrophes naturelles) et le stress issu de votre manque d'organisation ou de certains aspects de votre personnalité. Commençons par parler du stress que vous créez vous-même.

Comme Carine, vous pouvez vous faire tellement de souci pour des petits problèmes du quotidien que vous refusez de les gérer, les laissant ainsi s'aggraver. L'essentiel du stress qui vous accable quotidiennement vient probablement de votre envie d'éviter à tout prix des choses désagréables à faire. Par exemple, vous voulez éviter de nettoyer votre frigo parce qu'il est tellement dégueulasse que vous devenez anxieuse à l'idée d'affronter cette saleté. Alors vous sortez vous taper un hamburger et des frites. Le lendemain, votre frigo est encore plus sale et votre stress encore plus grand à la perspective de le nettoyer. Et les jours passent ainsi. En voulant éviter un petit facteur de stress, vous en avez créé un gros.

Mettre un peu d'ordre dans votre chaos peut vous aider à éviter un stress qui vous mène tout droit au sentiment d'être submergée et à la nourriture. Ce qui signifie accomplir les tâches quotidiennes : régler les factures, faire la lessive, faire le ménage, nettoyer votre bureau, être à l'heure à votre rendez-vous chez le médecin, appeler tante Marie, etc.

L'évitement à l'origine du stress provient d'un désir inconscient de se soustraire aux responsabilités des adultes. Pour réduire ce type de stress, vous devez achever votre développement psychique et assumer les corvées et les emmerdements indissociables de la vie adulte au lieu de continuer à les esquiver comme un enfant. Par exemple, si vous êtes stressée parce que vous ne savez pas dire non et croulez sous les obligations, vous devez apprendre à dire non. Si vous êtes stressée parce que votre maison est un vrai bordel, vous devez apprendre à mettre de l'ordre dans votre environnement. Si vous avez des coups de fil à passer ou des factures à régler, vous devez apprendre à effectuer des tâches administratives en temps voulu, même si vous détestez attendre au standard et faire de la paperasserie. Si vous ne développez pas les compétences indispensables à la gestion de votre quotidien, votre estime personnelle va en souffrir et… votre poids avec.

C'est une chose de ne pas vouloir nettoyer le frigo parce que toucher de la graisse ou du moisi vous répugne, c'en est une autre de ne vraiment pas avoir le temps de le faire. Quand vous travaillez soixante-dix heures par semaine et assistez à des cours du soir, quand vous avez six enfants que vous devez accompagner à leurs activités extrascolaires dans des clubs différents, vous avez réellement des difficultés. La pression liée à ce surmenage entre-t-elle dans la catégorie des facteurs de stress extérieurs ou des facteurs de stress que vous vous imposez ? Et que faire alors ?

Indéniablement, nous sommes devenus une société d'accros au stress. La plupart d'entre nous font des choix qui contribuent à leurs emplois du temps ridiculement démentiels – opter pour un boulot très bien rémunéré qui nous vide de notre sang, acheter tant de biens matériels que nous devons travailler non-stop pour les payer et les réparer quand ils ne marchent plus, courir frénétiquement d'une activité à l'autre pour ne rien rater. Vous en venez même à vous dire qu'il est souhaitable d'être débordé au point de ne pas avoir le temps de nettoyer son frigo. Mais comme vous l'avez constaté, le stress peut avoir de graves conséquences. Alors, prenez le temps d'examiner les choix que vous avez faits pour voir là où vous pourriez faire circuler un peu d'air dans votre vie.

Bien sûr, certaines sources de stress sont incontrôlables. Les étudiants en droit doivent étudier sans relâche, les comptables n'ont pas le temps de souffler lorsque vient la saison de l'impôt sur le revenu, une crise financière imprévue peut vous pousser à prendre un travail de nuit. Mais vous pouvez toujours prendre le temps de faire la lessive si vous acceptez de changer certaines choses dans votre vie. Si vous dites oui aux corvées ménagères, vous devez dire non à autre chose et être prête à joindre le geste à la parole.

Les sources de stress inattendues

Il y a des types de stress contre lesquels vous ne pouvez rien : des choses qui cassent, des visiteurs à l'improviste, un licenciement, une maladie, des embouteillages. Peut-être devez-vous travailler plus longtemps, plus dur et avec des interruptions plus fréquentes que jamais. C'est le sort de la plupart d'entre nous. À moins d'avoir atteint l'illumination ou de posséder des pouvoirs surnaturels, vous ne pouvez pas faire grand-chose pour repousser l'assaut de situations ou d'événements stressants.

Commencez par tenter d'éliminer le facteur de stress, quand cela est possible. Si cela est impossible, essayez de gérer ce stress de manière productive. Au lieu de vous en sentir victime, considérez-le comme un sous-produit inévitable de la vie sur cette planète et comprenez que vous possédez des outils spéciaux à l'intérieur de vous pour le gérer.

Vous connaissez certainement des techniques antistress comme le yoga, le jogging, la respiration profonde et les massages. Mais d'autres réponses au stress peuvent réclamer un peu plus de créativité de votre part. Par exemple, si vous subissez une pression excessive à votre travail, essayez de faire une pause de cinq minutes toutes les heures pour respirer. Si vous avez un parent malade qui vit avec vous, vous pouvez envisager de former un groupe de soutien. Si vous devez circuler dans les bouchons, emportez des livres audio.

Si vous voulez gérer le stress quotidien, étudiez de près les facteurs de stress qui vous touchent et imaginez des techniques pour y faire face avant de vous dire que la nourriture est votre seule réponse possible.

Quand les patients qui viennent me voir ont une vie manifestement très désordonnée – ils ne trouvent pas leurs clés, ils oublient leur chéquier, ils font des chèques sans provision, non pas parce qu'ils n'ont pas d'argent mais parce qu'ils oublient de déposer leur paie –, nous examinons ensemble des solutions à leur désordre. Ce travail en surface est indispensable pour un travail ultérieur sur leurs problèmes de fond. Si vous vivez dans le chaos, Joséphine vous répète sans cesse : « Oublie de résoudre tes problèmes de fond ; tu n'es même pas capable de rapporter tes livres à temps à la bibliothèque. »

Vous restez englués dans votre stress si vous vous dites des choses du style : « Cette pression est injuste, ce n'est pas normal, c'est trop dur pour moi de gérer tout ça. » C'est une façon de dire que vous n'aimez pas la réalité et que vous ne voulez pas la gérer. Et si vous ne la gérez pas, vous ne pouvez pas l'améliorer.

À ce stade :

- Vous avez compris que les frustrations inhérentes à votre vie vous poussent à vous récompenser par la nourriture.
- Vous avez compris que votre frustration repose sur un faux sentiment d'impuissance et que vous devez reprendre le pouvoir sur votre vie pour maîtriser votre comportement alimentaire.
- Vous allez devoir opérer les changements nécessaires à l'amélioration de vos relations et notamment amoureuses.
- Vous allez devoir être celle qui veille à ce que ses besoins légitimes soient satisfaits et ses besoins immatures abandonnés.
- Vous allez devoir assumer la responsabilité de votre potentiel inexploité.
- Vous allez devoir prendre en charge votre stress et améliorer vos capacités à le gérer.
- Vous devez vous rappeler que vous disposez de deux méthodes pour reprendre votre vie en main :
  1. Vous pouvez vous engager activement à relever les défis de votre vie et à la faire fonctionner.
  2. Vous pouvez éviter le défaitisme qui renforce votre soi-disant impuissance en refusant d'utiliser les obstacles et les difficultés pour justifier votre rôle de victime.
- N'oubliez pas que votre vie est entre vos mains.

Chapitre 6

Troisième strate : votre sécurité intérieure

La nourriture vous semble encore bien tentante malgré tout ce que vous savez maintenant sur les comportements alimentaires ! En fait, vous ne pouvez pas vous en empêcher. Pourquoi ? Parce que vous êtes un être humain, une entité complexe, pleine de contradictions. Vous dites que vous voulez perdre du poids et vous pouvez me montrer toutes les preuves de votre bonne foi – livres sur les régimes, DVD d'exercices physiques, aliments allégés dans le frigo.

Malheureusement, vous avez aussi une partie de vous-même qui veut rester en surpoids. C'est différent de ce dont nous avons parlé jusque-là. Jusqu'à présent, nous avons abordé le problème du point de vue de la partie de vous-même qui veut perdre du poids mais qui a beaucoup de mal à renoncer aux avantages d'un tranquillisant vendu sans ordonnance – la nourriture. Maintenant, nous allons étudier une strate plus profonde de la psyché, la partie de vous qui veut avoir des kilos en trop. C'est à cause d'elle que vous reprenez vos kilos après les avoir perdus. C'est elle qui vous dit : « Je veux juste manger autant que je veux, au diable ce régime ! » C'est la partie de vous qui se rebelle. Celle qui sabote tous vos efforts, qui utilise votre poids pour vous empêcher d'avoir la vie que vous voulez.

Jusqu'ici, nous avons discuté de la partie rationnelle de votre être (votre Moi raisonnable), celle qui est activement engagée à perdre du poids, qui veut avoir un corps séduisant et en bonne santé, des relations amoureuses plus agréables et une vie plus épanouissante. Mais l'autre partie de vous-même que j'appelle le Moi rebelle ne se contente pas de résister à vos efforts pour maigrir : il est terrifié de perdre du poids. C'est comme si vous aviez deux êtres en désaccord total à l'intérieur de vous – celui qui veut désespérément mincir et celui qui ruine tous vos efforts.

Votre Moi rebelle fonctionne sur deux modes principaux : soit il se tapit dans un coin comme un enfant effrayé en suçant une glace même s'il sait qu'il ne faut pas, soit il s'impose comme un enfant effronté qui réclame une glace. Dans le premier cas, il veut que vous gardiez vos kilos superflus pour vous fournir un endroit où vous cacher (sous vos bourrelets), utilisant le poids comme un prétexte pour ne pas grandir ou pour éviter les responsabilités du monde adulte. Dans le second cas, il veut que vous conserviez vos kilos superflus pour affirmer son indépendance face aux attentes des autres ou pour se venger des gens qui veulent le contrôler.

Tout ce que vous avez appris dans les chapitres précédents vous a préparée à cette exploration en profondeur de votre Moi rebelle. Maintenant que vous savez qu'il existe de nombreuses solutions plus matures que de manger pour gérer vos humeurs et vos désirs légitimes, vous avez tout ce qu'il vous faut pour vivre mieux. Malheureusement, vous devez aussi lutter contre votre Moi rebelle. En devenant pleinement consciente des raisons pour lesquelles vous honorez votre Moi rebelle, vous pourrez vous interroger : voulez-vous vraiment continuer à vous cacher derrière votre poids ? À un moment donné de votre vie, vous avez pris la décision d'utiliser vos kilos superflus pour éviter de vous confronter à des difficultés psychologiques. À présent, vous devez prendre une autre décision : voulez-vous conserver cette couche protectrice malgré son coût sur votre santé et votre bonheur ? Cela en vaut-il la peine ?

De quoi vos kilos superflus vous protègent-ils donc ?

Lorsque Joanne, l'une de mes patientes, m'a dit que ses kilos en trop tenaient les hommes à distance, je lui ai simplement répondu : « N'y a-t-il pas de meilleurs moyens ? »

Quelque part dans les recoins de votre psyché, vous croyez dur comme fer que vous n'êtes pas capable d'assurer votre propre sécurité dans le vaste monde de votre vie d'adulte et que vous devez donc trouver un endroit où vous cacher… et vous avez découvert que les kilos en trop étaient une bonne cachette.

Vous rappelez-vous avoir eu peur dans votre enfance et aller vous cacher derrière vos parents ? Ou avez-vous vu vos propres enfants, voire vos chiens se cacher derrière vous lorsqu'ils étaient effrayés ? Chercher à se protéger en cas de menace est un réflexe humain (et canin) normal. Pour les enfants, le problème est facilement résolu : s'agripper aux jupes de maman ou disparaître derrière papa sans en avoir honte. Dès qu'on grandit, les solutions s'amenuisent.

Vous pouvez avoir gardé le réflexe de vous accrocher à quelqu'un quand vous vous sentez menacée ou mal à l'aise, comme quand vous étiez petite, mais courir derrière papa ou maman à votre âge n'est pas une solution. Quelles possibilités vous reste-t-il ? Soit vous devez oser affronter les situations et les personnes qui vous font peur, soit vous pouvez développer une relation de codépendance dans laquelle vous disparaissez, soit vous pouvez vous cacher à l'intérieur de vous-même, au sens propre du terme.

Bien sûr, faire face aux êtres ou aux choses qui vous font peur serait la meilleure solution, mais pas nécessairement la plus facile. Elle peut même être impossible si vous avez la certitude de votre impuissance à vous protéger. Nous, les êtres humains, avons tendance à choisir la solution de facilité. Et en cherchant la solution de facilité, vous avez un jour découvert que vous pouviez utiliser vos kilos en trop comme un refuge, une sorte de substitut aux jupes de maman.

Utiliser la nourriture à des fins de protection peut commencer innocemment par des manœuvres dilatoires : « Je le ferai (chercher un autre emploi, chercher un nouveau partenaire, aller au club de gym) quand j'aurai perdu quatre kilos ». Et vous remettez à plus tard la perte de vos quatre kilos. Ensuite, vous avez continué à différer le moment de maigrir et, peu à peu, trouvé dans votre surpoids un moyen de vous abriter du danger, l'utilisant comme prétexte pour éviter toutes sortes de défis à relever. Et si votre surpoids est devenu votre couche protectrice, mincir signifie perdre votre sécurité.

Vous êtes peut-être offusquée de m'entendre vous suggérer que vous désirez, en réalité, être trop grosse, surtout au vu de vos courageux efforts pour maigrir depuis des années. Vous pouvez juger absurde qu'il puisse y avoir une force à l'intérieur de vous qui s'oppose à votre objectif rationnel de perdre du poids. Et, naturellement, votre conscience ne vous inciterait jamais à préférer les bourrelets graisseux à la satisfaction personnelle. Mais comment expliquer autrement vos échecs répétés ?

Votre Moi rebelle opère au plus profond de la grotte de votre psyché. Il peut avoir germé durant l'enfance et pris racine si insidieusement que vous n'avez pas le souvenir d'avoir décidé un jour que le surpoids avait ses avantages. D'ailleurs, vous n'avez sans doute pas pris une décision consciente, même si certaines de mes patientes qui ont été abusées sexuellement dans leur enfance se rappellent exactement quand elles ont décidé d'être trop grosses pour être aussi peu séduisantes que possible.

Je n'invente rien. J'ai vu à maintes reprises comment le Moi rebelle parvient à ses fins en jouant sur le besoin de sécurité et de tranquillité. Aussi engagées que mes patientes étaient dans leur combat contre le surpoids, quelque chose contrariait leur engagement, une force à l'intérieur de leur psyché. Et cette force n'était que pure illusion, l'illusion qu'avoir des kilos en trop pouvait réellement les protéger du danger, des blessures et du désespoir.

Tant que quelque chose en vous continue de croire fermement que le surpoids est un gage de sécurité, vous n'allez jamais pouvoir vous en libérer.

Votre esprit logique n'est pas dupe

Votre esprit conscient et rationnel juge probablement absurde l'idée selon laquelle vous utilisez la nourriture pour vous protéger. Vous-même considérez certainement vos kilos en trop comme un véritable fléau – et non comme une couverture chaude et moelleuse dans laquelle vous pouvez vous blottir. Mais, je vous en prie, ne vous vexez pas. Continuez à lire les pages qui suivent et envisagez au moins l'éventualité d'être un peu plus attachée à vos bourrelets que vous osez l'admettre.

Pourquoi votre inconscient pense-t-il que votre surpoids pourrait vous protéger ? Comme je l'ai dit au début de ce chapitre, être trop grosse vous donne une excuse pour éviter les situations d'ordre sexuel qui vous mettent mal à l'aise et le sexe en général. Votre surpoids vous permet aussi de diminuer les attentes des autres à votre égard – personne n'osera exiger trop de vous. Il vous donne une raison de ne pas sortir, de ne pas réussir, de ne pas avoir de vie amoureuse – bref, l'excuse de ne rien tenter. Et si vous ne tentez rien, vous vous épargnez la souffrance de voir vos espoirs déçus.

Examinons de plus près les différentes protections que vous offrent vos kilos superflus.

Au lycée, Lydia détestait la gym. Elle se rappelle avoir été un jour choisie pour jouer dans l'équipe de volleyball d'Alice Toma, la sportive de la classe, la fille que tout le monde admirait. Tout le monde voulait être dans son équipe. Mais ce jour-là, Lydia a raté toutes les balles et s'est fait traiter de tous les noms par ses coéquipières. Deux d'entre elles lui ont même sauté dessus après l'école et l'ont frappée jusqu'à ce qu'elle crie.

La gym n'a plus été un problème quand Lydia s'est mise à grossir. Elle n'a plus retouché un ballon. Elle s'asseyait sur un banc et attendait que le match soit fini.

Comme Lydia, vous avez probablement vécu des moments où tous les regards étaient braqués sur vous et où vous avez tout raté ! Vous vous rappelez l'humiliation que vous avez éprouvée ? Que peut-il exister de pire dans la vie ? Rares sont les sentiments à causer une souffrance psychique aussi atroce que l'humiliation et la honte. Même l'indifférence ne fait pas aussi mal, du moins sur le moment. Si, dans le passé, vous avez été humiliée à plusieurs reprises après vous avoir mise en avant, vous pouvez avoir pris la décision inconsciente de ne plus rien faire.

Lorsque la plupart de mes patientes m'ont avoué combien elles étaient timides dans leur enfance, j'en suis venu à croire que quand la protection du surpoids se met en place durant l'enfance, elle est presque toujours provoquée par de la timidité et de la honte.

Comme vous le savez, dans notre culture, les gens trop gros sont mis sur la touche. Selon une étude américaine récente, 16 % des employeurs admettent qu'ils n'embaucheraient à aucun prix des femmes obèses, 44 % qu'ils en embaucheraient uniquement sous certaines conditions. D'après une autre étude, toujours américaine, les personnages de télévision en surpoids ont moins de chance de sortir avec des personnes du sexe opposé, ont très peu de chance d'avoir des rapports sexuels et ont toutes les chances d'être la cible de mauvaises plaisanteries. De plus, ils jouent rarement des rôles de décideurs ou de leaders et semblent souvent ne pas avoir d'ami(e)s.

Nous ne nous attendons pas à voir des personnages obèses dans une salle du conseil, dans une chambre à coucher ou sur grand écran. Et quand nous rencontrons des personnes obèses, nos attentes diminuent sur-le-champ. Nous ne les imaginons pas travailler dur, et encore moins exceller dans leur travail. C'est pourquoi vous pouvez utiliser votre surpoids pour vous dispenser de la pression professionnelle, de la pression relationnelle, des difficultés quotidiennes du monde des adultes. Si vous refusez de descendre dans l'arène, si vous refusez d'essayer et de risquer d'échouer, si vous refusez de gérer les changements qui s'imposent à vous, vous pouvez échapper aux réalités de la vie en gardant vos kilos superflus.

L'utilisation du surpoids comme mécanisme d'évitement peut aller très loin. Frédéric, l'un de mes patients, s'en sert pour éviter de se confronter au vieillissement. Il dit : « Mon surpoids me donne une excuse pour avoir l'air mou et négligé. Je sais que je dois accepter de vieillir, que cela me plaise ou non. » Frédéric a réalisé que sa graisse ne pouvait pas stopper le processus de vieillissement, mais seulement détourner son attention de ce problème. De même, vos bourrelets ne peuvent pas vous épargner d'affronter la vie, seulement vous offrir un endroit où vous cacher pendant que votre quotidien se complique de jour en jour à cause de votre négligence.

Marie, une autre patiente, me disait : « J'étais relativement mince quand j'ai appris que mon mari me trompait. Comme beaucoup de femmes, je me suis fait des reproches. J'ai commencé à manger pour soulager ma souffrance et me donner une raison de plus d'être trompée. Je suis finalement tombée enceinte et nous sommes restés ensemble, mais le mal était fait. Il a continué de me tromper et j'ai continué de manger après la naissance de ma fille. Cela fait seulement quelques mois que je me considère comme guérie de cette dépendance à la nourriture. »

Marie ne mangeait pas seulement pour guérir sa douleur. Elle mangeait pour avoir des bourrelets parce que ses bourrelets la protégeaient d'une plus grande douleur, celle de penser qu'il y avait quelque chose qui n'allait pas en elle.

Nous venons de dire que les autres se montrent moins exigeants envers vous si vous êtes en surpoids, mais il ne faut pas oublier que vous êtes aussi moins exigeante vis-à-vis de vous-même – et c'est là l'effet le plus pernicieux du Moi rebelle. Vous pouvez vous convaincre qu'il est inutile d'essayer de réussir parce que votre surpoids ne vous permet pas de rivaliser avec les autres. Si vous devez relever un défi encore plus difficile, vous vous dites : « Je me lancerai quand j'aurai perdu du poids ». C'est le plus sûr moyen de garder vos kilos en trop. En vous disant que vous allez surmonter une difficulté qui vous fait peur à la seule condition de perdre du poids, vous vous donnez une motivation de rester forte.

Il n'est pas non plus logique de laisser votre poids vous faire souffrir dans le but d'éviter la souffrance que vous pourriez éprouver si vous osiez faire face aux réalités de l'existence. Et pourtant, tout au fond de votre conscience, vous avez réussi à vous persuader que la souffrance d'être trop grosse est dérisoire face à la souffrance de découvrir vos limites. Mais une autre peur peut également vous pousser à prendre la décision illogique de rester grosse : non pas celle de vos propres limites, mais celle des limites de la vie. C'est une chose d'avoir peur de vous décevoir même si vous faites le maximum, c'en est une autre d'avoir peur que la vie ne puisse pas vous donner ce que vous souhaitez, quoi que vous fassiez. Si vous vous méfiez de la vie, rester trop grosse vous permet de rester à l'écart des plaisirs de l'existence.

Si vous gardez votre surpoids pour ne pas voir vos espoirs déçus, pour ne pas être déçue à la perspective de ne pas avoir la vie que vous voulez ou en raison de l'absurdité de la vie, alors vous êtes déprimée et vous restez en surpoids à cause de votre dépression. La dépression sape toute votre énergie ; vous vous dites qu'affronter les réalités de l'existence réclame un effort trop grand et qui n'en vaut pas la peine. Vous ne vous cachez pas, vous êtes carrément hors jeu. En lisant ces quelques lignes, vous allez peut-être réaliser que vous n'êtes pas seulement frustrée ou déçue, mais vraiment dépressive. Si c'est le cas, demandez l'aide d'un professionnel et dites-vous que guérir d'une dépression implique toujours de prendre sa vie en main.

Sexe et surpoids

Vous avez peut-être été confrontée à quelqu'un qui vous faisait des avances que vous redoutiez. D'une part, vous savez que le statut d'adulte va de pair avec une activité sexuelle et que vous ne pouvez pas dire à vos prétendants, et encore moins à votre époux, que vous n'avez jamais envie de rapports sexuels. D'autre part, vous savez que vous êtes incapable de supporter l'intimité. Avez-vous d'autre choix que d'assumer votre aversion et d'en accepter les conséquences ? Oui, devenir nonne ou devenir si grosse que personne ne voudra plus vous toucher.

Dans l'exercice de mon métier, je vois beaucoup de personnes se cacher derrière leur poids pour éviter le sexe.

Je vois des patientes qui utilisent leur surpoids pour se protéger des problèmes qui surgissent dans leur relation avec leur partenaire. Par exemple, ma patiente Andrea me dit que son surpoids la protège de ses peurs vis-à-vis de son mariage et l'empêche d'agir sous le coup de l'impulsion en prenant un amant. « J'ai utilisé mon surpoids essentiellement dans ma relation de couple. Continuer à m'empiffrer au lieu de passer à l'acte ou de risquer le rejet de mon mari me protège. Je pensais que Bernard me rejetait à cause de mon poids et, par conséquent, rester grosse me donnait l'illusion que mon problème était mon poids et non moi-même. Je réalise maintenant que si je veux sauver mon couple, je vais devoir changer. Je dois accepter d'avoir des besoins et de les satisfaire, et de ne pas dépendre de mon mari ou d'imputer son rejet à mon surpoids. J'ai toujours eu peur d'avoir une relation extraconjugale, une peur mêlée de désir bien sûr, et je suis toujours restée grosse pour éviter d'être tentée. » Andrea utilise son surpoids pour se protéger d'un environnement jugé dangereux ou menaçant.

Toutes les femmes qui utilisent leurs kilos en trop pour éviter d'être regardées ou approchées par des prétendants sexuels ne se sont pas retrouvées réellement dans cette situation, mais cela ne change rien. Le malaise peut venir de l'intérieur, être à peine conscient et pourtant tout aussi fort.

Comment le surpoids devient un refuge

Vous pouvez penser : « Parce que je suis gros, je me cache. » Ou : « Je reste gros ou deviens gros pour me cacher. » Quelle stratégie ressemble à votre propre comportement ?

Si vous faites partie du premier groupe, vous avez grossi pour toutes les raisons émotionnelles évoquées dans les deux chapitres précédents, et parce que vous êtes grosse, et que cela vous complexe, vous vous cachez du regard des autres tant que vous n'avez pas perdu de poids. Mais même si cela s'est passé comme ça pour vous, une fois que votre surpoids vous est devenu utile pour éviter de voir la réalité en face et vous cacher, vos « Je ferai ceci ou cela après avoir maigri » deviennent de bonnes excuses.

Si vous avez appris à utiliser la nourriture pour vous sentir en sécurité, vous pouvez le désapprendre. Vous avez appris à manger trop pour apaiser vos doutes sur vous-même, pour vous récompenser quand vous vous sentiez impuissante et pour continuer à vous sentir en sécurité. Aucun gène n'est responsable de ce type de comportement.

Vous avez peut-être appris à associer le surpoids à un sentiment de protection quand vos parents ont divorcé alors que vous aviez huit ans, quand vous avez eu peur du sexe à l'âge de quinze ans, six mois après votre mariage quand vous avez constaté que les choses n'allaient pas aussi bien que vous l'auriez souhaité, après la naissance de votre premier enfant quand vous vous êtes sentie isolée et dépassée, après que votre grande fille eut quitté la maison, lors d'une séparation avec votre époux, quand vous vous êtes sentie vieille à l'arrivée de la ménopause ou à la mort de vos parents.

Une fois que nous avons trouvé ce moyen de protection, nous le trouvons bien commode. Pour gérer notre dynamique familiale, par exemple. Réfléchissez à l'importance des rôles dans les familles. À votre propre famille étendue. L'un des membres de votre famille était le sportif ou la sportive. Un(e) autre l'intellectuel(le). Le(la) troisième le clown de service. Il y avait celui ou celle né(e) pour réussir. La star. Le beau mec. La rebelle. Le(la) colérique. Le(la) mal-aimé(e). Le(la) chouchou. Le(la) ronchon(ne). L'alcoolique. L'obsédé sexuel. Le(la) mauvais(e) élève. Le(la) timide. Le(la) têtu(e). L'âme charitable. Etc. Vous, et toutes les personnes que vous connaissez, avez joué l'un de ces rôles stéréotypés en grandissant. Ces rôles sont notre héritage familial et nous collent à la peau jusqu'à ce que nous nous en détachions. La plupart d'entre nous s'en débarrassent complètement au fil des années, d'autres non. Quand le surpoids fait office de cachette, la libération n'a pas lieu.

Le rôle que vous jouez au sein de votre famille déforme ce que vous êtes et entrave ce que vous êtes capable d'être. Mais vous n'y pouvez rien. Si vous êtes l'aînée et non la petite dernière, vous avez sans doute été moins chouchoutée que votre petite sœur ou votre petit frère. Si votre mère s'était aimée davantage, s'était mariée plus tard ou avec quelqu'un d'autre, vous n'auriez peut-être pas été aussi insatisfaite de votre sort et vous auriez peut-être pu plaire à tous ceux qui vous côtoient.

Si vous étiez une petite fille trop grosse, vous avez sans doute découvert dans votre surpoids un moyen de gérer au mieux le rôle pour lequel vous aviez été désignée. Peu importe lequel. Vous ne pouviez pas rivaliser avec votre sœur, beaucoup plus belle que vous, alors vous deviez être la mal-aimée. Le fait d'être trop grosse a donné à votre rôle le soutien dont il avait besoin, justifié la jalousie que vous aviez envers votre sœur et fait payer à vos parents leur traitement injuste en les obligeant à se tourmenter de vous voir aussi impopulaire à l'école. Une fois la dynamique établie, elle s'est autoalimentée, et vos conflits psychologiques à la maison se sont ancrés dans votre identité de « petite fille trop grosse ».

Sécurité imaginaire contre sécurité réelle

En sortant de votre rôle familial pour vous réapproprier votre véritable identité, vous risquez d'être punie, rejetée et jalousée par les autres. Vous craignez qu'on dise du mal de vous, d'être cataloguée et exclue du clan. Si vous perdez du poids et décidez de refaçonner votre vie, vous vous exposez à ces anciennes peurs et votre Moi rebelle vous dit que vous ne pourrez retrouver votre sécurité intérieure qu'en reprenant du poids.

Vous voyez à quel point la sécurisation que vous apportent vos kilos en trop peut vous convaincre de rester en surpoids, même si ce surpoids ne vous protège pas, en réalité. Vous savez qu'il est absurde d'essayer de vous cacher derrière votre surcharge pondérale puisqu'elle est jugée peu attirante et qu'elle est mauvaise pour votre santé. Il fut un temps où l'excès de poids était synonyme de prospérité et, au tournant du siècle dernier, il existait encore des clubs destinés à « engraisser » les jeunes femmes pour les rendre séduisantes aux yeux des hommes riches. Mais c'est de l'histoire ancienne, et vous le savez. Votre esprit logique sait qu'il est complètement absurde de rester en surpoids et le prix que vous payez pour cela.

Ainsi donc vous avez, d'une part, l'illusion que vos kilos superflus sont le garant de votre sécurité, d'autre part, conscience qu'ils vous mettent en grand danger sur les plans physique, économique, social et émotionnel. Il est temps de reconnaître que votre surpoids vous donne l'impression d'être en sécurité mais ne vous apporte aucune sécurité réelle. Cette prise de conscience peut vous faire dire que vous êtes en train de payer très cher, trop cher, cette illusion. La première étape consiste à faire la différence entre sécurité réelle et sécurité illusoire.

Il faut bien garder à l'esprit que l'illusion de la sécurité est vraiment une illusion de sécurité absolue. Autrement dit, quand vous êtes aux prises avec cette illusion, vous pensez que rien ne peut vous arriver de mal. C'est une idée très séduisante. C'est même le désir le plus profond d'un enfant ou d'un adulte anxieux. L'idée de la sécurité absolue représente l'opposé de toutes nos peurs, physiques et émotionnelles. L'illusion de la sécurité absolue est ce qui rend la transe alimentaire si réconfortante. La sécurité parfaite est exactement ce que l'héroïnomane ou l'alcoolique cherche à atteindre à travers un état d'ivresse qui lui fait tout oublier. Nous ferions tout pour atteindre la sécurité absolue, pour vivre une vie où rien ni personne ne peut nous faire de mal.

La sécurité réelle, elle, est toujours relative puisqu'il n'existe pas de sécurité absolue dans le monde réel. Demain, vous pouvez perdre votre travail, l'un de vos proches peut mourir d'un infarctus, votre enfant peut avoir un accident, votre relation de couple peut virer au cauchemar. Dans le monde qui est le nôtre, vous pouvez renforcer votre sécurité réelle en faisant face à la réalité, en ayant conscience des dangers réels, en anticipant les problèmes et en recherchant des solutions. Vous pouvez garder une relation de couple solide ou vous engager auprès d'un partenaire honnête et digne de confiance. Vous pouvez éviter d'agir de façon impulsive en vous mariant avec quelqu'un avant de le connaître vraiment ou en épousant la mauvaise personne pour contrarier vos parents. Il y a mille choses que vous pouvez faire, mille compétences que vous pouvez développer pour vous garantir une sécurité maximale dans ce monde parfois imprévisible. Mais pour être un adulte capable de s'apporter à lui-même une sécurité réelle, vous devez vous confronter à la réalité, quelle qu'elle soit, et collaborer avec elle. Si vous vous dissimulez dans vos kilos superflus pour vous donner l'illusion de la sécurité, vous ne regardez pas la réalité en face et vous ratez l'occasion de devenir responsable de votre propre sécurité et de la rendre aussi réelle que possible.

Vos kilos en trop sont, au contraire, une source d'insécurité parce qu'ils vous empêchent de créer votre propre sécurité réelle en osant affronter les difficultés et saisir les opportunités de votre existence. Si vous ne vous engagez pas totalement dans votre carrière ou votre relation de couple parce que vous voulez éviter de faire un travail psychologique sur vous-même ou de prendre des décisions difficiles, si vous vous dissimulez derrière vos bourrelets pour vous dérober à vos engagements et à vos responsabilités, votre travail et votre relation de couple auront peu de chance de prospérer et de vous satisfaire.

Vous croyez que le surpoids assure votre sécurité parce que vous croyez que vous pouvez gagner du temps avant de vous retrouver au pied du mur. L'évitement, le surpoids et l'illusion de la sécurité marchent ensemble et se renforcent mutuellement, et c'est pourquoi vos kilos en trop vous apparaissent comme le refuge idéal.

Utiliser votre surpoids de cette façon est également un bon moyen de vous dissimuler la vérité sur vous-même. Vous n'admettez pas avoir fait certains choix sur la manière dont vous vivez actuellement. Par exemple, si vous utilisez votre excès de poids pour éviter les relations sexuelles, c'est que vous avez pris la décision de ne pas avoir de rapports sexuels. Pourquoi ne pas reconnaître les choses telles qu'elles sont et, soit rester sur votre position (c'est votre droit et votre corps), soit réévaluer votre décision et travailler sur vos peurs ? N'importe laquelle de ces décisions serait, de toute façon, une attitude plus responsable, plus adulte, et ferait de vous quelqu'un de plus fort.

Si vous refusez les relations sexuelles, dites simplement « non », ne vous habillez pas de façon provocante, tenez-vous à l'écart des bars et des discothèques ou envoyez des signaux clairs à votre patron pour lui faire comprendre que vous n'êtes pas disponible.

Si vous êtes timide, travaillez sur votre timidité ou acceptez-la. Si vous ne voulez pas multiplier les relations extraconjugales ou les partenaires sexuels, soit vous décidez de rester monogame ou fidèle à votre partenaire et vous ne revenez pas sur votre décision, soit vous cherchez à comprendre pourquoi vous allez voir ailleurs ou jugez impossible de tenir votre engagement.

Si vous redoutez l'intimité, la réussite, l'échec ou la compétition, vivez avec votre peur ou essayez de la surmonter. Le poids n'a pas à entrer en ligne de compte. Votre surpoids ne vous protège pas, il ne fait que recouvrir une décision que vous avez déjà prise et vous empêche de la réexaminer en toute honnêteté. Vous êtes coincée. Et votre blocage scelle votre impuissance.

L'une de mes patientes me disait la chose suivante : « Dès que j'ai réalisé que mes trente-huit ans de mariage représentaient pour moi une voie sans issue et que j'ai pris la décision de partir, mes kilos en trop sont devenus une protection inutile. » Cette femme de 135 kg avait utilisé son surpoids comme un refuge qui lui évitait d'avoir à se dire consciemment que son mariage était une catastrophe depuis le premier jour. Elle avait toujours refusé de l'admettre. Si elle n'avait pas dissimulé cette vérité sous sa couche de graisse, elle aurait sans doute pris sa décision beaucoup plus tôt et refait sa vie à l'âge de vingt-cinq ans, alors qu'elle était mince, au lieu d'être confrontée à la difficulté de retrouver un compagnon à soixante-trois ans. Elle a payé cher l'illusion de la sécurité que lui donnait son surpoids parce qu'elle a raté l'occasion de s'assurer une véritable sécurité en prenant la décision de quitter un homme alcoolique aux chances de guérison quasi inexistantes.

Se cacher derrière sa surcharge pondérale est une vraie contradiction. Les personnes obèses ou en surpoids sévère détestent le fait d'être mises à l'écart, incomprises, méprisées, jugées faibles, paresseuses ou gloutonnes. Elles détestent être « invisibles » pour le sexe opposé, « hors jeu » dans tout ce qui touche aux rapports amoureux ou considérées comme incapables de réussir professionnellement. Mais elles utilisent ce qu'elles détestent comme excuse pour éviter le défi d'être visibles, désirables, dans le coup ou capables de réussir leur carrière.

Bien sûr, l'opprobre jeté sur elles ne fait que renforcer, directement et indirectement, leurs doutes sur elles-mêmes. Directement parce qu'aucun être humain ne peut totalement ignorer ce que les autres pensent de lui – nous sommes des animaux sociaux programmés pour être attentifs et sensibles à ce que les autres pensent de nous. Indirectement parce que la stigmatisation dont nous faisons l'objet nous met en conflit avec – et nous aliène – ceux qui ne nous comprennent pas. Ce qui signifie que nous entretenons une colère chronique qui alimente nos doutes sur notre valeur personnelle.

Par conséquent, tout notre bon sens, toute notre logique nous dit que nos kilos superflus ne nous apportent aucune sécurité réelle. La seule chose qu'ils nous donnent, hormis le fait de raccourcir notre espérance de vie, est une illusion qui nous empêche de poursuivre notre développement personnel.

À ce stade :

- Vous allez devoir vous confronter à votre anxiété au lieu de manger pour vous donner l'illusion d'être en sécurité ou indépendante.
- Vous allez devoir devenir adulte dans un monde réel si vous voulez atteindre une vraie sécurité et une vraie indépendance.
- Vous allez devoir cesser de renforcer vos doutes sur vous-même en évitant un travail important à faire – devenir adulte.
- Vous allez devoir réaliser que vos doutes sur vous-même vous rendent plus dépendante, plus anxieuse, plus vulnérable à l'échec et à la gêne, et vous poussent à chercher un refuge.
- Vous allez devoir comprendre que vous mangez pour avoir une impression de sécurité, mais que vos fringales ne vous apportent pas cette sécurité ; elles vous aident à éviter ce que vous n'osez pas voir en face et vous empêchent de reconnaître la nécessité de réexaminer certains choix de vie que vous avez faits.
- Vous allez constater qu'il y a de meilleures façons d'aborder les choix de vie à faire, parfois difficiles, contre lesquels vous vous protégez.
- Vous savez que vous avez deux méthodes pour tuer en vous l'idée fausse selon laquelle vous êtes incapable d'assurer vous-même votre propre sécurité :
  1. Vous pouvez utiliser ce que vous avez compris de votre fonctionnement psychique jusqu'à présent pour arrêter de trouver refuge dans votre surpoids et découvrir par vous-même que vous n'êtes pas impuissante.
  2. Vous pouvez cesser d'interpréter de façon erronée les dangers et les risques du quotidien pour cesser de renforcer votre constat d'impuissance.

Chapitre 7

Quatrième strate : votre rébellion

Je me rappelle un dessin humoristique représentant un homme qui dit : « Je suis devenu végétarien pour des raisons de santé, puis pour des raisons morales, et maintenant c'est juste pour embêter les autres. » Si, un jour, vous avez annoncé à votre famille que vous étiez au régime, vous êtes peut-être d'accord avec les propos de cet homme. Vos proches ont peut-être paru ennuyés, voire menacés, comme si, en changeant vos habitudes alimentaires, vous abandonniez votre famille. L'une de mes patientes me disait : « Même quand je dis à ma mère que je surveille mon poids, elle continue de me préparer tout ce que j'aime et qui me fait grossir. C'est presque comme si elle ne voulait pas que je perde du poids. »

Les enfants découvrent très tôt que s'ils ne mangent pas comme leurs parents veulent qu'ils mangent, ces derniers prennent peur. Si vous ne mangiez pas vos brocolis, maman s'inquiétait aussitôt. Si vous en mangiez trop, maman s'angoissait tout aussi vite. Si vous les plongiez dans votre jus d'orange, maman se mettait en colère. Votre cerveau d'enfant observait tout cela et voyait que l'humeur de maman changeait selon votre rapport à la nourriture. Autrement dit, si vous vouliez contrôler maman, vous pouviez modifier ce que vous mangiez ou la façon dont vous mangiez. En mangeant trop ou en mangeant des cochonneries, vous pouviez exprimer votre volonté sans avoir besoin de piquer une colère ou de « risquer votre peau ». Même si vous étiez dominée par vos parents, vous avez appris à contre-attaquer, ce qui vous donnait un certain sentiment de puissance.

Les enfants cherchent naturellement un moyen d'affirmer leur pouvoir, d'autant que ce dernier est très limité. Quand vous étiez petite, vous n'aviez aucune liberté, aucune voix au chapitre dans ce qui vous arrivait. Apprendre à dire « non » face au couple parental est une étape déterminante dans le développement de l'individualité et de l'autonomie. En jouant avec votre nourriture, en mangeant trop, en vous gavant de sucreries, en chapardant des friandises et, dans certains cas, en ne mangeant pas, vous avez découvert que vous pouviez affirmer votre autonomie d'une façon à moitié acceptable. En mangeant, en réclamant constamment ce que vous aimiez manger ou en refusant de manger, vous pouviez exaspérer votre mère et obtenir son attention ! Ou être plus forte qu'elle en dérobant de la nourriture derrière son dos.

Si vous avez des enfants, vous connaissez bien ce schéma. Vous leur défendez de faire quelque chose et vous savez qu'ils comprennent ce que vous leur dites, mais une seconde plus tard, ils font exactement ce que vous venez de leur défendre. Vous n'arrivez pas à comprendre pourquoi ils ne peuvent pas s'empêcher de faire des bêtises et de s'attirer continuellement des ennuis. Ne savent-ils pas que la vie serait belle s'ils se contentaient d'obéir ?

La partie de vous-même qui voulait défier vos parents, prouver que vous étiez capable de le faire toute seule, n'a pas complètement disparu. Certes, vous devez la tenir en bride pour garder vos relations ou votre travail, mais elle est toujours là et continue de vouloir n'en faire qu'à sa tête. Pourquoi ? Parce qu'une fois le schéma établi, il s'enracine. Même s'il peut être relégué au fond de votre inconscient, il continue de dire : « Ils peuvent m'empêcher de faire tout le reste, mais je garde le pouvoir de manger autant que je veux et ce que je veux. Je vais manger en cachette, m'empiffrer et me faire vomir ou, en tout cas, faire tout ce qu'il faut pour conserver cette composante fondamentale de l'autonomie. »

Vous avez donc gardé cette habitude rebelle, même si l'objet de votre révolte a disparu depuis longtemps. Cela fait longtemps que vos parents ne contrôlent plus ce que vous portez comme vêtements, ce que vous dites ou ce que vous mangez. Aujourd'hui, vous vous révoltez contre votre propre conscience critique, Joséphine.

Si vous vous révoltez contre votre propre conscience par le biais de la nourriture, c'est le signe que dans cette zone de votre cerveau vous n'avez pas dépassé votre lutte originelle contre le contrôle parental. Vous restez coincée dans ce mode d'affirmation personnelle indirect, aujourd'hui inefficace et autodestructeur, parce que vous continuez de croire que vous n'êtes pas autorisée à exprimer une agressivité saine ou à entrer en conflit quand cela est nécessaire – face à l'un de vos parents, à votre partenaire ou à votre patron. Vous pensez toujours que votre colère est une mauvaise colère et qu'elle ne peut pas représenter une source de pouvoir saine et utile. Vous continuez de vous considérer comme une bombe à retardement prête à exploser et à blesser à tout moment et non comme un individu qui tente de résoudre les problèmes auxquels il est confronté dans sa vie. Votre attitude vous donne un sentiment d'impuissance et vous rend avide d'exprimer votre agressivité face à la seule personne à laquelle vous osez l'exprimer – vous-même. Comme me le disait une patiente : « Je mets de la nourriture dans ma bouche pour m'empêcher de cracher mon venin. »

Vous agissez contre vous-même. Manger est votre geste de défi. Personne ne va vous dire ce que vous avez à faire. Cette façon de vous affirmer manque visiblement de logique. Mais c'est un comportement normal que partagent de nombreuses personnes. Vous manifestez, non pas un comportement autonome, mais un comportement autodestructeur. Le fait de manger ce que vous voulez comme vous le voulez peut vous donner l'illusion de contrôler les choses, de la même manière qu'un petit enfant se sent puissant en jetant de la nourriture en l'air, en refusant de manger ses brocolis ou en hurlant pour obtenir ses bonbons. Mais ce n'est pas un comportement d'adulte.

Avant d'aller plus loin, essayez de vous rappeler si, dans votre enfance, vous avez utilisé la nourriture pour affirmer votre autonomie. Vous est-il arrivé de chaparder de la nourriture ? De refuser de manger ou de refuser d'arrêter de manger ? Aviez-vous l'impression de désobéir en faisant cela ? Essayez de vous souvenir des émotions que vous avez éprouvées. Aviez-vous le sentiment de faire ce que vous vouliez et non ce que vos parents voulaient ?

Au lieu d'utiliser vos kilos en trop comme un moyen immature d'exprimer votre agressivité cachée, vous devez apprendre à exprimer une agressivité adaptée et utile, ainsi qu'à admettre les situations où votre colère n'est pas justifiée, où vous devez la réfréner ou présenter des excuses à la personne que vous avez blessée.

Plusieurs de mes patients m'ont dit qu'ils mangeaient « contre » les autres – par exemple, quand ils sont au restaurant avec des amis qui les observent trop manger, ils font exprès de manger encore bien plus qu'ils le veulent pour dire de façon déguisée ce qu'ils ne veulent pas dire avec des mots.

Vos six manières d'utiliser la nourriture pour vous rebeller

Comme vous le savez maintenant, le Moi rebelle chargé de colère est activé pour de multiples raisons et exprime sa colère à travers la nourriture et l'acte de manger. Certaines personnes n'ont pas eu l'indépendance ou l'attention maternelle dont elles avaient besoin dans leur enfance et, aujourd'hui, elles affirment leur volonté ou testent l'amour qu'elles reçoivent en mangeant « contre » les exigences des autres. Certaines mangent pour obtenir l'attention qu'elles n'ont pas eue et savent que leur gloutonnerie aux yeux des autres peut faire l'affaire. Dans certains cas, le Moi rebelle se contente de faire barrage aux attentes et aux exigences qui lui déplaisent.

Dans la plupart des cas, l'agressivité est dissimulée. Voici quelques-uns des leitmotivs du Moi rebelle :

1. Aime-moi d'abord, ensuite je perdrai du poids.
2. C'est de leur faute si je suis comme je suis, donc je ne peux pas changer.
3. Je vais me venger d'eux.
4. Je ne suis pas ce corps.
5. La nourriture est la seule chose agréable que j'ai dans la vie, je ne vais donc pas y renoncer.
6. Si je ne peux pas être parfaite, je préfère alors être trop grosse.

Examinons chacun de ces leitmotivs en profondeur et voyons si l'un, ou plusieurs d'entre eux, s'appliquent à vous.

-moi d'abord, ensuite je perdrai du poids

Ma patiente Delphine a grandi au sein d'une famille monoparentale. Sa mère avait deux métiers pour pouvoir faire vivre le foyer et Delphine restait souvent avec des proches. Sa mère rentrait du travail tard le soir, faisait le ménage, s'occupait des factures, de la lessive et de sa propre mère malade. Delphine se sentait abandonnée et se consolait en mangeant des cochonneries. À l'âge de six ans, elle était déjà trop grosse.

Aujourd'hui, elle a vingt-quatre ans et un petit ami qui lui a récemment suggéré de perdre du poids afin qu'ils puissent faire davantage de choses ensemble. Delphine a réagi en se goinfrant jusqu'à en être malade le lendemain matin. Son Moi rebelle ne voulait pas être jugé sur son poids. Au contraire, il exigeait un amour inconditionnel, quelle que soit son apparence physique ou quelles que soient les entraves liées à son poids – précisément l'amour dont Delphine avait manqué durant son enfance. Ce Moi rebelle disait : « Aime-moi d'abord pour qu'ensuite je perde du poids. »

Delphine n'a pas reconnu la préoccupation sincère de son petit ami à son égard ni la légitimité de son désir de partager des activités avec elle. Elle était si prisonnière de son vieux sentiment d'être négligée et mal aimée qu'elle était incapable de voir la réalité présente. Son petit ami est devenu le portrait vivant de sa conscience critique, elle-même le portrait vivant d'une mère qui ne s'est pas assez occupée d'elle. Son Moi rebelle fulminait encore de ne pas avoir eu l'amour et la protection dont il avait besoin durant son enfance, d'où sa difficulté à accepter l'amour qui se présentait maintenant à elle.

Comme Delphine, si vous avez eu une carence affective dans votre enfance, vous vous méfiez certainement de l'amour (et de ses visages) que vous êtes susceptible de rencontrer au cours de votre vie. Même si le prince charmant surgit un jour dans votre existence, au lieu de vous réjouir, vous passez votre temps à redouter qu'il ne soit qu'un vilain crapaud. Au lieu d'accepter de recevoir de l'amour et d'en donner en retour, vous mettez et remettez sans cesse votre petit ami au banc d'essai – en prenant du poids, par exemple.

« S'il m'aime vraiment, il verra que sous ces bourrelets de graisse je suis une vraie princesse, se dit votre Moi rebelle. Le crapaud qu'il est doit d'abord m'embrasser pour que je puisse maigrir et me montrer sous mon vrai jour. »

Votre Moi rebelle soutient que si ce prince charmant – ou votre meilleur(e) ami(e) ou collègue – vous aimait vraiment, il vous accepterait telle que vous êtes. Alors vous perdriez du poids. Vous avez élaboré un test pour évaluer l'amour de l'autre. Vous essayez ainsi de vous convaincre et de convaincre les autres qu'il n'y a rien à redire à votre apparence physique et que l'on doit vous accepter, avec vos qualités et vos défauts – surtout avec vos défauts. Vous êtes dans l'impasse, parce que si vous perdez du poids pour lui et qu'il apprécie votre nouveau physique, vous pensez aussitôt qu'il vous aime seulement si vous êtes mince, alors vous le punissez de lui plaire en reprenant les kilos perdus.

Manifestement, cette façon de penser n'a pas vraiment d'intérêt, parce que si vous restez trop grosse, votre prince charmant pourrait finir par en avoir assez et se transformer en vilain crapaud. Il pourrait devenir gros, lui aussi, ou simplement vous quitter parce que vous êtes laide et ne lui faites pas confiance. En attendant, vous vous tuez en utilisant votre propre corps comme un champ de bataille pour de vieilles blessures qui n'ont plus lieu d'être. Qui se fait le plus de mal dans cette histoire ? Certainement pas la personne qui ne vous a pas donné assez d'amour dans le passé ni celle qui tente de vous aimer aujourd'hui (parce qu'elle peut trouver un autre amour). C'est vous qui souffrez le plus, parce que quand vous utilisez votre corps de cette façon, la bataille que vous livrez sape votre santé, votre bonheur, vos chances d'amour et d'intimité, votre estime personnelle et votre énergie.

Réfléchissez : si vous attendez de vos proches qu'ils vous aiment et vous acceptent comme vous êtes, vous devez vous aimer et vous accepter comme vous êtes. Or, je doute que ce soit le cas. Que ressentez-vous en vous regardant dans un miroir ? Pensez-vous que votre corps est bien tel qu'il est ? Croyez-vous que vos bourrelets sont beaux ? Vous ne pouvez pas vous convaincre d'ignorer vos bourrelets, alors vous dépensez toute votre énergie à essayer de convaincre les autres qu'ils doivent, eux, les ignorer. C'est un jeu perdu d'avance. Votre vrai Moi, la personne qui veut être aimée, vit à l'intérieur de ces kilos en trop. N'est-ce pas la partie de vous-même que vous voulez partager avec ceux qui vous aiment ?

Lisez la lettre suivante, écrite par l'une de mes patientes : « Ma question porte sur la façon de surmonter un sentiment d'infériorité physique profondément ancré en moi. Cela a commencé vers l'âge de huit ans. J'ai gardé le souvenir de réflexions méchantes de mes petits camarades d'école à propos de mon poids. Arrivée à l'adolescence, j'avais peur de rivaliser avec les autres filles et je me sentais terriblement moche, incapable d'attirer les garçons. Cela a duré toute ma vie. Je me suis mariée très jeune au premier et seul homme avec lequel j'ai eu une expérience sexuelle. Même si sa relation avec moi a amélioré mon estime de moi, je continue de considérer ce manque d'estime personnelle comme mon problème majeur, à l'origine de mon surpoids. »

Cette femme a soixante-deux ans… et continue de

vivre à l'époque de la cour d'école et des premières boums. Elle ne voit pas l'amour de son mari. Ce qu'elle me raconte, c'est qu'elle utilise ses kilos en trop pour punir son mari d'autres choses. Elle utilise son corps comme un champ de bataille dans sa vie actuelle, perpétuant et renforçant ses blessures d'enfance. Elle ne laisse pas son époux la regarder ou la toucher, alors qu'il dit que sa femme l'attire telle qu'elle est. Elle a raison de dire que son problème de poids est un problème d'estime de soi lié à un sentiment d'infériorité créé dans son enfance, mais elle doit réaliser qu'elle le fait perdurer inutilement et qu'elle peut le surmonter (ce sentiment et non ses souvenirs, bien sûr) en cherchant à établir un bien meilleur dialogue avec son mari.

Cette femme a besoin d'une véritable histoire d'amour avec elle-même au lieu de continuer à chercher l'amour inconditionnel. C'est en continuant d'exiger un amour inconditionnel que vous entretenez votre colère et la rendez dangereuse.

2. C'est de leur faute si je suis comme je suis, donc je ne peux pas changer

J'entends régulièrement des patients me dire que la façon dont ils ont été élevés est responsable de leur surpoids. L'une de mes patientes m'expliquait : « Nous étions quatre, mais ma mère cuisinait pour vingt. Pâtes, pizzas, plats en sauce – tout ce qu'il faut pour bien grossir. Je devais toujours finir mon assiette, et me resservir une deuxième, puis une troisième fois… sans oublier le dessert. Rien d'étonnant à ce que je sois grosse. » Une autre me disait : « Nous sommes une famille de gros. Qu'est-ce que je peux y faire ? Tout le monde mange trop chez moi. »

Les personnes qui ne rendent pas les habitudes alimentaires de leur famille responsables de leur surpoids m'expliquent parfois qu'elles ont grossi parce qu'elles étaient si critiquées sur leur apparence physique dans leur enfance qu'elles ne pouvaient pas la gérer autrement. Elles sont devenues durablement grosses parce qu'elles se sentaient obligées d'échapper aux regards désapprobateurs ou parce qu'elles ont été tellement critiquées après avoir pris quelques kilos qu'elles sont tombées dans la paralysie de l'inaction.

Bien sûr, les habitudes alimentaires de votre famille ont influencé votre courbe de poids. Si vous étiez une grosse petite fille ou si, dès votre plus jeune âge, on vous a fait prendre de mauvaises habitudes alimentaires, vous pouvez avoir plus de mal que les autres à perdre du poids. Mais le passé est passé. Si vous faites porter toute la responsabilité aux personnes qui vous ont élevée, vous restez embourbée dans votre passé, aussi impuissante que vous l'étiez alors.

Vous pouvez ne pas blâmer votre famille d'origine, mais votre époux, votre partenaire actuel ou votre colocataire. Cela revient au même. Ils vous tentent, c'est de leur faute ! Naturellement…

Si vous voulez avancer, vous devez vous débarrasser de votre rôle de victime, même s'il vous habille aussi confortablement qu'un vieux jogging. Au lieu de vous complaire dans les reproches et les regrets, pourquoi ne pas vous concentrer sur ce que vous pouvez faire pour vous-même aujourd'hui ?

J'ai une patiente qui suppliait ses parents de lui faire faire du piano depuis l'âge de trois ans. Ses parents lui répondaient toujours qu'ils refusaient de lui acheter un piano parce qu'elle allait certainement s'en lasser très vite et l'abandonner. Une fois adulte, elle n'a cessé de s'en vouloir de ne pas savoir jouer du piano. Quand elle est en colère, elle se passe un concerto et mange du chocolat. Certes, elle ne jouerait probablement jamais aussi bien que si elle avait commencé à apprendre le piano à trois ans, mais son ressentiment à l'égard de ses parents ne l'aide en rien – au contraire, il ne fait qu'entretenir sa colère.

Je connais l'histoire d'Emmanuel, un jeune homme originaire du Ghana né avec une seule jambe dans une famille pauvre et dans un pays où les handicapés comme lui étaient mis à l'écart. Son père avait tellement honte de lui qu'il a quitté femme et enfants après sa naissance. Puis sa mère est morte lorsqu'il avait treize ans, ce qui l'a obligé à arrêter l'école pour nourrir ses frères et sœurs en cirant des chaussures pour deux dollars par jour.

Au lieu de sombrer dans les reproches, le désespoir et la colère, Emmanuel a toujours cru à son rêve : un jour, il parcourrait son pays à bicyclette pour montrer que les handicapés pouvaient dépasser leur handicap et faire des choses étonnantes. Il a réussi à contacter un organisme de financement aux États-Unis, à obtenir un vélo, à parcourir près de mille kilomètres en utilisant son unique jambe et à travailler pour améliorer le sort des handicapés de son pays. Aujourd'hui, Emmanuel est un héros national qui a rencontré le secrétaire général des Nations unies, remporté de nombreuses médailles en athlétisme et aidé des milliers de Ghanéens à passer de la mendicité à la réussite professionnelle.

La colère latente enracinée dans votre révolte vous tient le discours suivant : « Tu aurais dû être un meilleur parent et voir que la façon dont tu me considérais m'affecterait, moi et mon poids. Si tu avais été ce parent protecteur que je méritais, je ne serais pas comme je suis maintenant. Il est hors de question que je fasse tout le travail de réparation en prenant le contrôle de mon poids et en te laissant t'en attribuer tout le mérite. »

Comme le montre l'histoire d'Emmanuel, il suffit de réajuster son attitude pour avoir des chances de réussir en étant issu du milieu le plus défavorisé qui puisse exister. Si vous savez que vous reprochez aux autres vos problèmes de poids, demandez-vous si vous ne dépensez pas votre énergie en reproches inutiles au lieu de l'utiliser pour vous créer la vie que vous désirez.

3. Je vais me venger d'eux

Celui qui s'applique à la vengeance garde fraîches ses blessures. – Sir Francis Bacon

Certaines personnes qui n'ont pas reçu tout l'amour qu'elles désiraient durant leur enfance en gardent une terrible colère, même à un âge avancé. Seule l'idée de vengeance peut satisfaire leur Moi rebelle.

L'une de mes patientes, âgée de trente-neuf ans, m'a confié récemment : « Je reste en surpoids pour montrer à ma mère qu'elle a mal agi dès le départ en ne m'inculquant pas de bonnes habitudes alimentaires et en ne m'encourageant pas à développer de l'estime pour moi-même. J'ai fini par devenir trop grosse, comme elle. En gardant mes kilos en trop, je pense que je l'oblige inconsciemment à voir en face sa défaillance à mon égard quand j'étais petite. Je lui prouve que je suis grosse, que j'en souffre et qu'elle aurait dû être là pour moi lorsque je grandissais. »

Si l'histoire de cette patiente vous parle, vous avez une rage contenue contre l'un de vos parents. Votre mère ou votre père était censé vous aimer et vous protéger, vous encourager et vous comprendre. Mais ce n'est pas ce qui s'est passé, et vous ne l'avez pas oublié. Vous avez un compte énorme à régler avec elle ou lui. Même si ce parent se sent coupable aujourd'hui et s'excuse sincèrement auprès de vous, votre colère demeure aussi forte. Même s'il est décédé, vous fulminez toujours contre lui. Le besoin de vous venger ne vous lâche pas d'une semelle.

Diane, l'une de mes patientes, a perdu sa mère il y a cinq ans, mais continue de lui en vouloir à mort. Il y a de nombreuses années, elle avait décidé de la contrarier en prenant du poids. Selon elle, sa mère l'avait privée de tout – elle lui avait toujours préféré sa sœur, elle n'était pas affectueuse avec elle, elle ne s'intéressait qu'à la réussite de ses études, elle s'occupait davantage de ce que les voisins pensaient que des besoins de sa fille et elle la frappait de temps en temps. Diane était devenue trop grosse pour échapper au contrôle de sa mère et, aujourd'hui, elle reste trop grosse par défi.

Il est sans doute important pour elle de désavouer le traitement que sa mère lui a fait subir, mais il y a une grande différence entre, d'une part se révolter contre ce mauvais traitement et fermer la porte à la relation si l'autre ne peut pas se comporter comme il faut et, d'autre part, rester constamment en colère à cause de ce mauvais traitement. Diane ne peut pas atteindre sa défunte mère en gardant son surpoids. La rage qu'elle nourrit à l'intérieur d'elle-même l'empêchera toujours de trouver la sérénité et d'être satisfaite de sa vie.

Cependant, toutes les personnes qui restent trop grosses pour se venger n'ont pas de problèmes familiaux. Certaines veulent se venger de l'homme qui partage leur vie actuellement ou de leur enfant. J'ai une patiente qui veut que son mari arrête de fumer parce qu'elle souffre d'asthme. Il délaisse la cigarette quelque temps, puis recommence à fumer. À chaque fois qu'il se remet à fumer, elle prend dix kilos pour le punir. Quelle valeur accorde-t-elle à sa propre santé ? Son époux peut se le demander.

Vous ne remporterez jamais la bataille en utilisant votre corps pour vous venger. Je vous conseille plutôt de cesser de perpétuer des souffrances passées qui n'ont plus lieu d'être. Et de communiquer avec la personne qui vous met en colère dans votre vie actuelle afin de transformer votre relation et d'y trouver une source de satisfaction.

Ou, si vous découvrez qu'il n'y a pas d'espoir de réconciliation, de partir la tête haute et le corps intact.

Rappelez-vous vos cours d'histoire à l'école : la vengeance appelle la vengeance. Dès qu'une nation ou une tribu se sent lésée, ses générations successives se battent aveuglément pour obtenir réparation. De même, si vous avez des griefs de longue date, vous menez un combat intérieur sans fin, vous sentant la victime d'une terrible injustice ou d'une abominable hypocrisie, et vous interprétez votre propre expérience avec la mentalité d'un enfant de quatre ans. Il est grand temps d'arrêter de faire de votre gros ventre un panneau d'affichage. Les secrets que vous essayez de révéler n'intéressent personne.

4. Je ne suis pas ce corps

Beaucoup d'enfants ont souffert dans leur corps à travers de terribles châtiments corporels ou abus sexuels. Pour fuir la douleur, la honte et les sentiments mélangés qu'ils ressentaient, ils ont opéré un clivage entre leur corps et leur esprit. Peut-être avez-vous vécu la même chose. Si c'est le cas, demandez-vous si vous vivez vraiment à l'intérieur de vous-même. Avez-vous souvent l'impression de flotter, de planer ? Ressentez-vous parfois votre corps comme une entité étrangère, séparée de ce que vous êtes vraiment ? Avez-vous tendance à ignorer ses signaux et ses besoins ? Si c'est le cas, vous avez appris à vous dissocier, vous aussi.

Continuer de prétendre que vous n'avez pas de corps ou que vous n'êtes pas responsable de lui est une illusion qui vous empêche d'être un être unifié, un individu capable de se protéger du mal qu'on peut lui faire. Tout ce qui se passe dans votre corps se passe au vu et au su de votre esprit. Ce n'est pas une autre personne qui se bourre de biscuits à deux heures du matin. C'est vous. Mais il est légitime d'avoir besoin d'aide pour surmonter le traumatisme et réintégrer votre corps dans l'ensemble de votre être. Un psychiatre compétent vous permettra de surmonter vos problèmes, qu'il s'agisse de dépression, d'apathie ou d'autres troubles.

5. La nourriture est la seule chose agréable que j'ai dans la vie, je ne vais donc pas y renoncer

Quand vous dites que la nourriture est votre seul réconfort dans la vie, ce n'est pas vrai. C'est votre Moi rebelle qui parle. Vous dites au monde que vous n'avez pas d'autre solution, que vous n'appréciez pas ce que les autres vous donnent, que la vie est pourrie et que, par conséquent, vous allez vous préoccuper uniquement de vos propres besoins, sans l'aide des autres. Votre attitude empeste la colère rentrée. C'est juste une façon comme une autre de justifier votre décision de vous empiffrer pour vous révolter.

C'est tout simplement faux que vous n'avez pas le choix, que vous n'avez rien d'autre à faire dans la vie, rien d'autre qui puisse vous faire plaisir. Votre vie est riche de possibilités. Il n'est pas si difficile de croire honnêtement que vous avez d'autres raisons de vivre que la promesse d'un estomac plein à craquer.

6. Si je ne peux pas être parfaite, je préfère être trop grosse

Cette idée suggère que la seule position qui soit valable dans la vie est celle du vainqueur. Et si vous ne pouvez pas être le gagnant, alors à quoi bon jouer ? C'est une attitude mentale puérile qui empêche ou réduit à néant toute amélioration, aussi minime soit-elle, de votre poids, de votre silhouette, de votre mobilité et de votre respiration.

Deux erreurs qui nourrissent votre rébellion

Erreur n° 1 : Confondre rébellion et indépendance

À ce stade, vous avez commencé à comprendre comment votre Moi rebelle vous pousse à faire de la nourriture un substitut à l'autonomie et à quel point ce mécanisme est irrationnel. Vos fringales quotidiennes ne vous mèneront jamais à la personne qui vous aimera comme vous vouliez être aimée dans votre enfance, parce que vous êtes maintenant une adulte – et une adulte en surpoids. Elles ne puniront pas la personne qui vous a fait du mal quand vous étiez petite et ne vous en libéreront pas – vous êtes déjà libre, indépendante et adulte. Vous n'avez plus besoin de vous empiffrer de façon irresponsable pour prouver aux autres qu'ils ne peuvent pas vous contrôler. Ils ne peuvent pas vous contrôler.

Bien sûr, quand vous portez la nourriture à votre bouche, vous ne pensez certainement pas « Maman, je fais ce que je veux, tu vois, je mange ce que je veux, quand je veux, je suis libre ! » Non. Vous voyez cette nourriture, elle est appétissante et vous en avez envie. Mais sous la surface de votre conscience, le mécanisme de rébellion est à l'œuvre, vous poussant à manger bêtement contre votre raison, contre votre santé, contre votre régime. Vous mangez comme vous voulez, et personne ne peut vous en empêcher.

La première erreur que vous commettez et qui contribue à maintenir en place votre Moi rebelle est de confondre votre sentiment de défi et de révolte avec une véritable indépendance ou autonomie. Je pense que vous avez vu la différence à l'aide des exemples précédents, mais si j'étais vous, je veillerais à toujours bien faire la différence. Ne vous leurrez pas sur vous-même.

Une fois que vous serez parfaitement consciente de cela, vous pourrez corriger la seconde erreur.

Erreur n° 2 : Confondre « vieille colère » et « colère actuelle »

Une fois que vous reconnaissez que vous n'affirmez pas réellement votre indépendance en mangeant trop, vous pouvez vous demander : « Quelle erreur est-ce que je commets lorsque je me mets en colère et que puis-je y faire ? »

Le problème, c'est que votre vieille colère est ravivée par des événements ou situations de votre vie actuelle. L'erreur que vous commettez est de ne pas être capable de voir la différence, et parce que vous ne pouvez pas voir la différence, votre passé et votre présent se confondent et votre réaction de défi vous apparaît comme la seule solution possible, comme quand vous étiez petite fille. Si vous pouviez cesser d'interpréter les événements actuels de votre vie comme s'il s'agissait d'événements passés, vous pourriez apprendre à réagir de façon adulte à la situation présente et trouver une solution qui vous rendra réellement indépendante.

Quand, petite, vous étiez mal considérée, dépréciée, mal comprise, contrôlée ou l'objet d'un manque de respect de la part des adultes, vous avez ressenti de la colère et l'avez enfouie au fond de votre cerveau. À l'époque, vous n'aviez que deux réactions possibles : soit piquer une colère, soit bouillonner à l'intérieur parce que vous aviez peur de montrer ce que vous ressentiez. Dans les deux cas, si vous n'avez pas résolu votre colère, vous la gardez enfouie dans une partie de votre cerveau, ce qui vous rend hypersensible à tout événement ou situation qui, de près ou de loin, vous rappelle votre enfance. Vous réagissez au quart de tour, et de façon excessive, et vous vous livrez d'emblée à une interprétation erronée de la situation.

Justine, l'une de mes patientes, brûlait de colère parce que sa sœur aînée faisait l'objet de toutes les attentions de la part de sa mère. Dès l'âge de sept ans, elle avait bien appris la leçon. Si elle manifestait la moindre colère à ce sujet, sa mère se montrait encore plus froide et méprisante avec elle et sa sœur remportait une victoire de plus. C'est là qu'elle a commencé à grossir, et aucun médecin n'a pu renverser le cours de cette spirale infernale.

À l'âge adulte, c'est quand elle voyait une collègue à elle – mince, bien dans sa peau et de contact agréable – attirer l'attention de ses supérieurs que son Moi rebelle la poussait le plus à s'empiffrer. Justine a fini par réussir à faire la différence entre ce qui se passait actuellement dans son environnement professionnel et ce qu'elle avait vécu dans son environnement familial. En reconnaissant qu'elle se montrait un peu trop agressive au bureau et qu'elle faisait plutôt fuir ses collègues, elle a commencé à changer de comportement et ses « fringales de colère » ont disparu.

Mal interpréter une situation présente à la lumière d'une situation passée non résolue est un réflexe normal, mais ce n'est pas parce qu'une réaction est normale que nous ne devons pas en prendre pleinement conscience et essayer de trouver une solution avant de nous faire du mal ou de faire du mal aux autres en projetant sur eux une colère qu'ils ne méritent pas. Dans le cas de Justine, on peut dire qu'elle appréciait réellement sa collègue et ne lui voulait aucun mal ; manger avec rage pour se punir elle-même était le seul moyen qu'elle avait trouvé pour gérer sa colère. Une fois qu'elle a fait la distinction entre sa blessure passée et la réalité présente, elle a compris qu'elle n'avait aucune raison d'être en colère actuellement. Personne ne la traitait de façon injuste. Simplement, elle confondait passé et présent.

En s'observant et en modifiant son attitude, elle a pris le chemin de sa véritable indépendance et n'a plus eu besoin de manger par défi.

Imaginez que vous êtes insultée ou mal comprise par un interlocuteur et que vous réagissez très mal en raison d'une vieille colère. C'est là que vous devez considérer la réalité de la situation et partir du principe que toutes les réalités sont complexes et ouvertes à de multiples interprétations. Vous devez être une « détective de la réalité », analyser chaque indice et, seulement après, décider de la réponse que vous allez donner. Vous devez accepter que votre réaction de colère soit un réflexe reposant largement sur une idée fausse, à savoir que la situation que vous avez vécue durant votre enfance et la situation que vous vivez maintenant sont identiques. Un temps de réflexion vous permettra de voir la différence.

Si vous analysez précisément ce qui se passe ici et maintenant, de multiples possibilités s'offrent à vous. Vous pouvez transformer votre colère en énergie positive, pour vous aider à progresser. Vous pouvez résoudre le malentendu. Vous pouvez admettre votre responsabilité. Trouver un compromis. Découvrir que l'insulte qui vous a mise en colère n'était pas intentionnelle ou que c'est vous qui l'avez mal comprise. Ou que cette insulte était réellement motivée par de la jalousie et de la rivalité, auquel cas c'était plutôt un compliment qu'une critique. Ou que ce sont vos propres attentes irréalistes qui sont à l'origine de votre déception, auquel cas vous n'avez personne d'autre que vous à qui vous en prendre.

Votre véritable indépendance passe par un comportement adapté, raisonnable et mature, en accord avec vos propres valeurs. Plus vous garderez une réaction de colère adaptée à la réalité de la situation bien spécifique que vous vivez actuellement, plus vous ressentirez votre puissance et moins vous mangerez par défi.

Vous allez devoir maigrir pour reconnaître vraiment votre pouvoir réel et les exercices de la seconde partie de ce livre vont justement vous aider. Mais avant, je vous encourage à lire le chapitre suivant pour comprendre pourquoi vous n'avez pas encore achevé votre processus d'autonomisation.

À ce stade :

- Vous avez compris que vous avez peur de votre propre colère et que vous mangez pour la contrôler.
- Vous avez compris que quand vous mangez pour faire face à votre colère, c'est vous que vous attaquez et non les autres.
- Vous avez compris que manger pour défier ou punir l'autre vous donne un sentiment de puissance illusoire qui n'a rien à voir avec l'indépendance réelle.
- Vous connaissez les six manières dont vous utilisez la nourriture et votre surpoids pour vous rebeller.
- Vous commencez à comprendre que vous pouvez retrouver votre pouvoir en exprimant votre colère d'une façon adaptée à chaque situation particulière que vous rencontrez dans votre vie d'adulte.
- Vous devez garder à l'esprit que vous avez deux méthodes pour annuler votre constat d'impuissance face à votre colère :
    1. Vous rappeler que la rébellion et l'attitude de défi n'ont rien à voir avec une saine indépendance et une véritable autonomie.
    2. Cesser d'entretenir votre colère en confondant vos vieilles histoires, aussi douloureuses soient-elles, avec ce que vous vivez maintenant.

Chapitre 8

Cinquième strate : votre vide intérieur

Michèle est une femme mariée de quarante-six ans. Elle pèse plus de 95 kg et me dit : « Je ne compte plus le nombre de fois où je mange jusqu'à être douloureusement pleine en me sentant complètement vide à l'intérieur. »

Se sentir vide est une description de soi à la fois psychologique et biologique. La référence biologique est simple à comprendre : mon estomac est vide, il gargouille, j'ai faim et j'ai besoin de manger quelque chose pour le remplir. La référence psychologique commence à l'identique : je me sens vide. Mais j'ai du mal à localiser cette sensation de vide. Je me sens vide de quoi ? Et où ? Nous pouvons en savoir plus en écoutant parler les personnes en deuil : elles décrivent toutes un sentiment de vide juste après la mort d'un proche. Elles disent parfois : « Le monde me semble vide » ou « Je me sens vide à l'intérieur, comme si quelque chose en moi était mort. » Leur relation au défunt, telle qu'elles se la représentent par des images mentales, est réorganisée. La complétude que leur donnait la personne de son vivant laisse place à un vide.

Il y a bien d'autres occasions que le deuil, dans la vie, de se sentir vide. Quand une relation amoureuse ne marche pas, quand la vie tourne mal, quand on est trop seul ou quand on a l'impression de ne pas s'être réalisé.

Le sentiment de vide est la dernière strate du sentiment d'impuissance que nous devons explorer ensemble pour vous libérer de votre « fausse faim ». D'un côté, c'est la plus facile à comprendre par rapport à la faim émotionnelle. Vous vous sentez vide émotionnellement, vous en concluez que vous êtes impuissante, vous mangez et vous vous sentez remplie momentanément. Vous éprouvez une réelle sensation de complétude mais, malheureusement, ce n'est pas la complétude que vous désirez profondément. Il n'y a pas d'explication plus simple de la faim émotionnelle. Mais comme vous le savez maintenant, nous nous intéressons uniquement à l'intervalle de temps qui sépare l'instant où vous éprouvez ce sentiment de vide et celui où vous en concluez que vous ne pouvez rien y faire, et à la façon dont ce sentiment d'impuissance se transforme presque instantanément en désir de nourriture irrépressible.

D'autre part, l'expérience du vide intérieur est intimement liée à notre peur première, celle de l'abandon, d'où son extrême complexité. Le vide lui-même représente une absence, l'absence des personnes qui pourraient nous nourrir et qui ne sont pas là pour remplir cet espace d'amour. Quand nous nous sentons vides, nous nous sentons en manque d'amour. Manger, se remplir de nourriture, est un moyen de se remplir d'amour. Ainsi, quand vous vous sentez vide, vous vous sentez privée d'amour et impuissante à y remédier, alors vous puisez cet amour dans l'acte de manger et la nourriture elle-même. La nourriture est votre objet d'amour par substitution et, quand vous mangez, vous vous réappropriez cet objet d'amour et espérez vous remplir d'amour. Bien sûr, tout cela est illusoire. Comme vous allez le voir avec l'exemple de Sylvie, la nourriture ne lui donnera jamais l'amour qu'elle désire tant.

La quête inutile de l'amour inconditionnel

Sylvie a soixante-huit ans et… de nombreux kilos en trop. Elle me dit : « Chez moi, le sentiment de vide se rattache toujours au sentiment de ne pas être aimée pour ce que je suis. L'amour inconditionnel. Quelque chose que je n'ai jamais vécu. Si je pouvais désapprendre la culpabilité et commencer à m'aimer de façon inconditionnelle, je serais peut-être capable de me défaire de ma dépendance à la nourriture. Petite, la nourriture était ma source de réconfort. »

Le cerveau humain enregistre des expériences et des désirs sous forme d'images et non sous forme de mots. L'image d'une fusion avec l'objet d'amour parfait et inconditionnel qui donne, comprend, accepte, encourage, guide et adore est identique à celle qui pousse tous les êtres humains à tisser et entretenir une relation d'amour et d'intimité avec quelqu'un. Nous poursuivons tous, mais n'atteignons jamais, cet objectif de la source d'amour parfaite. L'amour inconditionnel est une expérience aussi rare que brève propre à la relation parent/enfant.

Quand nos relations adultes ne nous procurent pas ce sentiment d'amour inconditionnel auquel nous aspirons si fort, ce qui est généralement le cas, nous le cherchons ailleurs. Pour certaines personnes, c'est dans l'alcool, pour d'autres dans le sexe et, pour vous, probablement dans la nourriture.

Même si nous pouvons penser avoir droit à cet amour inconditionnel, la réalité ne l'entend pas de cette oreille. Obstinément, nous le réclamons, nous l'attendons et, au bout du compte, nous sommes toujours déçus. Dans ce domaine de notre vie, nous sommes dans le déni de la réalité.

Le sentiment de vide fait partie de toutes les autres strates de notre impuissance

J'ai demandé à des centaines de patientes en lutte permanente avec leur poids de me dire ce que signifiait pour elles se sentir vides et poussées à manger trop. Elles ont toutes commencé par me dire que leur sentiment de vide intérieur déclenchait leur désir incontrôlable de manger mais aussi que la nourriture ne le comblait pas très longtemps. Quelles que soient les quantités ingérées, la sensation de vide demeurait. Toutes décrivaient une expérience similaire au tonneau des Danaïdes.

« Je mange quand mon mari est en déplacement » ou « Je n'arrête pas de manger, et pourtant je me sens toujours aussi vide » ou « Pendant que je mâche, je n'ai pas à entendre le silence. »

Comment remplir tout ce vide ?

Le vide est une émotion humaine normale, perturbante mais normale. Des passions, des centres d'intérêt, des distractions peuvent combler le sentiment de vide que nous sommes tous amenés à ressentir. Il existe bien d'autres moyens que de manger pour combler ce vide. Vous allez voir comment l'expérience du vide s'intègre à l'une des quatre autres strates que nous avons décrites jusque-là.

Le sentiment de vide et les doutes sur soi-même

Thérèse a toujours eu des problèmes de poids. À cinquante-trois ans, elle a repris des études après que ses enfants eurent quitté le nid familial. Lorsque je lui ai demandé : « Est-ce que quelque chose vous manque ? », elle m'a répondu : « Oui. L'amour. L'amour de moi-même. Accepter. M'accepter. La tolérance. Faire preuve de tolérance envers moi-même. Le pardon. Me pardonner. Le respect. Le respect de moi-même. Comme l'était ma mère avec moi, je suis critique et exigeante vis-à-vis de moi-même, je ne me sens jamais assez bien, jamais assez digne d'estime. » Vous constatez que son vide intérieur provient de ses doutes sur elle-même. Pour les surmonter, elle devra réaliser les exercices portant sur cette strate dans la seconde partie.

Le sentiment de vide et les frustrations

Les deux personnes suivantes décrivent comment le sentiment de vide peut être lié à la strate des frustrations.

Georges est un homme de quarante-six ans sur le point d'être opéré du genou. Il pèse 170 kg. Il me confie : « Je pense que mon sentiment de vide se résume à deux mots – «et si ?» Et si j'étais allé à l'université, et si je m'étais engagé dans l'armée, et si j'avais appris à nager. J'ai passé toute ma vie avec la peur de vivre. J'ai passé beaucoup de temps à me demander pourquoi et à vouloir changer les choses, mais j'avais trop peur d'essayer. La transe alimentaire est pour moi le seul moment où je peux oublier le «et si ?» et ne penser à rien d'autre qu'à manger. C'est une drogue pour moi. »

Patricia, trente-six ans, est mère de quatre enfants. Elle pèse 95 kg. « Pour moi, le vide est lié à mon sentiment de ne pas m'être réalisée dans la vie. J'ai un quotient intellectuel très élevé, mais je ne termine jamais ce que j'entreprends. Avec la nourriture, je cherche une satisfaction. Je termine toujours mes paquets de bretzels, en tout cas. »

Ces deux patients devront effectuer les exercices de la seconde partie pour déterminer ce qui pourrait vraiment leur donner un sentiment d'accomplissement dans leur vie.

Le sentiment de vide et la sécurité intérieure

Adeline, cinquante-cinq ans, pèse 80 kg. Elle m'avoue : « J'ai l'impression de ne jamais être assez ceci, assez cela. J'ai été élevée par une mère extrêmement violente. Ce ne sont pas les violences physiques dont je me souviens, mais les violences verbales/émotionnelles. Je suis diplômée, j'ai élevé deux enfants merveilleux, je suis mariée au même homme depuis trente ans, j'ai un poste de cadre supérieur depuis dix-huit ans et, pourtant, j'ai toujours le sentiment d'être en train d'essayer de me cacher de ma mère. Je me sens tout le temps vide, comme si j'attendais que la vie commence. »

Adeline va devoir travailler sur elle pour réaliser que son surpoids ne peut pas la protéger de ce qu'elle a vécu durant son enfance. Elle a besoin de se créer une vraie sécurité intérieure pour permettre à sa vie de démarrer.

Le sentiment de vide et la rébellion

Amélie, cinquante et un ans, a passé sa vie à faire des régimes. Elle me confie : « J'étais petite quand mes parents ont décidé de quitter la ville pour la banlieue. J'ai laissé les ami(e)s, mon école, ma maison et, surtout, mes grands-parents que j'allais voir tous les jours. Nous avons déménagé très loin de tout – notre voisin le plus proche habitait à 400 mètres de chez nous, rien à voir avec la proximité que j'avais toujours connue. À cause de la neige, nous restions parfois des jours entiers confinés à la maison. Mes parents ne s'entendaient pas. Ma mère semblait avoir démissionné – elle sommeillait toute la journée et ne s'occupait guère de ma sœur (4 ans) et moi (6 ans). Alors les deux petites filles que nous étions n'arrêtaient pas de manger. Ce que nous voulions, autant que nous voulions. À l'époque, mon père était policier et prenait soin de nous quand il était à la maison – peu souvent, à vrai dire. Nous étions donc livrées à nous-mêmes. Nous mangions par ennui, par solitude, du simple fait que personne ne nous surveillait, pour prouver que nous pouvions vivre ainsi, pour combler le grand vide laissé par l'absence de nos ami(e)s et de nos chers grands-parents. C'est là que la nourriture a commencé à devenir un problème. »

Enfant, Amélie utilisait la nourriture pour affirmer son indépendance et combler le vide intérieur qu'elle ressentait. Elle n'a pas cessé depuis. Mais en travaillant sur la strate de rébellion de son sentiment d'impuissance, elle a pu combler son vide autrement que par la nourriture.

Un vide mystérieux

Sous toutes ces formes de vide se cache un vide intérieur particulièrement mystérieux lié à des expériences de vie si lointaines que vous n'en avez aucun souvenir. Le cas de Serge en est un parfait exemple.

Serge a cinquante-huit ans et pèse vingt kilos de trop. Il me dit : « Je me sens souvent vide. Je suis capable de reconnaître ce sentiment en moi depuis de nombreuses années, même lorsque j'étais tout petit garçon. C'est souvent très physique. J'ai l'impression qu'il manque quelque chose en moi. De l'extérieur, il semblerait que j'ai ce dont j'ai besoin. Je suis marié à une très belle femme, j'ai un fils magnifique, un bon boulot… mais ce n'est jamais assez. Je suis malheureux, je déteste mon travail, je me sens mal aimé, je me sens seul. Très seul. Je peux me sentir seul dans une pièce bondée. Je peux me sentir seul dans mon salon, entouré de ma famille. J'espère savoir un jour ce qui m'a manqué aussi terriblement, mais pour le moment, je n'en ai pas la moindre idée. »

Serge n'avait rien à affronter de particulier, rien à prendre en charge, selon lui. Il ressentait juste constamment ce vide inexplicable à l'intérieur de lui. Il attendait quelque chose qui n'est jamais arrivé.

Le sentiment d'impuissance que vous éprouvez quand vous vous voyez comme quelqu'un de vide, à qui il manque quelque chose d'important à l'intérieur, signifie que vous croyez avoir un trou dans votre psyché. C'est une vieille image de panique infantile qui ne représente pas la réalité de ce que vous êtes.

Les attentes insatisfaites

En devenant adulte, vous devez accepter que vos attentes soient souvent déçues ou satisfaites avec retard. Ça fait mal, mais c'est supportable. Les enfants s'attendent toujours à voir leurs besoins satisfaits, et vite, sinon ils commencent à imaginer le pire. Un nouveau-né qui perçoit sa faim ou sa solitude non satisfaites se met à hurler parce que sa survie en dépend. C'est pour lui une première expérience de la panique fondée sur un scénario catastrophe. Le nouveau-né a l'impression qu'il ne sera plus jamais nourri ou entouré de soins, ce qui provoque sa réaction de panique.

Ma patiente Danielle nous permet de mieux comprendre ce phénomène : « Je pense vraiment qu'une grande partie de ma suralimentation compulsive remonte à la petite enfance. Bébé, j'avais beaucoup d'allergies et quand on me nourrissait, je vomissais aussitôt. Il a fallu longtemps pour trouver la bonne formule. Ma mère jugeait qu'il était plus sage de ne pas nourrir un bébé qui venait de vomir, alors elle ne me donnait rien au cours des quatre heures qui suivaient. Et le cycle se répétait. Finalement, ma mère a repris son travail et la personne qui l'a remplacée à la maison lui a dit qu'il ne fallait pas répéter le cycle infernal « je crève de faim, elle me gave, je vomis et donc je crève de plus en plus de faim ». Je pense souvent que j'ai un besoin psychologique profondément enraciné de continuer de manger même quand je n'ai plus faim parce que j'ignore quand je vais pouvoir remanger. Je sais que c'est complètement irrationnel. Je suis adulte et je peux gérer mes ressources alimentaires. Mais c'est comme si je devais disposer de cette nourriture, sinon, je deviens folle. Évidemment, quand la nourriture est là, à portée de main, je la dévore. Comment puis-je surmonter ce besoin émotionnel ? »

Ce que Danielle vit n'est pas irrationnel, mais biologique. Sa mémoire sensorielle latente (localisée dans ses cellules neuronales) de l'expérience de la panique, fondée sur un scénario catastrophe d'absence (abandon), est activée. Si elle veut surmonter cela, elle va devoir se prouver à elle-même qu'elle ne va pas devenir folle comme le prévoit son schéma d'attente. Devenir folle est un scénario catastrophe. Ce que le cerveau de Danielle se représente, c'est que si elle n'a pas de nourriture sous la main, cette absence va la rendre folle. Cette image est totalement contraire à la réalité. Elle n'est que le souvenir d'une attente insatisfaite. Le trou béant dans sa psyché. Manifestement, on lui a raconté ce qu'elle avait vécu durant ses premières années, ce qui l'aide à expliquer ce qu'elle ressent actuellement, mais même si elle ignorait son histoire, nous pourrions déduire de son comportement actuel que son attente et sa peur de l'abandon excessives n'ont pas évolué au fil des années et sont à l'origine de sa faim permanente.

Une attente au-delà de la nourriture

Tout le monde n'a pas souffert d'une allergie à la nourriture dans son enfance, mais tout le monde a été nourri bébé et en a une expérience personnelle. Et tout le monde continue de recevoir de ses parents des formes d'amour différentes de la nourriture tout au long de sa vie. Selon la manière dont cette relation s'est formée et transformée au fil des années, vous serez marquée par un certain type d'attente à l'égard de l'amour et de tout ce qui « nourrit » qui organisera votre mode de relation aux autres, notamment à vos proches. L'expérience que je vais vous décrire est commune à la quasi-totalité de mes patients, mais peut ne pas correspondre exactement à ce que vous avez vécu.

Quand vous ressentez un vide intérieur dans votre vie quotidienne, ce sentiment devient une menace pour la personne qui incarne maintenant l'amour que vos parents vous ont donné ou non. Pourquoi ? Parce que vous êtes à la recherche de l'amour inconditionnel et avez toutes les chances d'être frustrée. Plus précisément, la menace qui existe à l'intérieur de vous quand vous êtes « vide » est fondée sur le scénario catastrophe que personne ne va être là pour vous et satisfaire votre attente. Vous allez être aussi impuissante qu'un nouveau-né, et ce sentiment est insupportable. Dès que vous vous sentez vide, vous êtes envahie par l'idée que personne ne s'intéresse à vous et ne s'occupe de vous. Vous ne pouvez compter sur personne pour vous apaiser ou vous nourrir, et vous ne pouvez pas vous apaiser ou vous nourrir vous-même. Vous êtes seule dans un espace étranger, vide et froid, sans pouvoir vous raccrocher à rien.

Cependant, ce n'est pas ce qui s'est passé dans votre enfance qui maintient votre sentiment de vide aussi vivace, mais ce qui continue de se passer suite à votre conclusion, à savoir que vous ne pouvez compter sur personne et que, par conséquent, vous ne pouvez laisser personne vous remplir vraiment de la chaleur d'une relation humaine. Vous entretenez votre sentiment de vide de la façon suivante.

Quand votre peur de l'abandon est activée, vous avez tellement peur du rejet et de la déception que vous faites marche arrière dès que vous sentez que vous développez avec quelqu'un une relation de confiance et d'affection profondes. Vous commencez à être remplie de quelque chose, vous prenez peur et vous vous videz de ce que vous recevez. Votre crainte d'être abandonnée est si grande que même si quelqu'un vous aime et vous nourrit sincèrement, vous percevez ce qu'il vous offre comme quelque chose de peu fiable, d'éphémère, de terriblement dangereux, de non durable et de l'ordre de la manipulation. Vous vous figez, vous vous fermez, vous faites le vide à l'intérieur pour vous protéger.

La voie de la véritable satisfaction par l'acceptation de l'amour qui vous est offert étant obstruée par vos peurs et votre méfiance, vous vous tournez vers la nourriture. Votre scénario catastrophe s'est réalisé, personne n'est là pour vous puisque vous n'avez laissé personne être là pour vous, vous êtes impuissante à obtenir l'amour que vous souhaitez et vous avez absolument besoin de manger.

En vous remplissant l'estomac, vous supprimez la peur de l'abandon que représente votre sentiment de vide. Vous empêchez l'abandon de se produire. Dans ce cas, la nourriture symbolise l'amour inconditionnel de la mère parfaite. Elle est plus fiable que n'importe quelle mère en chair et en os (ou époux ou amant). Elle est toujours là. Elle ne vous abandonnera jamais, alors que les vraies mères ou les vrais époux peuvent mourir, mener leur propre vie, s'intéresser à d'autres personnes, être égocentriques, ne pas savoir manifester leurs émotions, ne pas être capables de s'occuper d'eux-mêmes, devoir travailler ou ne pas pouvoir vous protéger.

Comment sortir du vide ?

À chaque fois que vous mangez trop en réaction à un sentiment de vide intérieur, vous approuvez tacitement le fait de ne pas être adulte mais d'être restée un nouveau-né livré à sa peur de l'abandon. Ce n'est pas la vérité, mais une version de la vérité que vous gardez vivace de cette manière. Inconsciemment, la peur de l'abandon propre à l'enfance se réduit à l'image presque tangible d'une cavité vide qui ne peut être remplie que par un objet extérieur, comme si nous étions restés des enfants la bouche grande ouverte, attendant notre lait tels les oisillons qu'on voit piailler, le bec béant, dans les documentaires animaliers. Cette expérience originelle de la faim qui nous tenaillait, pauvres petits mammifères quémandant désespérément du lait pour survivre, être rassurés, être aimés, se grave dans notre psyché et nous nous en souvenons comme d'un état de désastre potentiel. Nous redoutons que personne ne soit là pour combler ce vide que nous n'arrivons jamais à combler.

Ce sentiment de vide décrit par toutes les personnes souffrant de suralimentation compulsive est très proche de la terreur de l'abandon. Tant que vous serez persuadée que cette terreur est trop horrible à vivre, la transe alimentaire continuera d'exercer son emprise sur vous. Comment en sortir ? En vous disant que le passé est passé et que vous vivez ici et maintenant.

À ce stade :

- Vous allez devoir réinterpréter votre expérience du vide intérieur pour voir exactement ce qu'elle signifie pour vous et comment vous pouvez la gérer en prenant votre vie en main.
- Vous allez devoir marquer un temps de réflexion et

vous sentir en train d'éprouver ce sentiment de vide. Reconnaître, et non éviter, votre peur de l'abandon et la voir telle qu'elle est, à savoir une image obsolète et un souvenir périmé de ce que vous redoutiez quand vous étiez toute petite.

- Vous allez devoir connaître intimement votre schéma d'attente et votre scénario catastrophe, la peur terrible d'être privée de ce que vous voulez ou déçue.
- Vous allez devoir vous prouver à vous-même que votre schéma d'attente n'est pas la bonne manière de gérer vos relations.
- Vous allez devoir cesser d'alimenter votre sentiment de vide en vous méfiant de ce que vous donnent ceux qui vous aiment.
- Vous allez devoir garder à l'esprit que vous avez deux méthodes pour annuler votre constat d'impuissance face à votre vide intérieur :
  1. Vous rappeler que le vide ressenti ne peut jamais être comblé par la nourriture.
  2. Cesser d'entretenir votre sentiment de vide en confondant votre peur infantile de l'abandon avec votre situation actuelle.

Chapitre 9

Retrouvez votre pouvoir

Quand vous avez commencé à lire ce livre, vous pensiez être simplement là pour étudier votre sentiment d'impuissance face à un désir de nourriture irrépressible. Ce que vous avez découvert, c'est que l'impuissance face au besoin de manger recouvre, en réalité, cinq strates d'impuissance plus profondes. Dans cette deuxième partie, tout votre travail va consister à retrouver la maîtrise de vous-même à ces cinq niveaux. Vous allez devoir :

1. Surmonter vos doutes sur vous-même.
2. Gérer votre frustration et trouver des sources de satisfaction.
3. Créer votre propre sentiment de sécurité.
4. Affronter votre colère sans vous rebeller.
5. Combler votre sentiment de vide intérieur.

Je ne compte plus les patientes qui m'ont prouvé qu'une fois qu'elles sont capables de se prendre en main à ces différents niveaux, elles sont capables de contrôler leur désir de nourriture sans trop d'effort. D'après mes observations et mon expérience, utiliser la nourriture pour gérer les émotions et les situations auxquelles vous êtes confrontée dans la vie vous cause beaucoup plus de tort que le simple fait de vous donner un corps dont vous n'êtes pas satisfaite. Ce mode de comportement maintient votre vie en état de dysfonctionnement permanent. Gérer votre poids et gérer votre vie sont si étroitement imbriqués qu'il ne peut exister de solution miracle. Il n'est jamais facile de gérer sa vie. Et je ne vous dirais pas cela si je n'étais pas convaincu que vous êtes capable de retrouver le contrôle de votre comportement alimentaire et de l'ensemble de votre vie. À condition d'être prête à faire cette démarche, bien sûr.

Petit résumé de ce que vous avez appris jusque-là

Résumons ce que vous savez à ce stade de la façon la plus simple possible.

Si vous êtes dépendante de la nourriture, c'est la manière dont vous avez fait face à la vie jusqu'à présent : il s'est passé quelque chose, vous vous êtes sentie impuissante à gérer l'une des cinq strates dont nous avons parlé et, pour apaiser la souffrance liée à ce sentiment d'impuissance, vous avez mangé et vous l'avez regretté ensuite.

Dans cette seconde partie, vous apprendrez à changer ce schéma et le remplacer par le suivant : il se passe quelque chose, vous vous sentez impuissante à gérer l'une des cinq strates que vous savez désormais identifier, vous sentez monter la panique liée à ce sentiment d'impuissance, mais vous êtes capable de faire une pause pour analyser ce que vous éprouvez. Vous comparez votre réalité intérieure (vos doutes sur vous-même, vos peurs, vos expériences passées) à votre situation actuelle (votre réalité extérieure) et vous réagissez à ce qui se passe dans votre réalité actuelle… pour découvrir que vous n'avez plus ce désir de manger irrépressible.

Tout ce que vous allez apprendre à faire dans cette seconde partie revient à transformer l'expérience insupportable d'un sentiment d'impuissance en expérience gratifiante d'un sentiment de puissance. À chaque fois que vous pourrez gérer votre impuissance sans la court-circuiter par un rush sur la nourriture, vous deviendrez un individu plus mature et plus apte à se réaliser dans la vie. Vous devrez vous le prouver à vous-même, progressivement, jour après jour, jusqu'à modifier la façon dont vous abordez la vie. Cela ne se fera pas du jour au lendemain. N'oubliez pas que cela fait des années que vous renforcez votre impuissance à chaque fois que vous choisissez de manger au lieu de vous confronter à votre vrai problème et d'essayer de le résoudre. Mais toutes les personnes qui ont réussi à perdre durablement du poids et à se défaire de leur obsession de la nourriture ont appris à le faire. Et il faut du temps pour apprendre.

Vous allez devoir arrêter d'alimenter votre sentiment d'impuissance existant en interprétant de façon erronée les événements ou situations de votre vie. Et être très vigilante :

- à chaque fois que vous vous jugez ou sentez que vous êtes jugée ;
- à chaque fois que vous ne savez pas comment gérer votre frustration et pensez que la nourriture est votre seule récompense possible ;
- à chaque fois que vous ne vous sentez pas en sécurité ;
- à chaque fois que vous êtes en colère mais ne savez pas comment gérer cette colère ;
- à chaque fois que vous vous sentez intérieurement vide.

Dès que vous aurez désappris ces interprétations erronées de la réalité qui vous laissent démunie, vous découvrirez d'autres choses à faire que de manger.

Ma méthode pour maigrir

À ce stade de votre lecture, je pense et j'espère que vous êtes face au dilemme suivant : « D'une part, je comprends maintenant comment fonctionne la faim émotionnelle, je me comprends mieux, je comprends mieux ce qui se passe quand je me sens impuissante et j'ai une petite idée de la façon de résoudre mon problème. D'autre part, tout cela me semble terriblement complexe et difficile à faire, et je doute de pouvoir réussir à changer durablement mon comportement. » Si c'est bien ce que vous pensez, rassurez-vous. Je suis là pour vous aider à changer en intégrant progressivement une nouvelle connaissance de vous-même fondée sur de nouvelles expériences. Mon but est de vous accompagner dans un changement naturel en toute conscience, et surtout pas de vous forcer la main. Comme le disait l'une de mes patientes : « À la cinquième semaine du programme, j'ai été époustouflée de voir à quel point je connaissais mieux mon fonctionnement et ses raisons, et avec quelle facilité je gérais mon comportement alimentaire. »

Je souhaite que votre conscience reste active pour donner à votre inconscient ce dont il a besoin pour faire ce travail d'intégration. À ce stade, vous en savez beaucoup sur la faim émotionnelle – sa nature, comment elle commence et ce qui l'entretient. Mais ce que vous ignorez encore, c'est comment la faire cesser. Dans la seconde partie, je vais vous aider à appliquer ce que vous avez appris dans la première partie pour vous en débarrasser définitivement. Vous saurez exactement ce que vous devez faire quand vous vous sentez impuissante face à la nourriture ou démunie dans votre vie.

Détenir les bonnes informations n'est pas forcément suffisant pour faire des choix alimentaires intelligents, même si c'est un bon début. Si vous voulez vraiment changer, notamment transformer vos habitudes alimentaires, vous devez arriver à comprendre parfaitement votre vie et la manière dont vous traitez vos expériences et vos émotions. Les personnes alcooliques parlent souvent de « moments de lucidité ». Ce qu'il faut, c'est que ces moments de lucidité extraordinaire vous aident à réaliser que vous n'êtes pas impuissante face à la nourriture, que vous avez d'autres moyens, plus judicieux, plus faciles et plus sains, d'aborder vos problèmes que de chercher à fuir dans la suralimentation.

Quand je travaille directement avec mes patients, je les aide à se comprendre plus rapidement, et donc à changer plus vite de comportement. Cependant, je dois accepter le fait qu'ils mettent un certain temps à percer leurs mystères. Et le travail, ce sont eux qui le font. Je ne peux pas le faire à leur place. En général, je sais exactement ce dont chacun d'entre eux doit prendre conscience avant de pouvoir se sentir mieux, mais je ne peux pas les obliger à accepter d'emblée mon point de vue. Leur compréhension d'eux-mêmes doit venir de l'intérieur au moment où ils sont prêts. C'est la même chose pour vous.

Dans les chapitres qui suivent, vous trouverez des exercices destinés à vous faire prendre conscience de choses très importantes vous concernant, mais c'est à vous de faire ces exercices et de vous observer. Chaque exercice va vous confronter à de nouvelles expériences qui vous apporteront un nouveau regard sur vous-même. Chacun des chapitres suivants correspond, en fait, à une séance thérapeutique. Je vous considère comme une patiente qui va réaliser une série d'exercices et lire des histoires (des cas concrets tirés de ma pratique) qui l'aideront à comprendre l'importance de ces exercices.

Cette « révélation » progressive à vous-même suit le

déroulement d'une thérapie. Au cours d'une thérapie classique, nous pouvons aborder des problèmes plus profonds à chaque nouvelle séance, tout simplement parce qu'à chaque nouvelle séance nous en savons plus qu'à la séance précédente. Un souvenir en déclenche un autre, une pensée en amène une autre, une émotion en provoque une autre, et le tissu des pensées et des sentiments qui constituent la conscience prend vie d'une nouvelle manière. J'ai essayé de reproduire cela dans chacun des chapitres successifs pour vous permettre d'avoir, à chaque « séance », un nouvel éclairage sur vous-même et de vivre une série de transformations intérieures qui transformeront la façon de gérer votre poids et votre vie.

Commençons par une petite anecdote pour vous mettre dans le bain du travail qui va suivre. Blandine, l'une de mes patientes, me disait qu'elle se sentait face à une bataille perdue d'avance à chaque fois qu'elle se mettait à table pour manger – gâteau au chocolat contre carottes Vichy, calories contre volonté. Elle calculait que si elle atteignait l'espérance de vie moyenne des femmes, cela l'obligerait à répéter de bons choix alimentaires quelque 80 000 fois ! Soit 80 000 batailles à livrer – une perspective affreuse, certes, mais une perspective à laquelle la plupart des individus en surpoids ne peuvent échapper. Blandine avait déjà essayé plusieurs régimes sans succès. Elle n'avait aucune idée de la manière dont elle pouvait se réconforter sans recourir à la nourriture. Je suppose que, comme elle, vous voulez éviter à tout prix d'avoir à livrer 80 000 batailles jusqu'à votre dernier souffle !

Les séances suivantes vous aideront à découvrir cette partie mature et puissante de vous-même qui vous permettra de gagner la guerre du poids.

Chapitre 10

Séance n° 1 : Prenez un nouveau départ

On dit souvent que la motivation ne dure pas. La propreté non plus. C'est pourquoi il est recommandé de se laver tous les jours. – Zig Ziglar, conférencier

Au cours de cette séance :

- Vous allez vous définir comme une mangeuse émotionnelle.
- Vous allez examiner les différences entre la faim émotionnelle et la faim biologique.
- Vous allez devoir vous rappeler qu'entre le moment où vous vous sentez impuissante et le moment où vous êtes prise d'un besoin de manger incontrôlable, vous prenez une décision sur laquelle vous pouvez revenir. Vous allez vous autoriser un temps de réflexion qui vous permettra de voir que vous avez le choix.
- Vous allez devoir vous débarrasser de votre déni de la réalité pour effectuer un travail d'apprentissage qui vous libérera de votre dépendance à la nourriture en vous encourageant à étudier vos « mauvaises » motivations pour perdre du poids et vos stratégies d'échec.

À présent, à vous de décider si vous êtes vraiment prête à faire les efforts nécessaires pour maîtriser votre suralimentation compulsive ou si vous envisagez seulement de réfléchir au problème. Il est facile de vous faire des illusions dans ce domaine. Si vous avez ce livre en main pour vous décider à agir, je peux vous aider. Si c'est juste pour avoir un éclairage sur le sujet, je peux seulement vous aider à « réfléchir sur votre réflexion sur le sujet » et, soit vous vous déciderez pour de bon, soit vous jugerez que vous n'êtes pas prête.

Vous savez maintenant que les problèmes de poids sont des problèmes émotionnels. Mais les résistances sont courantes lorsqu'il s'agit de perdre du poids, et vous en avez sans doute. Certaines personnes se mettent dans tous leurs états en abordant le sujet et leur agitation les empêche de tenir ou d'entendre un raisonnement logique. Elles ont l'impression que personne ne comprend ce que cela leur coûte d'essayer de maigrir et le désespoir qu'elles éprouvent d'en être incapables. Si vous êtes comme elles, vous avez probablement des résistances aux idées que j'ai soulevées jusqu'ici. C'est pourquoi, avant d'aller plus loin, je voudrais que vous soyez sûre à 100 % de ne pas avoir de pensées ambiguës, de résistances intérieures ou une certaine forme d'aveuglement sur vous-même à la simple évocation d'une perte de poids ou d'un changement de vie. Si ce n'est pas le cas, vous pouvez passer à la séance suivante. Si c'est le cas, lisez ce qui suit.

Il existe un principe de psychothérapie que j'aimerais appliquer ici. Mes patientes ont toujours des idées ambivalentes au départ. Elles veulent se débarrasser de leurs problèmes et savent qu'elles vont devoir opérer certains changements, mais elles ont peur de le faire parce qu'il est extrêmement difficile de modifier des habitudes prises depuis si longtemps.

Nous, thérapeutes, en sommes parfaitement conscients, et c'est pourquoi les pensées ambiguës de nos patients ne nous surprennent pas. Nous les anticipons même. Nous savons fort bien que même si vous voulez changer, vous allez résister au changement.

Vos résistances décodées

L'hostilité à mon égard de certaines participantes à mes premières réunions sur la faim émotionnelle ne m'a pas étonné le moins du monde. La plupart semblaient approuver mes propos et se montraient désireuses de découvrir ce qu'elles pouvaient faire pour guérir de leur dépendance à la nourriture, mais quelques-unes pensaient que je les accusais de quelque chose. (Bien sûr, j'aurais dû être plus habile et me rappeler le principe de résistance dont je parle ici, mais je ne l'ai pas été à l'époque.)

Dans l'assistance, une femme expliquait que, depuis l'école primaire, elle avait toujours été accusée d'avoir fait le choix d'être grosse, sans volonté et têtue. Personne ne comprenait son terrible conflit intérieur et elle en avait par-dessus la tête qu'on lui fasse la morale et qu'on la pousse à changer. Elle avait mal compris mon message, le prenant pour une énième accusation, jusqu'à ce que je lui assure que j'étais d'accord avec elle pour reconnaître que le manque de volonté n'était pas le coupable. Ce qui n'a pas empêché d'autres participantes de s'opposer violemment à mon approche psychologique et de croire que je les accusais d'avoir un grave défaut. J'ai rapidement réalisé que j'avais pénétré dans un champ miné par la colère, le désespoir et la souffrance. Ces femmes se sentaient victimes d'un mythe perpétué par l'industrie des régimes, à savoir que si les gens restent gros, c'est parce qu'ils manquent d'autodiscipline.

Beaucoup de personnes en surpoids font de l'exercice, n'en déplaise à certains, et manifestent autant d'autodiscipline que n'importe qui dans leur vie professionnelle et privée. Il n'est pas question ici de caractère, mais de conflit non résolu. Je n'ai pas seulement remarqué l'indignation, bien compréhensible, de cette femme qui avait pris la parole, mais autre chose, quelque chose qui pouvait saboter tout effort sincère pour perdre du poids – le déni. Les personnes qui m'écoutaient avaient subi une telle incompréhension, une telle souffrance et un tel dénigrement à propos de leur poids qu'elles ne pouvaient plus voir la réalité en face. Elles avaient claqué la porte sur elles et refusaient de considérer que leur problème de poids avait quelque chose à voir avec leur vie, préférant y voir une autre raison, n'importe laquelle. Elles ne voulaient plus explorer les endroits trop douloureux de leur psyché.

Si vous vous reconnaissez dans cette femme, je vous en prie, ne croyez pas que ma méthode prétend que vous êtes malade. Au contraire, elle dit que vous avez un terrible conflit intérieur parce que, pour telle ou telle raison, la nourriture a pris racine dans votre esprit sous la forme d'un mécanisme de contrôle de vos humeurs et vous ne vous êtes pas encore prouvé à vous-même que vous pouvez réguler votre vie sans l'aide de ce mécanisme. C'est la raison profonde pour laquelle vous redoutez d'entreprendre l'exploration de vous-même dont vous avez besoin pour réussir à maigrir. Vous vous êtes « préjugée » et vous en avez déduit que vous ne sortiriez pas indemne sur le plan émotionnel si vous cessiez d'utiliser la nourriture comme tranquillisant. Vous avez tort, mais vous ne pourrez pas croire ce que je vous dis tant que vous n'aurez pas terminé mon livre et découvert par vous-même que vous en êtes capable. Je suis là pour vous guider dans votre bataille contre vous-même, pour vous aider à explorer ce conflit douloureux qui est en vous, pour vous aider à trouver un moyen sain de résoudre votre malaise intérieur. Je comprends que vous soyez terrorisée à l'idée d'aller creuser sous la surface, très profondément, mais il est préférable d'avoir un peu peur du voyage que de lui fermer la porte. Je vous promets que nous allons progresser lentement et prudemment à travers les exercices que je vous propose. Je vous demande simplement d'essayer.

Commençons par le plus gros obstacle contre lequel butent la plupart des personnes qui suivent un régime – l'idée selon laquelle la volonté seule devrait suffire à remporter la victoire contre ces fichus kilos. Bien sûr que vous avez de la volonté – vous n'auriez jamais tenté un régime si vous n'en aviez pas et vous ne pourriez pas fonctionner dans la vie sans elle, mais la volonté seule ne suffit pas. Pourquoi ? Parce que vos adversaires sont plus forts que votre volonté.

Vous savez que vous avez de la volonté, mais vous pensez sans doute que vous n'en avez pas assez. C'est une autoaccusation courante. « Il me manque quelque chose, je ne peux donc pas être vraiment responsable de mon échec. C'est plus fort que moi, je n'y peux rien. » On en revient toujours au sentiment d'impuissance.

Mes patientes me disent parfois qu'elles ont l'impression d'être contrôlées par un personnage intérieur qui sort toujours vainqueur – un autre démoniaque, en quelque sorte. Elles entendent une voix intérieure qui les pousse, par exemple, à sortir à deux heures du matin et à se diriger tout droit vers l'épicerie du coin, ouverte vingt-quatre heures sur vingt-quatre, pour faire provision de chocolat et de biscuits. C'est un comportement très fréquent. Les personnes dépendantes de la nourriture à cause de leur faim émotionnelle se sentent impuissantes, veulent maigrir et savent qu'elles en ont besoin, mais ne le peuvent tout simplement pas, ou pas durablement, parce qu'une autre personne en elles prend le pouvoir et ruine toutes leurs bonnes intentions.

Contrairement à ce qu'elles peuvent ressentir, elles n'ont pas de démon en elles. Comment est-ce que je le sais ? Parce qu'en suivant mon programme pour maigrir, elles déconstruisent ce « démon » et il disparaît. Mais si vous croyez dur comme fer dans votre démon et votre impuissance, vous n'aurez jamais la possibilité de tester la véracité de mes propos, de voir si ce que je dis marche pour vous, parce que votre manque d'enthousiasme et de conviction fera obstacle à votre réussite.

Alors rappelez-vous la prochaine fois que vous éprouvez ce besoin irrépressible : observez ce démon puissant qui vous pousse à manger en train de l'emporter sur votre discernement. Et si vous ne réussissez pas à le saisir à temps pour lui ôter son masque avant de succomber, essayez au moins de l'identifier après coup. Marquer un temps d'arrêt pour réfléchir un instant avant de porter la nourriture à votre bouche est un premier pas… de géant. Durant cette pause, vous serez peut-être capable de laisser vos sentiments ou vos émotions vous dire ce qu'ils désirent vraiment et de résister à l'appel de la nourriture, ou du moins en mesure de choisir un aliment plus sain.

Êtes-vous une mangeuse émotionnelle ? Confirmons le diagnostic

Dans la première partie, nous avons défini ce qu'est la faim émotionnelle et, globalement, vous avez vu comment elle fonctionne dans votre vie. Cependant, il est très facile de faire marche arrière et de vous mettre à nier votre dépendance à la nourriture. Heureusement, vos symptômes vont nous permettre de confirmer – ou d'infirmer – ce diagnostic.

Test : souffrez-vous d'une faim émotionnelle ?

Tout diagnostic commence par une observation des symptômes. Si vous avez le nez qui coule, les yeux qui piquent et si vous éternuez sans arrêt, vous en concluez que vous avez un rhume parce que vous avez tous les symptômes du rhume. Nous allons procéder à l'identique pour la faim émotionnelle.

Vous trouverez ci-dessous une liste de questions qui couvrent les symptômes les plus fréquents de la faim émotionnelle. Si vous répondez oui à la plupart d'entre elles, vous avez les symptômes d'une dépendance à la nourriture.

1. Remarquez-vous parfois que votre faim survient brusquement ?
2. Quand vous avez faim, ressentez-vous parfois un besoin presque désespéré de manger quelque chose sur-le-champ ?
3. Quand vous mangez ou grignotez, avez-vous tendance à ne pas prêter attention au goût des aliments ou aux quantités que vous avalez ?
4. Quand vous avez faim, sentez-vous parfois que vous avez besoin d'un certain type d'aliment ?
5. Est-ce qu'il vous arrive de vous sentir coupable après avoir mangé ?
6. 6. Ressentez-vous un besoin irrépressible de manger sous le coup d'une émotion ?
7. Mangez-vous pour combler un sentiment de vide intérieur ?
8. Mangez-vous très vite de grandes quantités de nourriture, comme si vous vouliez étouffer quelque chose en vous ?

9. Avez-vous déjà essayé de perdre du poids, mais en vain, votre besoin de manger incontrôlable ruinant tous vos efforts ?
10. Vous arrive-t-il de vous sentir impuissante face à votre désir de manger des saloperies ou impuissante à contrôler les quantités que vous avalez, même si ce sont des aliments sains ?

Si vous avez répondu oui à au moins trois de ces questions, vous avez les symptômes de la faim émotionnelle et pouvez être considérée comme dépendante de la nourriture. Toutefois, gardez à l'esprit que ces symptômes ne sont pas le problème lui-même, mais les indicateurs d'un problème. Si vous admettez que vous êtes dépendante de la nourriture, lisez la suite.

Dix bonnes habitudes alimentaires à adopter

Même à ce stade, vous pensez peut-être : « J'ai les symptômes, et alors ? Je peux essayer de contrôler mon poids par une autre approche. »

Si vous ne pensiez pas devoir faire quelque chose pour lutter contre votre faim émotionnelle, vous ne seriez même pas en train de lire ce livre. Cet argument est donc au moins partiellement faux dès le début. Mais il est faux également pour une autre raison. Parce que vous souffrez d'une faim émotionnelle, vous ne pouvez pas manger de façon rationnelle et, par conséquent, vous êtes incapable de contrôler votre poids. Aucune autre méthode ne marchera.

Vous trouverez ci-dessous une liste des dix bonnes habitudes alimentaires à adopter. Chacune est suivie d'une affirmation commençant par « je ». Si vous êtes capable de prononcer cette affirmation à voix haute en ayant l'impression de dire la vérité, vous savez que cette habitude n'est pas un problème pour vous. Si vous avez l'impression de mentir, notez cette affirmation dans votre cahier pour ne pas oublier de travailler dessus ultérieurement.

Habitude n° 1 : Écoutez votre corps

J'arrête de manger quand j'ai le ventre plein et je ne mange que quand j'ai faim.

Habitude n° 2 : Gérez votre faim

Je me nourris correctement tout au long de la journée pour ne pas risquer de « déraper ».

Habitude n° 3 : Reprenez-vous

Si j'ai fait un écart, je n'en profite pas pour manger tout ce que j'ai sous la main.

Habitude n° 4 : Gardez votre poids à l'esprit

Je garde mon poids à l'esprit quand je fais des choix alimentaires.

Habitude n° 5 : Évitez les cochonneries

J'évite autant que possible de manger des aliments gras, sucrés, mauvais pour la santé.

Habitude n° 6 : Je fais suffisamment d'exercice

Je fais suffisamment d'exercice pour rester en forme.

Habitude n° 7 : Contrôlez vos rations

Je sais comment contrôler mes rations alimentaires.

Habitude n° 8 : Contrôlez vos fringales

Je sais quand je suis au bord d'une fringale et je peux me contrôler.

Habitude n° 9 : Savourez ce que vous mangez

Je mange lentement des aliments sains et savoureux pour être en mesure de les apprécier.

Habitude n° 10 : Ayez une alimentation équilibrée

Je veille à avoir une alimentation saine et équilibrée pour me sentir bien physiquement et mentalement.

Si vous êtes comme la majorité de mes patientes, vous ne respectez que deux ou trois de ces règles simples. Si vous ne les respectez pas toutes, c'est parce que vous souffrez de faim émotionnelle.

Réfléchissez à la force du désir qui vous pousse à perdre du poids ou à ne plus mettre la nourriture au centre de vos préoccupations. Pensez-vous que ce désir devrait être suffisant pour vous permettre de contrôler vos rations alimentaires ou d'éviter d'avaler des cochonneries ? Il devrait l'être, mais il ne l'est pas. Il n'est pas suffisant parce que vous êtes accro à la nourriture. Essayer de respecter ces habitudes alimentaires, c'est comme essayer d'aller travailler avec 40° de fièvre. Vous avez beau le vouloir vraiment, même si vous franchissez le seuil de votre porte, vous n'irez pas loin.

Et que se passe-t-il si vous ne pouvez pas adopter ces bonnes habitudes ? C'est très simple : vous grossissez, vous n'arrivez pas à maigrir ou vous avez du mal à stabiliser votre poids. La faim émotionnelle engendre l'incapacité à adopter ces bonnes habitudes alimentaires, d'où une prise de poids qui vous pousse à vouloir maigrir et explique que vous soyez en train de lire ce livre.

Alors, quand la partie de vous-même qui veut continuer de trop manger vous dit que vous pouvez vivre heureuse avec les symptômes de la faim émotionnelle, vous pouvez lui répondre que c'est faux.

La liste *Attention ! danger*

Ouvrez votre cahier. Au milieu de la page, listez sous le titre *Bonnes habitudes* les habitudes que vous avez du mal à prendre. En haut de la page, sous le titre *Symptômes*, listez les symptômes de la faim émotionnelle que vous avez identifiés dans le test précédent.

Désormais, nous appellerons cette liste la liste *Attention ! danger*. À chaque fois que vous ressentirez ces symptômes ou aurez du mal à adopter ces habitudes, vous saurez que les émotions gouvernent votre comportement alimentaire. C'est le point de départ. Au lieu de continuer à manger, automatiquement et aveuglément, faites une pause et regardez-vous de l'intérieur, prise en flagrant délit de faim émotionnelle. À quoi pensez-vous et qu'éprouvez-vous face à ce besoin irrésistible ? La liste *Attention ! danger* vous donne l'occasion de vous prouver à vous-même que vous êtes dépendante de la nourriture via une expérience directe et immédiate de cette dépendance, pas seulement parce que vous avez répondu « oui » aux questions d'un livre. Elle est la base sur laquelle nous travaillerons, l'expérience vivante que nous explorerons ensemble, strate par strate, afin que vous arriviez à comprendre ce qui se passe au moment où survient votre besoin de manger.

Comme vous le savez, on peut tout faire, ou presque, à condition d'être très motivé. La détermination a permis à des gens de gravir l'Everest, de traverser la Manche à la nage, de conquérir le cœur de leurs ennemis. Vous avez certainement démarré vos régimes avec une motivation du tonnerre, mais vous l'avez perdue parce qu'elle reposait sur l'espoir d'atteindre quelque chose que la perte de poids ne peut atteindre à elle seule. Je m'explique.

Ma patiente Laurence me parlait du régime qu'elle avait fait et des 45 kilos qu'elle avait perdus plusieurs années avant de venir me voir. Elle me disait qu'elle se motivait en pensant au jour où, après avoir atteint son but, elle s'inscrirait dans une agence de rencontres. Elle envisageait de sortir avec de nombreux types hyper séduisants et espérait en choisir un avec un salaire très élevé.

Même si Laurence était certainement plus séduisante après avoir perdu du poids, rien ne garantissait qu'elle trouve l'amour en étant plus mince. Si vous espérez atteindre un objectif qui ne peut pas être atteint par la seule perte de poids, votre régime ne peut pas réussir. La volonté de Laurence n'a donc fonctionné que jusqu'au moment où la réalité l'a rattrapée – elle n'avait pas trouvé l'amour de sa vie. Un an après avoir perdu ses 45 kilos, elle les a repris, et en a même pris d'autres. Si vous ne souhaitez pas maigrir uniquement pour votre santé et votre bien-être, votre régime a toutes les chances de tomber à l'eau.

Vous ne pouvez conclure aucun marché avec la vie. Vous pouvez établir le contrat, mais la vie ne le signera pas, alors cessez de vous bercer d'illusions. Être honnête avec soi-même est le seul moyen de perdre ses mauvaises habitudes alimentaires.

L'histoire de Laurence montre à quel point les individus peuvent aller droit dans le mur malgré une très forte motivation. Vous ne pouvez pas réussir si vous faites un régime pour plaire aux autres ou atteindre un objectif éphémère, par exemple rentrer dans du 38 à temps pour le mariage de votre sœur. Vous ne pouvez pas vous dire que si vous perdez du poids vos rêves vont se réaliser – par exemple, que vous allez être aimée, être demandée en mariage par un homme riche, devenir célèbre ou je ne sais quoi d'autre. Des motivations de ce type vous font immanquablement replonger dans l'abîme sans fond de la faim émotionnelle parce qu'elles dépendent de variables que vous ne pouvez pas contrôler. Et quand vous vous apercevez que vous n'avez aucune prise sur ces variables, votre volonté s'effondre.

Une nouvelle apparence physique et une nouvelle confiance en vous peuvent contribuer à votre réussite dans la vie, mais espérer vous épargner l'effort de faire face à la réalité vous expose à une cruelle déception – et justifie votre besoin de vous apaiser avec de la nourriture. Vos objectifs doivent être complètement égoïstes (vous devez vouloir perdre du poids pour vous, rien que pour vous) et réalisables pour pouvoir entretenir votre motivation.

Examinons de plus près la façon dont vous pouvez saboter votre régime en vous fixant involontairement des objectifs irréalistes. Supposons que vous mangez pour soulager la souffrance que vous éprouvez face à l'indifférence de votre mari. Vous prenez plaisir à avaler quelques biscuits, histoire d'oublier provisoirement votre cher époux et son attitude à votre égard.

Mais, le lendemain, vous êtes déprimée parce que vous voudriez vraiment maigrir pour plaire à votre mari, pour qu'il recommence à vous courir après dans toute la maison, et vous prenez la décision de vous mettre au régime. Ce soir-là, votre époux vous insulte et vous voulez le contrarier. Vous ne voulez pas faire ce qu'il voudrait que vous fassiez, alors vous perdez votre motivation à vous mettre au régime et vous vous rappelez qu'il vous reste un paquet de cookies dans le placard. Et ainsi de suite. Vous êtes réellement motivée pour maigrir, mais cette motivation dépend de votre mari et vous ne pouvez pas rester déterminée si votre époux déjoue vos attentes.

En vérité, une décision de perdre du poids ne peut jamais impliquer un autre être humain, parce que les êtres humains ont souvent un comportement imprévisible ou contraire à nos attentes. Votre régime ne peut pas être motivé par le désir de satisfaire un parent, un partenaire, un ami ou un enfant qui trouvera toujours une autre raison de vous critiquer, même avec vos kilos en moins.

La plupart d'entre nous se lancent dans des régimes avec des attentes irréalistes qui, inévitablement, sapent tous leurs efforts. Pourquoi ? Parce qu'une fois qu'ils s'aperçoivent qu'ils n'obtiennent pas les résultats espérés, ils se découragent et remangent de plus belle. Un régime fait maigrir tout en améliorant la santé et la vitalité, un point c'est tout. D'un point de vue rationnel, retrouver la ligne et la santé devrait être une raison suffisante pour oublier les frites, mais comme vous l'avez constaté, des forces irrationnelles vous font perdre la bataille. Et, comme nous venons de le voir, ces forces irrationnelles misent sur vos attentes irréalistes. Elles vous demandent ce que vous voulez obtenir en perdant du poids. Elles vous encouragent à voir grand et à attendre beaucoup. À espérer des changements fantastiques dans votre vie. Quand ces rêves ne se réalisent pas, elles vous disent que tout le travail que vous avez accompli n'a servi à rien, que vous feriez mieux de remanger à gogo. Pourquoi refusent-elles de vous voir réussir votre pari ? Parce qu'elles ne veulent pas vous voir affronter directement vos vrais problèmes. Le travail que nous allons faire ensemble dans ce livre va vous aider à prendre des décisions rationnelles sur votre comportement alimentaire. Mais d'abord, prenons votre cas personnel. Dans la liste des attentes possibles, sélectionnez en toute honnêteté celles qui sont les vôtres.

Quelles sont vos motivations ?

« Je veux perdre du poids pour… »

- m'estimer davantage
- faciliter ma vie professionnelle
- être moins souvent de mauvaise humeur, dépressive ou anxieuse
- prendre des décisions difficiles sur l'orientation que je veux donner à ma vie
- avoir l'impression que ma vie a un sens
- m'amuser davantage au quotidien
- mieux gérer les hauts et les bas de l'existence
- me sentir moins accablée par les responsabilités
- me sentir plus indépendante
- être moins autocritique
- cesser d'envier la vie des autres
- me libérer de mes doutes et de mes peurs
- avoir une vie sexuelle plus active
- avoir l'impression de mériter davantage ce qui m'arrive de bien dans la vie
- me défaire de ma timidité ou de ma gêne quand je suis avec les autres
- être plus heureuse et plus satisfaite

Combien d'attentes avez-vous sélectionnées ? La plupart des personnes en choisissent plus de la moitié, parfois davantage si je ne leur explique pas au préalable pourquoi elles les sélectionnent. Quand votre perte de poids ne répond pas à ces attentes, ce qui est toujours le cas, vous êtes déçue et, du coup, avez une très bonne excuse pour replonger la main dans le paquet de chips.

Suis-je en train de dire que vous ne devez pas chercher à réaliser ces rêves ? Absolument pas. Je dis seulement que la perte de poids ne peut jamais, à elle seule, donner ces résultats. Ce n'est pas parce que vous perdez trente ou cinquante kilos que vous allez vous débarrasser automatiquement des doutes sur vous-même que vous vous êtes trimballés toute votre vie. Et je peux vous assurer que notre monde regorge de femmes minces et pourtant frustrées sexuellement. La perte de poids n'a rien d'une baguette magique. Elle peut aider, c'est tout.

Affirmez à haute voix que vous allez perdre du poids pour le seul avantage direct et immédiat d'être en meilleure santé. Vous pourrez être heureuse si votre nouvelle silhouette vous aide aussi à atteindre un autre objectif. Dites à voix haute que vous n'allez pas mettre à la vie le marché en mains, à savoir que vous ne perdrez du poids que si vous êtes récompensée en retour.

Évitez les stratégies d'échec

La plupart des personnes qui suivent un régime ayant au moins quelques raisons irréalistes et contradictoires de perdre du poids, elles ont tendance à être victimes de ce que j'appelle « les stratégies d'échec ». Avant d'apprendre de nouvelles stratégies alimentaires qui vous permettront de maigrir durablement, vous devez comprendre pourquoi les approches que vous avez essayées jusqu'à présent n'ont pas réussi. Commençons par examiner les six stratégies d'échec les plus courantes. Laquelle vous parle le plus ?

Stratégie d'échec n° 1 : Se priver, se gaver – le cercle infernal

La stratégie d'échec la plus fréquente repose sur la privation et l'autodiscipline et, surtout, évite de traiter le fond du problème. Comble d'ironie, le business des régimes recommande chaudement cette approche mais, comme vous le savez maintenant, 99 % des régimes échouent. Je ne suis pas en train de vous dire que vous devez manger à volonté ou arrêter l'exercice. Pas du tout. Je vous dis simplement que cette approche ne marche pas toute seule.

Vous avez vu les résultats de la méthode « serre les dents et abandonne les pâtes ». Votre voisin court dix kilomètres par jour, et pourtant, il garde sa bedaine. Votre copine va chez Weight Watchers, perd 30 kilos et les reprend quand son petit ami la plaque. Votre oncle suit à la lettre le régime imposé par sa diététicienne, mais l'autre jour vous avez remarqué deux paquets de bonbons dans sa serviette. Et vous avez abandonné le cake à l'heure du thé… pour l'engouffrer de plus belle en rentrant de votre travail le vendredi soir (et aussi le mercredi et le jeudi).

Tous les livres de régime et tous les régimes mènent à la même impasse : « Je me prive, je me gave, je me prive, je me gave ». Quand vous faites un régime, vous vous privez de ce dont vous avez envie, comptant sur votre volonté et votre autodiscipline pour vous tenir éloignée du frigo. C'est pénible et, malheureusement, ça ne marche pas longtemps parce que vous ne voulez pas réellement vous priver.

Quand j'ai reçu Marie pour la première fois, elle avait toujours adopté cette stratégie. Elle avait trente-sept ans et deux enfants. Je lui ai demandé ce qui se passerait si, finalement, elle réussissait à contrôler son poids. Elle m'a répondu : « Je serais aux anges ! L'année dernière, j'ai perdu 30 kilos et j'étais une femme totalement différente. J'ai pu arrêter mon traitement contre l'hypertension, mais au fond de moi je savais que ce n'était que provisoire. Je me suis battue toute ma vie contre mes kilos en trop. À chaque fois que mon patron m'engueule, je m'empiffre. Aujourd'hui, j'ai repris mes kilos, je déteste m'acheter des fringues, j'ai dû reprendre mon traitement contre l'hypertension, j'ai mal aux genoux et, une fois de plus, je me sens fatiguée et désespérée. »

Marie voulait vraiment changer, mais la nourriture était son réconfort et elle en était totalement dépendante. Quand elle n'avait pas de problèmes avec son patron, elle se privait de manière draconienne. Comme Marie, vous devez utiliser une méthode plus satisfaisante que la privation, une méthode qui supprime votre dépendance à la nourriture quand vous n'allez pas bien et non une méthode qui vous affame encore plus que vous ne l'êtes déjà.

Où en êtes-vous maintenant ? (Soyez sincère avec vous-même)

1. Je pense que les régimes seuls ne marcheront plus pour moi et je suis prête à explorer les raisons profondes de mon comportement alimentaire.
2. Je ne suis pas convaincue de l'absence d'efficacité des régimes et je suis réticente à explorer les raisons profondes de mon comportement alimentaire.

Stratégie d'échec n° 2 : Se gaver et aller courir – le cercle infernal

Gilles était mince quand il était jeune parce qu'il courait ses sept kilomètres tous les matins, par tous les temps, pour justifier son appétit d'ogre. La nourriture était la seule chose qui calmait son anxiété, mais l'exercice physique lui permettait de garder la ligne. S'il se disputait avec sa femme, il s'empiffrait au dîner, puis ressortait le soir courir quelques kilomètres. Si son épouse tentait de mettre les choses au point, il s'enfuyait.

Gilles réussissait donc à conserver un poids stable jusqu'au jour où il est tombé de vélo et s'est blessé au genou. Sa blessure ne s'est pas guérie correctement et Gilles a dû abandonner le jogging. Malheureusement, il n'a pas abandonné la nourriture, bien au contraire, car son incapacité à courir augmentait encore son anxiété.

Le jour où Gilles est venu me voir, deux mariages et deux échecs plus tard, il avait cinquante-cinq ans et un surpoids important. Il ne faisait plus aucun exercice et vivait seul – avec un plateau de cookies à son chevet.

Comme Gilles, beaucoup de personnes utilisent l'exercice physique pour contrôler leur poids. Au lieu d'acquérir de nouvelles habitudes alimentaires, elles suent sang et eau. Mais, pour la plupart, il arrive toujours un moment où la stratégie « je me gave, je cours, je me gave, je cours » ne fonctionne plus.

D'abord, pour compenser vos excès alimentaires, vous devez faire tellement de sport que vous augmentez le risque de blessure. Et, du coup, à chaque fois que vous cessez momentanément l'exercice pour vous remettre de vos blessures, votre poids s'envole. Et vous avez de plus en plus de mal à reperdre ces kilos. Ensuite, si vous continuez à avoir une nourriture déséquilibrée, qui fait la part belle aux sucres et aux graisses, vous affaiblissez votre système immunitaire, quelle que soit votre dépense physique, et augmentez votre risque de tomber malade. Quand vous tombez malade, vous ne pouvez plus faire de sport, et comme vous relâchez le rythme, vous reprenez du poids.

Pour maigrir durablement, vous devez absolument surmonter votre dépendance à la nourriture au lieu de l'esquiver par le jogging.

Où en êtes-vous maintenant ? (Soyez sincère avec vous-même)

1. Je pense qu'un exercice quotidien destiné à compenser mes fringales ne va plus fonctionner longtemps pour moi.
2. Je veux continuer à pouvoir trop manger et à me dépenser physiquement pour compenser.

Stratégie d'échec n° 3 : Se gaver et se faire vomir – le cercle infernal

Au début de son mariage, Joanne a essayé la boulimie pour rester mince. Elle faisait deux dîners tous les soirs, sans compter un gâteau qu'elle s'enfilait presque à elle toute seule. Ses amis s'étonnaient de sa capacité à ne pas prendre un seul gramme. Ce qu'ils ne voyaient pas, c'est ce qu'elle faisait en allant dans la salle de bains. Après avoir fini de se gaver, elle se retirait dans un coin tranquille et se forçait à vomir. Après, elle se promettait de ne jamais recommencer, mais ne tenait jamais ses promesses. Elle se détestait d'agir ainsi. Lorsqu'elle dînait chez des amis, elle se demandait toujours comment elle allait s'éclipser et si elle allait trouver des toilettes où personne ne l'entendrait. Son mari remarquait ses yeux rouges lorsqu'elle revenait à table, et, même s'il ne disait rien, son expression traduisait le dégoût. Heureusement, Joanne est venue me consulter avant d'avoir complètement bousillé son organisme. Au terme d'un travail intensif sur sa faim émotionnelle, elle a fini par vaincre sa dépendance à la nourriture.

La boulimie est une stratégie très dangereuse. On peut mourir du déséquilibre électrolytique qui survient quand on se fait vomir régulièrement, ou souffrir de graves problèmes dentaires, de formes graves de malnutrition et de carences vitaminiques. Sans compter la honte insupportable que l'on éprouve vis-à-vis de soi-même et le terrible sentiment d'imposture.

Où en êtes-vous maintenant ? (Soyez honnête avec vous-même)

1. Je pense que mon habitude de me faire vomir régulièrement pour compenser mes fringales ne va plus fonctionner longtemps pour moi.

2. Je veux continuer à pouvoir trop manger et à me faire vomir pour compenser.

Stratégie d'échec n° 4 : Vouloir faire bonne figure

Ariane est chiropracteur. Elle participe aussi à des concours de bodybuilding et s'entraîne cinq jours sur sept. Même si elle est parfaitement consciente de l'importance d'avoir un mode de vie sain et veut à tout prix être un modèle pour ses clients, Ariane a des problèmes de poids. Le jour, devant les autres, elle prend des repas peu caloriques et équilibrés. Mais la nuit, elle se lève pour aller manger tout ce qui lui tombe sous la main.

Ses fringales nocturnes affectent son humeur, sa santé et son travail. Dans les périodes où elle peut contrôler sa faim, elle est mince, heureuse et obtient de bons résultats avec ses patients. Mais dans les périodes où elle est sous l'emprise de son syndrome d'alimentation nocturne, elle grossit, devient malheureuse, gênée et mal à l'aise avec ses patients. Elle a beau essayer de se répéter qu'elle doit montrer l'exemple, elle y arrive dans la journée, mais la nuit, elle craque.

Ariane est visiblement très motivée pour contrôler son poids, et elle y arrive périodiquement, mais elle finit toujours par rechuter. Cela fait vingt ans qu'elle se bat contre ce problème. La honte de l'échec ne marche pas. Son inconscient ne veut pas coopérer. Il la réveille en lui disant qu'elle doit compenser toutes les privations et le stress de la journée, y compris la pression d'être à la hauteur et de faire bonne figure pour ses patients.

J'ai vu de nombreuses variantes de cette stratégie – perdre du poids pour un événement particulier (mariage ou réunion de famille), faire une déclaration publique pour dire que vous avez commencé un régime, acheter des vêtements qui ne vous iront que si vous maigrissez, adhérer à un groupe de soutien qui encourage le succès mais vous rejette si vous échouez.

Il existe bien d'autres façons de vous « obliger » à réussir à perdre du poids, mais elles sont toutes vouées à l'échec parce que le fond du problème subsiste. Essayez toujours, vous n'arriverez jamais à berner votre propre inconscient.

Où en êtes-vous maintenant ? (Soyez honnête avec vous-même)

1. Je suis prête à renoncer à croire que je peux faire quelque chose seulement si je le fais pour faire bonne figure. Je suis prête à me prendre en charge.
2. Je ne peux pas envisager de contrôler mon poids juste pour moi.

Stratégie d'échec n° 5 : Tromper son métabolisme

Dans notre culture du rapide et de l'instantané à tout prix, beaucoup cherchent la pilule magique pour dissoudre la cellulite en un clin d'œil et maigrir les doigts dans le nez. Toutes les sociétés pharmaceutiques sont en quête de LA solution miracle, celle qui contrôlera la « glande de la faim ». Le dernier remède miracle pour maigrir lancé sur le marché américain a tué plusieurs personnes, mais les laboratoires n'ont pas baissé les bras parce que les Américains préfèrent prendre des médicaments qui tuent la faim que de s'attaquer à l'origine émotionnelle de leur suralimentation compulsive.

Les coupe-faim dangereux pour la santé ne datent pas d'hier. Les amphétamines ont été utilisées couramment, mais elles sont aujourd'hui largement discréditées. Beaucoup de personnes qui ont commencé à en prendre pour perdre du poids ont fini moins dépendantes de la nourriture, mais toxicomanes. Les amphétamines augmentent votre métabolisme basal – vous brûlez plus de calories sans exercice –, accélèrent votre rythme cardiaque et stimulent votre transpiration. Vous êtes plus dynamique et moins fatiguée, mais vous ne pouvez pas employer cette méthode pendant longtemps sans risque pour votre santé.

On constate les mêmes problèmes avec les stimulants thyroïdiens. Si vous n'avez pas de troubles de la thyroïde, la stimuler va accélérer votre métabolisme pendant quelque temps, mais aux dépens de votre équilibre naturel.

Où en êtes-vous maintenant ? (Soyez honnête avec vous-même)

1. Je suis prête à cesser de croire qu'il y aura un remède miracle à mon problème de poids.
2. Je continue de croire qu'il existe une solution simple, une sorte de pilule magique, que je n'ai pas encore trouvée.

Stratégie d'échec n° 6 : Imputer la faute à la génétique

Maudissez-vous votre hérédité de vous avoir donné un métabolisme trop lent ? Si oui, vous adoptez la sixième et dernière stratégie d'échec, à savoir imputer vos kilos superflus à votre métabolisme. Vous pourriez me dire qu'il s'agit davantage d'une « attitude d'échec » que d'une stratégie d'échec, mais le mot le plus important ici est « échec ». Tant que vous serez convaincue que la génétique vous prédispose au surpoids, vous pouvez vous dire que votre faim émotionnelle est « écrite dans les étoiles » et céder à la nourriture à chaque fois que vous rencontrez un problème dans votre vie. Si vous ne faites rien pour changer vos habitudes, elles ne risquent pas de changer.

Combien de patients m'ont avancé cet argument et l'ont appuyé en me disant qu'ils veillaient scrupuleusement à faire suffisamment de sport et surveillaient constamment leur alimentation ! En y regardant de plus près, je me suis aperçu qu'ils se faisaient des idées. Jérémy ne se donnait même pas la peine de compter les trois bières qu'il buvait le soir ou sa petite visite quotidienne chez le glacier du coin. De plus, il ne faisait pas assez d'exercice pour compenser ses « petits à-côté ».

Vous ne pouvez imputer votre surpoids à la paresse de votre métabolisme que si vous souffrez d'hypothyroïdie ou suivez un traitement médicamenteux qui vous fait grossir (rétention d'eau, stockage des graisses). Mais parmi tous les cas que je rencontre, je peux vous assurer que ce n'est pas la majorité.

Si vous n'arrivez pas à accepter l'idée que vous ne pouvez pas imputer la faute à votre métabolisme, prenez connaissance d'études scientifiques récentes qui montrent que les individus très nerveux restent minces, non pas pour des raisons métaboliques, mais simplement parce qu'ils bougent davantage et brûlent donc davantage de calories. Selon cette étude, les individus sédentaires restent assis 163 minutes de plus par jour que les individus actifs, lesquels font 7000 pas de plus et brûlent 350 calories supplémentaires par jour – un exercice non suivi, certes, mais qui contribue bel et bien à la perte de poids.

L'individu moyen consomme 60 millions de calories durant toute sa vie. Si vous souhaitez garder un poids stable, vous devez dépenser 60 millions de calories. Si vous commettez la moindre erreur dans ce numéro d'équilibriste, vous grossissez sur-le-champ. Par exemple, si vous êtes un homme qui a besoin de 2700 calories par jour pour conserver un poids stable, mais si vous en avalez l'équivalent de 2800 et n'en brûlez que 2700, vous prenez plus de cinq kilos par an.

Une pomme fait environ 100 calories. C'est juste une

pomme de différence. Autrement dit, c'est très facile d'être en surpoids.

Où en êtes-vous maintenant ? (Soyez honnête avec vous-même)

1. Je suis prête à accepter de voir en face les aspects psychologiques de ma faim.
2. Je continue de penser que je ne suis pas responsable de mon surpoids.

Observez vos réponses et réfléchissez à leur signification. Si vous avez choisi la première décision du questionnaire *Où en êtes-vous maintenant ?*, vous êtes ouverte d'esprit et prête à mieux vous connaître. Si vous avez sélectionné la seconde, vous refusez totalement d'apprendre à vous connaître et je vous conseille de méditer sur votre résistance avant d'aller plus loin. Peut-être aurez-vous changé d'avis dans un mois ou deux. Si vous avez un mélange des deux décisions, vous résistez encore au changement. Plus vous avez de premières décisions, plus vos chances de réussir sont élevées.

Regardez la réalité en face

À présent, vous savez que si j'ai appelé ces six stratégies des « stratégies d'échec », c'est parce qu'elles ne marchent pas. Et pourquoi ne marchent-elles pas ? Parce qu'elles cherchent toutes à stimuler la perte de poids sans toucher au problème de la faim émotionnelle. Vous avez également constaté que le déni ne fonctionne pas parce que la faim émotionnelle est là et qu'elle vous fait grossir, que vous le vouliez ou non. Quand vous adoptez l'une de ces stratégies d'échec, vous concluez un marché impossible avec vous-même : « Je vais me priver pendant un certain temps à condition de pouvoir remanger normalement un de ces jours. Je vais me forcer à courir à condition de pouvoir manger à ma faim quand je suis anxieuse. Je vais risquer ma santé et me faire vomir en cachette à condition de pouvoir m'empiffrer au dîner. Je vais jouer les ascètes devant tout le monde à condition de pouvoir me goinfrer la nuit. Je vais me bousiller la santé et rejeter la faute à l'extérieur au lieu de m'attaquer aux sources de ma faim émotionnelle. »

Ces stratégies éludent la réalité de la faim émotionnelle. Elles gardent la faim émotionnelle comme s'il s'agissait d'une poire pour la soif en cas de pépin dans la vie. Malheureusement, vous ne pourrez pas vous en sortir si vous gardez ce remède en réserve pour les moments difficiles, parce que la réalité vous garantit une rechute sous l'effet du stress, une rupture de l'équilibre fragile entre les calories à l'entrée et les calories à la sortie, et une reprise immédiate de vos kilos perdus.

Si vous voulez contrôler définitivement votre poids, vous devez attaquer de front et tuer la faim émotionnelle, votre ennemie de longue date. D'abord, il vous faut cultiver des motivations réalistes pour empêcher votre régime de tourner en eau de boudin. Puis adopter une stratégie réaliste qui prend votre addiction à la racine – c'est ce que je vous propose dans la suite de ce livre. Une fois que vous contrôlez votre dépendance, vous serez capable de suivre les habitudes alimentaires des individus qui restent minces toute leur vie. Vous mangerez de façon rationnelle, ce qui signifie que vous ne vous priverez pas. Vous ne souffrirez pas de la faim. Vous apprécierez ce que vous mangez. Vous contrôlerez votre poids parce que vous mangerez pour remplir votre estomac physique et non votre estomac émotionnel. Tel est l'objectif que je vais vous aider à atteindre.

Observez-vous quelques instants

La semaine prochaine, au lieu de vous focaliser sur votre régime, essayez juste de faire une pause avant d'être sur le point de trop manger. Demandez-vous ce que vous ressentez. Avez-vous été ennuyée, contrariée par quelque chose ? Où êtes-vous ? À quel moment de la journée êtes-vous ? Avec qui êtes-vous ? Plus vous récolterez d'informations sur ce qui se passe en vous et autour de vous juste avant de vous ruer sur la nourriture, plus vous serez capable de faire les exercices qui vont suivre.

Alors vous êtes vraiment prête à maigrir…

Vous savez sans doute, comme la plupart d'entre nous, ce que représente la fin d'une histoire d'amour. Combien il est dur de se passer de l'autre. Votre relation à la nourriture est du même ordre. Vous pensez que vous serez trop seule et trop vide sans elle, incapable de fonctionner, mais vous avez tort.

Vous avez accumulé une montagne de bonnes raisons de ne pas vouloir abandonner votre suralimentation compulsive. La chose la plus intelligente à faire est d'arrêter de nier que vous hésitez à ou avez peur de laisser tomber ce mode de fonctionnement. Mais pour le faire, vous devez commencer par réfléchir en détail à votre problème, et c'est là que réside le conflit que nous examinerons dans cette seconde partie. Vous avez probablement utilisé si souvent la nourriture pour éviter de réfléchir en détail à votre problème que vous avez perdu confiance dans votre capacité à vous confronter à vos sentiments pour aller mieux après.

Si vous n'explorez pas en profondeur ce que vous ressentez, vous ne pouvez réfléchir à votre problème que de manière superficielle et improductive. Résultat : vous êtes incapable de le résoudre et votre faim émotionnelle subsiste. Si vous arrêtez d'utiliser la nourriture pour bloquer votre ressenti, non seulement vous n'en serez plus esclave, mais vous commencerez à maîtriser de nombreuses sphères de votre existence. Si vous êtes sûre d'être prête à maigrir, alors allons-y !

Chapitre 11

Séance n° 2 : Comment vaincre la phobie du ressenti

Durant les deux séances suivantes :

- Vous allez identifier votre phobie du ressenti.
- Vous allez commencer à comprendre le sens que vous donnez à vos sentiments et vos émotions, comment vous interprétez les choses de façon erronée, comment vous élaborez des scénarios catastrophes et quels sont vos constats d'impuissance.
- Vous allez identifier les avantages de la transe alimentaire, l'échappatoire qu'elle vous donne et le plaisir qu'elle vous procure.
- Vous allez identifier le prix que vous payez en vous réfugiant dans la transe alimentaire au lieu de vous confronter à votre ressenti et de résoudre les problèmes que vous auriez tout intérêt à résoudre.
- Vous allez identifier d'autres moyens de vous apaiser quand les sentiments ou les émotions deviennent trop intenses.
- Vous allez apprendre à maîtriser la phobie du ressenti et la transe alimentaire avant de pouvoir comprendre, au plus profond de vous-même, ce qui vous

donne l'impression d'être impuissante.

Les exercices de la première séance ont eu pour objectif de vous mettre en contact direct avec l'expérience de la faim émotionnelle et de vous inciter à vous observer avec un certain recul. À présent, il s'agit d'affiner votre introspection en identifiant les sentiments exacts qui déclenchent votre besoin de manger.

Comme vous le savez, la faim émotionnelle survient quand vous ne pouvez pas voir vos sentiments en face. Alors vous les étouffez sous de la nourriture. Vous devez donc apprendre à accepter vos sentiments, à savoir ce qu'ils signifient, à comprendre où ils vous mènent, ainsi qu'à contrôler et réguler leur intensité sans vous sentir dépassée. Si vous savez faire tout cela, vous ouvrez la voie à une exploration plus profonde de vous-même dans laquelle je vais vous accompagner.

Quatre types de déclencheurs émotionnels

Il existe quatre types de déclencheurs émotionnels de la suralimentation compulsive. Référez-vous à la liste ci-dessous pour savoir quels sont les vôtres. Je vous demande d'abord d'identifier vos émotions ou sentiments, puis de comprendre comment ils jouent sur votre faim émotionnelle.

Déclencheur émotionnel n° 1 = les émotions déclenchées par un événement

Des événements difficiles à vivre sur le plan émotionnel déclenchent des sensations ou des sentiments désagréables. Ces sensations ont l'avantage de pouvoir être reliées à un facteur déclenchant clairement identifié.

Vous trouverez ci-dessous une liste d'événements susceptibles d'activer votre phobie du ressenti. Cochez ceux qui ont déclenché en vous des épisodes de faim émotionnelle au cours des derniers mois, puis décrivez précisément ce que vous avez ressenti de désagréable, voire d'insupportable. Nous appellerons « point sensible » ce qui déclenche un épisode de faim émotionnelle :

- Mon travail me procure stress, insatisfaction ou mécontentement.
- Je ne suis pas assidue dans ce que je fais.
- Je me sens mise au défi/à l'épreuve.
- Les stress quotidiens que je subis me semblent totalement ingérables.
- J'ai un moment de répit au travail.
- J'ai un moment de libre chez moi.
- J'ai des factures à régler ou des problèmes financiers.
- Je dois travailler trop longtemps sans pause.
- Je regarde la télévision.
- Je conduis.
- Je suis dans une réunion.
- Je suis avec ma famille.
- Je suis dans une pièce bondée.
- Je travaille.
- Il fait mauvais temps.
- Je suis sous pression.
- Je dois m'occuper de quelqu'un.
- Je suis seule trop longtemps.
- Je suis obligée de me tenir dans une pièce où je suis mal à l'aise.
- Je dois faire quelque chose de nouveau.
- Je m'apprête à aller me coucher.
- Mes enfants ou ma famille ont des exigences à mon égard.
- J'ai un parent malade.
- J'ai un mari peu compatissant.

Exemple : « Quand je dois m'occuper de ma mère

malade, je me sens épuisée. De retour de l'hôpital, je ne peux pas m'empêcher de me goinfrer. »

Déclencheur émotionnel n° 2 = les émotions déclenchées par un individu

Les sentiments de malaise intérieur proviennent le plus souvent de frictions relationnelles, voire de conflits avec l'autre. Dans la liste ci-dessous, cochez les trois « points sensibles » qui correspondent le mieux à ce que vous avez vécu récemment sur le plan relationnel. Avec qui avez-vous eu cette friction ou ce conflit et qu'avez-vous ressenti ?

« Je suis perturbée et ne peux pas m'empêcher de trop manger quand quelqu'un … »

- me critique
- ne me comprend pas
- me juge
- me manipule
- m'accuse
- m'ignore
- me gêne
- me décourage
- me compare aux autres
- ne me manifeste plus son amour
- envahit ma sphère privée
- ne me fait pas confiance
- me sous-estime
- s'oppose à moi
- attend de moi que je sois parfaite
- veut me culpabiliser
- me trahit
- m'étouffe
- me prive de choses matérielles
- s'en prend à moi
- me néglige

- rivalise avec moi
- me ridiculise
- me traite comme un enfant
- me menace
- se rebelle contre moi
- me ment
- me met sous pression
- s'accroche à moi
- me réprimande
- m'exclut
- me surprotège
- ne me respecte pas
- me fait des reproches
- satisfait tous mes caprices
- fait de moi un bouc émissaire
- me déçoit
- m'intimide
- me fait des infidélités
- est plus fort que moi
- m'insulte
- m'oblige à faire quelque chose

En face de chaque point sensible, notez ce que vous ressentez au départ et ce qu'il provoque en vous pour vous pousser à manger.

Exemple : « Quand je me sens rejetée par mon petit ami, je ressens de la colère et de la jalousie à l'égard de ma sœur qui est mariée et heureuse avec son mari. Cette jalousie et cette colère forment un cocktail explosif qui me donne une faim irrésistible. »

Déclencheur émotionnel n° 3 = les émotions déclenchées par un sentiment non provoqué

Certains types de sentiments peuvent surgir après

(quelquefois longtemps après) des événements et des frictions relationnelles. Vous pouvez en prendre conscience lorsque vous faites une pause dans vos activités quotidiennes. Ces sentiments signifient que votre cerveau essaie de comprendre ce qui vous arrive dans votre vie, d'évaluer où vous en êtes et de faire la part des choses.

Examinez la liste de sentiments ci-dessous. Réfléchissez sur ceux qui vous sont familiers, qui sont susceptibles de vous pousser à manger quelque chose sur-le-champ, pour tenter de voir ce qui les déclenche. Essayez de relier chaque émotion au moment de la journée où elle survient et dans quelle circonstance.

Exemple : « Parfois, tard le soir, quand tout le monde dort, je me sens seule et je ressens le besoin de manger quelque chose. »

- Déprime
- Frustration
- Jalousie
- Solitude
- Ennui
- Honte
- Anxiété
- Colère
- Impuissance
- Peur
- Humiliation
- Gêne
- Culpabilité
- Confusion
- Vide intérieur
- Frayeur
- Besoin d'attention

Déclencheur émotionnel n° 4 = les émotions déclenchées par le manque d'estime de soi

Comme vous le savez maintenant, chaque individu possède certaines fragilités, des points faibles qui le font terriblement douter de lui-même et de ses capacités. Le travail sur le manque d'estime de soi est essentiel, et occupe une place privilégiée dans le programme que je vous propose. Les doutes sur soi-même constituent la première strate du sentiment d'impuissance. Dans la liste ci-dessous, cochez les trois principaux qualificatifs négatifs que vous vous donnez quand vous faites votre autocritique et qui déclenchent vos fringales. Le manque de confiance en soi contribue largement à entretenir la phobie du ressenti.

« J'ai besoin de manger quand je suis convaincue que je suis … »

- désemparée
- indigne d'être aimée
- nulle
- autodestructrice
- peu fiable
- inférieure
- méchante et cruelle
- peu digne d'intérêt
- désobéissante
- pleine de défauts
- puérile
- totalement dénuée de chaleur et de tendresse
- timorée et faible
- dénuée de talent ou de compétence
- dénuée de sens relationnel
- incapable de répondre à des attentes raisonnables
- incapable de prendre ou de tenir un engagement
- dépendante

- stupide
- égocentrique
- peu autonome
- trop docile
- trop sauvage
- ennuyeuse

autre qualificatif _______ (précisez)

Exemple : « Je ressens le besoin de manger quand je me sens indigne d'être aimée. Dans ces moments-là, je me précipite dans la cuisine et dévore tout ce qui me tombe sous la main. »

À ce stade, vous avez donc identifié des émotions ou des sentiments appartenant à quatre catégories différentes qui déclenchent votre faim émotionnelle. Il est tout à fait possible qu'ils se recoupent, mais j'ai choisi de les classer dans ces quatre catégories pour vous permettre d'analyser plus facilement la raison pour laquelle vous les fuyez.

Identifiez vos scénarios catastrophes

Comme nous l'avons vu dans la première partie, ce sont les scénarios catastrophes que nous faisons quand nous ressentons quelque chose (colère, rejet, etc.) qui nous donnent l'impression que ce sentiment ou cette émotion est insupportable, d'où notre phobie du ressenti. Quand vous êtes critiquée, vous vous dites, par exemple : « J'ai l'impression que je vais exploser ou que je vais être incapable de gérer cette émotion autrement que par la colère. » Quand vous êtes trompée, vous vous dites : « Je suis certaine que je ne pourrai jamais plus faire confiance à quelqu'un. » C'est vous qui transformez vos sentiments en scénarios catastrophes.

Ces scénarios catastrophes ne sont pas nécessairement justes, mais vous seule pouvez en prendre conscience. Comment ? En reliant les émotions ou sentiments que vous avez identifiés dans chacune des quatre catégories précédentes aux scénarios catastrophes que vous élaborez.

Scénario catastrophe n° 1 : extrapolations à partir d'une émotion déclenchée par un événement

Dans cette première catégorie, les individus ont généralement le sentiment d'être submergés, dépassés, incapables de faire face. Vous reconnaissez-vous dans l'une des peurs suivantes ?

- C'est au-dessus de mes forces, je ne peux pas, je ne vais pas résister.
- Ce n'est que le début d'un déluge de problèmes qui va me submerger.
- C'est le signe que ma vie va s'écrouler.
- C'est un test que je vais rater à coup sûr.
- Si ça continue, je vais tout lâcher et me réfugier dans ma coquille.
- J'abandonne, c'est trop de stress.
- Il faut que je fuie cette situation au plus vite.

Prenez l'événement que vous avez choisi comme déclencheur d'un sentiment insupportable et ajoutez-y l'une des phrases ci-dessus.

Exemple : « Quand je m'occupe de ma mère malade, je me sens épuisée. En rentrant de l'hôpital, je me dis que c'est au-dessus de mes forces, que je ne peux pas, que je ne vais pas résister. Et une fois à la maison, je me jette sur la nourriture. »

Scénario catastrophe n° 2 : extrapolations à partir d'une émotion déclenchée par un individu

L'exercice est identique au précédent. Les scénarios catastrophes qui accompagnent les émotions déclenchées par un problème relationnel concernent l'issue de cette relation. Dans la liste ci-dessous, cochez le scénario catastrophe que vous vouliez supprimer par la nourriture.

« À cause de ce qui s'est passé, j'ai senti que si je ne me débarrassais pas de cette émotion … »

- j'allais me mettre en colère
- j'allais fondre en larmes
- j'allais dire ou faire quelque chose que j'aurais regretté ensuite
- j'allais me sentir coupable à vie
- je n'allais plus jamais faire confiance
- j'allais me sentir minable
- j'allais perdre cette relation
- j'allais partir ou être congédiée
- j'allais trop blesser la personne
- je n'allais jamais me le pardonner

Exemple : « Quand je me sens rejetée par mon petit ami, j'éprouve de la colère et de la jalousie à l'égard de ma sœur qui est mariée et heureuse. Je sens que je vais me mettre en colère contre elle, et cela me fait peur. Cette jalousie et cette colère forment un cocktail explosif qui me pousse à manger. En mangeant, j'étouffe mes paroles de colère. »

Scénario catastrophe n° 3 : Extrapolations à partir d'une émotion déclenchée par un sentiment non provoqué

Il s'agit de sentiments qui ne sont pas directement

ou immédiatement liés à un événement spécifique ou à un individu particulier, mais à partir desquels vous élaborez un scénario catastrophe quand vous êtes seule ou inoccupée un moment – dans votre voiture, à la maison ou au travail. Ils peuvent être difficiles à cerner au départ, mais devenir de plus en plus intenses et se transformer facilement en faim émotionnelle avant que vous en preniez conscience. La colère, la tristesse ou le sentiment de solitude sont des sentiments normaux, mais qui peuvent devenir problématiques s'ils aboutissent à des scénarios catastrophes qui les rendent trop intenses et donc ingérables. Cochez la phrase qui correspond le mieux à votre expérience personnelle.

- Je ne suis pas aussi bonne que je le souhaiterais et je ne peux rien y faire.
- Il va durer éternellement si je ne trouve pas un moyen de m'en débarrasser rapidement.
- Il va me mener au désespoir ou à l'incapacité de faire quoi que ce soit si je ne l'arrête pas immédiatement.
- Je vais exploser ou être incapable de gérer autrement l'émotion.
- Ma vie est ruinée. J'ai tout raté.
- Je ne serai plus jamais capable de refaire confiance à quelqu'un.
- Je ne serai jamais capable de faire quelque chose correctement ou de réussir.
- J'ai un torrent de larmes au fond de moi qui va couler, couler et ne jamais s'arrêter.
- Je ne serai plus jamais capable de reprendre une décision.

Exemple : « Parfois, tard le soir, quand tout le monde dort, je me sens terriblement seule. Je sais que j'ai un torrent de larmes au fond de moi qui va couler, couler et ne jamais s'arrêter. Quand je suis dans cet état, j'ai absolument besoin de manger. »

Scénario catastrophe n° 4 : extrapolations à partir d'un manque d'estime de soi

La prochaine fois que vous vous dévaloriserez aux yeux de vous-même et que vous serez tentée de manger, observez-vous pour savoir si vous élaborez l'un des scénarios catastrophes ci-dessous. Si vous croyez dans ces scénarios, vous devez en conclure que vous êtes impuissante à changer. Si vous les remettez en question, vous pouvez tout changer.

- C'est ce que je suis vraiment et que j'ai toujours caché.
- Si je suis comme ça, alors il n'y a pas d'espoir.
- Cela signifie que je suis pleine de défauts et que personne ne voudra de moi.
- Cela me rend complètement indigne d'être aimée.
- C'est la raison pour laquelle je dois me cacher du monde.
- Je n'ai aucune possibilité de m'améliorer.
- Une personne comme moi ne mérite rien.

Exemple : « Je ressens le besoin de manger quand j'ai l'impression d'être totalement indigne d'être aimée. Je pense alors que si je suis comme ça, alors il n'y a pas d'espoir. Je me précipite vers le frigo et j'avale tout et n'importe quoi. »

Vos scénarios catastrophes

Maintenant, à vous de vous convaincre que ces scénarios catastrophes ne se produiront jamais. Ces fausses prédictions sont le point de bascule entre la peur et la compréhension calme et objective de vos sentiments. Si vous ne les examinez pas, vous allez continuer à fuir vos sentiments et vos émotions parce que vous croirez toujours que quelque chose de terrible va se passer. En les regardant en face, vous allez voir que rien de terrible ne se passera ; vous serez capable de gérer beaucoup mieux les difficultés que vous rencontrerez, sans avoir besoin de court-circuiter votre ressenti par la nourriture.

Voilà ce qui se passe : Un événement ou une situation se produit. Vous y réagissez fortement à l'intérieur de vous, vous paniquez et vous vous dites que quelque chose de terrible vous attend. Ce sont des visions de votre esprit. Et elles vous font si peur que vous voulez les interrompre aussitôt en vous empiffrant. À chaque fois que vous interrompez votre ressenti parce que vous redoutez le scénario catastrophe qui l'accompagne, vous renforcez votre peur. C'est ce cercle vicieux qui vous empêche d'apprendre un meilleur moyen de gérer vos émotions intenses.

Vous devez vous prouver à vous-même que vous êtes capable de calmer votre esprit et de prendre du recul pour voir que vous avez d'autres options que la nourriture. Vous avez, au fond de vous, une façon plus mature de gérer les facteurs de stress de votre vie. Si vous pouvez vous prouver que vos émotions intenses ne vous détruiront pas, vous ne paniquerez plus à chaque fois que vous éprouverez quelque chose.

Réinterprétez vos scénarios catastrophes – le retour à la réalité

Si vous démantelez vos scénarios catastrophes dans les quatre catégories d'émotions, vous vous débarrasserez de votre phobie du ressenti. Alors vous serez libre d'éprouver vos sentiments, d'y mettre de l'ordre, de les analyser. Cela vous ouvrira la porte de votre vie intérieure, d'une meilleure compréhension de vous-même et du monde qui vous entoure. Vos sentiments pourront retrouver leur place dans votre flux naturel d'informations, vous permettant de prendre de meilleures décisions et de réagir de façon plus adaptée aux individus et aux situations. Mais, d'abord, vous serez à même d'analyser et de vaincre le sentiment d'impuissance qui vous pousse à trop manger.

C'est la nourriture qui alimente vos scénarios catastrophes parce que vous l'utilisez pour chasser vos peurs. Vous allez devoir comprendre par vous-même que ces scénarios catastrophes sont, en réalité, des idées inutiles, des coquilles vides que vous pouvez jeter à la poubelle.

Prenons les exemples avec lesquels nous avons travaillé jusqu'à présent et voyons comment le fait d'avoir conscience des scénarios catastrophes permet d'éviter plus facilement la nourriture. (Les scénarios catastrophes sont en italique.)

Interprétation erronée n° 1

Quand je m'occupe de ma mère malade, je me sens épuisée. En rentrant de l'hôpital, *je me dis que c'est au-dessus de mes forces, que je ne peux pas, que je ne vais pas résister*. Et, une fois à la maison, je me jette sur la nourriture.

Réinterprétation réaliste

Je fais une pause et j'analyse mon scénario catastrophe. Je réalise qu'en ce moment c'est, effectivement, beaucoup pour moi de gérer cette situation, mais qu'elle ne durera pas éternellement. Quand je suis capable de faire cela, le besoin de manger diminue.

Interprétation erronée n° 2

Quand je me sens rejetée par mon petit ami, j'éprouve

de la colère et de la jalousie à l'égard de ma sœur qui est mariée et heureuse. *Je sens que je vais me mettre en colère contre elle, et cela me fait peur*. Cette jalousie et cette colère forment un cocktail explosif qui me pousse à manger. En mangeant, j'étouffe mes paroles de colère.

Réinterprétation réaliste

Quand je marque un temps d'arrêt pour analyser mon scénario catastrophe, je réalise que ma relation avec mon petit ami n'a rien à voir avec ma sœur. Une fois que je réalise que je suis toujours en colère mais que ce sont mes propres problèmes et que je n'ai pas à m'en prendre à ma sœur, je n'ai plus besoin de manger. Je peux envisager d'utiliser ma colère autrement.

Interprétation erronée n° 3

Parfois, tard le soir, quand tout le monde dort, je me sens terriblement seule. *J'ai l'impression que j'ai un torrent de larmes au fond de moi qui va couler, couler et ne jamais s'arrêter*. Quand je suis dans cet état, j'ai absolument besoin de manger.

Réinterprétation réaliste

Je m'arrête et j'analyse mon scénario catastrophe. Je réalise alors qu'à chaque fois que j'ai pleuré dans le passé, je me suis toujours sentie beaucoup mieux après. Pourquoi ne pas m'autoriser à pleurer un bon coup ? Et puis la vraie solitude est vraiment difficile. Moi, je suis entourée, même si je me sens seule.

Interprétation erronée n° 4

Je ressens le besoin de manger quand j'ai l'impression d'être totalement indigne d'être aimée. *Je pense alors que si je suis comme ça, alors il n'y a pas d'espoir*.

Je me précipite vers le frigo et j'avale tout et n'importe quoi.

Réinterprétation réaliste

Si je prends le temps de réfléchir à mon scénario catastrophe, je réalise que je me *sens* indigne d'être aimée, ce qui ne veut pas dire que je *suis* indigne d'être aimée. Pourquoi le serais-je, d'ailleurs ? Je peux peut-être faire quelque chose tout de suite pour me rappeler que je ne suis pas réellement indigne d'être aimée.

Chapitre 12

Séance n° 3 : Comment ne plus vous réfugier dans la transe alimentaire

Grâce à la nourriture, vous vous sentez mieux, du moins provisoirement. Mes patients me rapportent qu'ils mangent quand ils sont tristes, en colère, seuls ou quand ils s'ennuient. Peu importe le sentiment qu'ils éprouvent, il suffit qu'il soit intense pour être difficilement supportable. C'est un vide spirituel et émotionnel que vous essayez de combler en vous empiffrant. La nourriture devient problématique quand elle devient la seule et unique source de réconfort, le seul et unique moyen de chasser ou de contrôler son stress ou ses émotions, la seule et unique récompense que vous avez à vous offrir, le seul et unique endroit où vous êtes aimée. Mais la nourriture ne peut jamais remplacer un amour ou un épanouissement véritables. Vous avez appris à vous gaver pour fuir la réalité et pénétrer dans une zone où, pendant quelques instants, vous avez l'illusion du bien-être total. C'est l'essence même de la transe alimentaire que j'ai décrite dans le chapitre 2 : « Quand je mange, rien ne peut m'atteindre, je me sens en sécurité, comme si j'étais dans une bulle. » Quand vous mangez pour chasser un sentiment désagréable, vous coupez court à votre ressenti. Et quand vous entrez en transe alimentaire, vous remplacez le ressenti par une béatitude complète mais temporaire. La transe alimentaire et la phobie du ressenti sont les deux faces d'une même médaille. Interrompre son ressenti par l'acte de manger traduit une phobie du ressenti ; se sentir divinement bien en mangeant pour ne plus souffrir constitue la transe alimentaire.

Point de départ : comment travailler sur vos points sensibles ?

Dans le chapitre précédent, vous avez identifié et analysé les événements/situations, les individus, les sentiments/émotions et les doutes sur vous-même qui déclenchaient votre besoin de manger. Cet ensemble de facteurs déclenchants est vos « points sensibles ». J'aimerais que vous en preniez deux ou trois et que vous travailliez sur eux dans les exercices ci-dessous. Notez-les dans votre cahier.

La fuite dans la transe alimentaire

Exemple : « Quand je suis à mon travail (point sensible de type « événement/situation »), je m'ennuie (sentiment). J'ai peur de ne jamais trouver un emploi capable de me satisfaire (scénario catastrophe). J'ai besoin de manger quelque chose rapidement (phobie du ressenti). Alors je vais me chercher un paquet de chips au distributeur. Pendant que je mange, je retrouve mon calme intérieur (transe alimentaire). »

« Pendant que je mange pour fuir l'intensité de mes émotions négatives, je me sens… »

- calme
- comme dans le brouillard sous l'effet d'une drogue
- comme dans un endroit où je me sens bien
- comme en compagnie d'un ami qui est toujours là pour moi
- comme quand j'étais avec ma mère
- comme dans une bulle protectrice où rien ni personne ne peut m'atteindre
- comme dans un endroit où il n'y a ni exigences ni attentes à mon égard
- comme dans un endroit où je suis aimée comme je ne l'ai jamais été par mes parents
- comme dans un endroit où j'essaie d'être parfaite
- comme si je n'étais plus dans le monde réel

Qualifier l'état procuré par la transe alimentaire

« Quand je suis en état de transe alimentaire, je me sens… »

- récompensée
- maître de moi-même
- en confiance
- en sécurité
- anesthésiée
- satisfaite
- contente
- détendue
- calme
- puissante
- indépendante
- heureuse
- capable
- complète
- à l'aise
- nourrie
- libre

• complètement focalisée sur les saveurs

Essayez de capter l'expérience unique de la transe alimentaire telle que je l'ai décrite au chapitre 2. La liste ci-dessus n'est que des mots sur du papier. Le phénomène réel est un état mental, une bulle de bien-être, un temps de repos, un moment de déconnexion de la réalité. Essayez de trouver vos propres mots pour décrire ce que vous ressentez. Quitter un état perturbant et désagréable pour passer dans un état mental réconfortant et agréable est une motivation très forte pour continuer à trop manger, c'est pourquoi vous avez intérêt à connaître votre « tentatrice » du mieux possible.

Comprendre le cercle vicieux

La transe alimentaire vous nuit à court et à long termes. À court terme, elle vous fait prendre du poids et vous sentir coupable – ce qui signifie qu'elle vous empêche de pouvoir contrôler votre poids.

Après avoir identifié et analysé les sentiments/émotions qui déclenchent vos fringales, les scénarios catastrophes qui entretiennent votre phobie du ressenti et la récompense que vous vous offrez temporairement sous forme de transe alimentaire, vous allez pouvoir observer la punition que vous vous donnez après vos fringales.

« Quand je me sens trahie (déclencheur), j'ai peur de ne plus jamais être aimée de ma vie (scénario catastrophe). Je me jette sur la nourriture (phobie du ressenti) et, pendant que je savoure ma crème glacée, je suis dans ma bulle (transe alimentaire). Je ne me sens plus indigne d'être aimée. Mais une fois que j'ai fini de manger, non seulement je me sens trahie comme au début, mais en plus je me déteste de mon moment de faiblesse (coût de la transe). Comment être fidèle à quelqu'un d'aussi faible que moi ? (L'acte de manger a confirmé le déclencheur initial.)

Prenez modèle sur l'exemple précédent pour décrire ce que vous ressentez après l'état de transe alimentaire. Suivez le processus que vous connaissez bien, à présent : déclencheur → scénario catastrophe → phobie du ressenti → transe alimentaire → coût de la transe. Éprouvez-vous du dégoût, de la culpabilité, de la haine vis-à-vis de vous-même ou de la déception ? Cela montre à quel point le cercle vicieux de la suralimentation compulsive est destructeur de votre bien-être émotionnel.

À long terme, la transe alimentaire vous empêche de grandir, de vous prendre en charge, de prendre les rênes de votre vie, bref de devenir adulte.

Déterminez ce que vous tentez de fuir

N'oubliez pas que la phobie du ressenti et la transe alimentaire sont les deux visages d'une même stratégie : fuir pour ne pas voir en face et tirer la leçon de ce qui se passe à l'intérieur de vous. Voilà un petit échantillon de ce que vous essayez de fuir :

1. Facteurs de stress événementiels ou situationnels : les problèmes de la vie

La transe alimentaire n'est qu'un moyen de différer la confrontation nécessaire aux problèmes inhérents à votre vie sur Terre et à l'origine de toutes les émotions que vous essayez de fuir.

2. Facteurs de stress relationnels : les tensions avec les autres

La transe alimentaire n'est qu'un moyen de différer la confrontation nécessaire aux problèmes relationnels à l'origine de toutes les émotions que vous essayez de fuir.

3. Intensité émotionnelle insupportable

L'émotion positive de la transe alimentaire remplace l'émotion négative (peur panique) suscitée par vos scénarios catastrophes. Elle est un moyen de diminuer l'intensité des émotions que vous ressentez.

4. Le manque d'estime de soi

La transe alimentaire est un moyen de gérer vos doutes sur vous-même parce que l'idée de vous confronter à votre manque d'estime personnelle vous plonge dans un état émotionnel insupportable.

Les alternatives à la fuite dans la transe alimentaire

Bien que la transe alimentaire exerce sur vous une puissante attraction à laquelle il est difficile de résister quand les émotions vous assaillent, vous pouvez être encore plus forte qu'elle. À partir de maintenant, votre travail va consister à trouver des alternatives à votre faim émotionnelle. Vous allez voir que :

1. **Vous pouvez affronter la situation qui vous déstabilise.** Par exemple, si vous rencontrez un problème dans votre travail, vous pouvez aller en parler à votre supérieur, vous pouvez démissionner, vous pouvez demander un transfert, vous pouvez décider de redoubler d'efforts – bref, vous avez d'autres options que de vous précipiter vers la cafétéria ou le distributeur automatique. Autre exemple : si votre mari vous déçoit, vous pouvez en discuter avec lui, aller consulter un thérapeute de couple, quitter le domicile conjugal, reconnaître votre propre responsabilité dans l'affaire, etc. Une chose est sûre : ce n'est pas en vous

empiffrant que vous résoudrez vos problèmes.

2. **Vous pouvez réfléchir à ce qu'il faudrait que vous fassiez pour voir vos besoins satisfaits.** Vous avez toujours utilisé la nourriture pour vous procurer un bien-être émotionnel, mais vous pouvez atteindre ce même bien-être sans la nourriture, à condition de faire l'effort de trouver d'autres moyens de vous satisfaire.
3. **Vous pouvez tenir tête à la voix critique** que vous entendez à l'intérieur de vous pour l'empêcher de vous démolir et de gouverner votre vie.
4. **Vous pouvez entreprendre des activités concrètes** autres que manger et bien meilleures pour votre santé pour vous libérer du poids de vos émotions.

Les trois premières possibilités réclament davantage d'efforts. Nous les aborderons ensemble plus tard. Pour l'instant, nous allons nous intéresser à la quatrième alternative. Cette stratégie est utilisée par toutes les personnes qui ont besoin de gérer les facteurs de stress du quotidien sans recourir à la nourriture pour se réconforter.

Gardez à l'esprit les trois « points sensibles » que vous avez choisis précédemment, puis choisissez des techniques que vous pouvez employer pour diminuer votre intensité émotionnelle avant de vous retrouver le nez dans un paquet de chips.

Choisissez vos activités

Sélectionnez trois techniques dans chacune des quatre catégories proposées. Vous les utiliserez à chaque fois que des émotions intenses et anxiogènes vous submergeront et que des points sensibles risqueraient de vous faire succomber à l'appel de la nourriture.

Comment diminuer l'intensité de vos émotions ?

Le but est de créer un espace mental qui vous donne le temps de réfléchir, d'analyser, de réinterpréter ce qui se passe en vous et d'avoir une nouvelle vision des choses. Les stratégies que je vous propose ne sont pas difficiles à mettre en œuvre pour diminuer l'intensité de vos émotions.

Relaxation

Choisissez trois stratégies de relaxation dans la liste ci-dessous.

« Pour réussir à gérer mes émotions intenses sans la nourriture, je peux me relaxer. Plus précisément, je peux … »

- pratiquer la respiration profonde
- pratiquer la méditation
- prendre un bon bain chaud
- me faire masser ou me masser
- utiliser des techniques de relâchement des tensions
- utiliser des techniques de biofeedback
- utiliser l'aromathérapie
- prendre un sauna ou un bain de vapeur
- pratiquer des techniques de visualisation
- écouter des musiques relaxantes
- passer du temps dans la nature
- passer du temps à lire
- passer du temps avec des animaux
- ne rien faire, tout simplement
- aller faire une promenade
- regarder la télévision
- faire un petit somme
- autres ________ (précisez)

Distractions

Choisissez trois stratégies pour vous distraire dans la liste ci-dessous.

« Pour réussir à gérer mes émotions intenses sans la nourriture, je peux me distraire. Plus précisément, je peux … »

- aller dans un musée ou une galerie d'art
- assister à un concert
- feuilleter des livres dans une bibliothèque ou une librairie
- aller au théâtre
- écouter de la musique
- assister à ou regarder un événement sportif
- aller au cinéma
- jouer aux cartes ou faire un puzzle
- aller faire du shopping
- participer à des activités spirituelles
- assister à une conférence ou participer à un séminaire
- appeler un(e) bon(ne) ami(e)
- surfer sur Internet
- aller me balader
- penser à mes prochaines vacances
- autres ________(précisez)

Activités physiques

Choisissez trois activités physiques dans la liste ci-dessous.

« Pour réussir à gérer mes émotions intenses sans la nourriture, je peux être plus active. Plus précisément, je peux … »

- aller faire un jogging
- aller faire du vélo
- pratiquer le yoga

- pratiquer le Pilates
- aller à un cours de gymnastique
- faire de la musculation
- jardiner
- aller faire un tour à pied
- jouer au tennis
- faire de la randonnée
- pratiquer un art martial
- aller chasser ou pêcher
- faire le ménage
- autres _______(précisez)

Relativiser

Choisissez trois stratégies pour relativiser les choses dans la liste ci-dessous.

« Pour réussir à gérer mes émotions intenses sans la nourriture, je peux apprendre à relativiser. Plus précisément, je peux … »

- me rappeler une période ou un moment où j'étais bien
- me rappeler de quoi je n'ai pas à me plaindre dans ma vie
- élaborer un projet
- me rappeler que je ne vais pas rester dans cet état et que je me sentirai mieux à d'autres moments
- me rappeler les personnes qui m'aiment, s'intéressent à moi ou se préoccupent de mon sort
- garder à l'esprit que ma vie n'est pas aussi ingérable que je le crois
- me rappeler que ma vie n'est pas aussi vide de sens que je le crois
- lâcher prise et me rappeler que je ne suis pas forcée de toujours tout contrôler
- me rappeler que ce que je redoute ne va pas nécessairement se produire

- essayer de venir en aide à des gens qui en ont plus besoin que moi
- autres ________(précisez)

Notez dans votre cahier toutes les stratégies que vous avez choisies. Puis inscrivez-les sur une liste que vous afficherez au-dessus de votre bureau ou sur votre réfrigérateur. À chaque fois que vous serez face à un déclencheur émotionnel, vous choisirez l'une de ces stratégies en fonction de votre humeur du moment et observerez ce qui se passe en vous, notamment au niveau de votre faim. Ce n'est pas grave si, au début, vous n'arrivez pas à éviter systématiquement la nourriture.

Bien sûr, vous connaissiez déjà ces stratégies, mais le fait de les avoir notées de façon ordonnée peut vous faire prendre conscience du large éventail de possibilités dont vous disposez. Si vous aviez l'habitude de vous tourner vers la nourriture avant d'employer l'une de ces stratégies, c'est soit parce que vous ne savez pas comment faire autre chose que de manger, soit parce que vous n'êtes pas convaincue qu'une autre stratégie peut fonctionner, soit parce que vous avez peur d'essayer.

Même si votre premier geste reste de saisir une barre chocolatée parce que c'est pratique, rapide et immédiatement gratifiant par rapport à la plupart des stratégies que je vous propose, vous savez désormais que vous pouvez faire un autre choix, et j'espère que c'est ce que vous ferez. Après tout, la barre chocolatée ne fait pas long feu et vous ne tardez pas à tourner de nouveau à vide.

Rappelez-vous : vous disposez désormais de deux autres stratégies que la nourriture pour gérer vos émotions négatives. Premièrement, quand vous vous surprenez à élaborer des scénarios catastrophes, vous pouvez vous dire que ce sont juste des peurs qui n'ont aucune réalité et agir en conséquence au lieu de paniquer et de vous attendre au pire. Deuxièmement, vous pouvez appliquer une ou plusieurs des stratégies que vous avez choisies pour canaliser votre énergie ailleurs que dans la nourriture.

À chaque fois que vous choisissez de manger face à des émotions que vous redoutez, vous renforcez votre phobie du ressenti et vos scénarios catastrophes. À chaque fois que vous choisissez une autre stratégie que la nourriture pour gérer vos émotions, vous cessez d'utiliser la nourriture comme tranquillisant, vous devenez plus forte et plus maîtresse de vous-même, et c'est le but. Au fur et à mesure que vous réussirez à remplacer la nourriture par autre chose, votre confiance va s'en trouver renforcée et le cercle vertueux va peu à peu s'installer.

Gérez vos émotions sans la nourriture

Reprenons les exemples de la séance n° 2 sur les scénarios catastrophes et voyons comment vous pouvez leur appliquer ce que vous avez appris sur la transe alimentaire.

Interprétation erronée n° 1

Quand je m'occupe de ma mère malade, je me sens épuisée. En rentrant de l'hôpital, je me dis que c'est au-dessus de mes forces, que je ne peux pas, que je ne vais pas résister. Et, une fois à la maison, je me jette sur la nourriture. Pendant quelques instants, le temps de vider le réfrigérateur, j'oublie ce que le médecin m'a dit et toutes les choses que je dois faire. Je me sens calme et en sécurité, mais quand j'ai fini de manger, je me sens non seulement épuisée, mais dégoûtée de moi-même.

Réinterprétation réaliste

En rentrant chez moi, je me fais couler un bain et

j'appelle une amie. Mon amie me rappelle que cette situation ne va pas durer éternellement, que c'est juste un mauvais moment à passer. Le bain me détend et je passe une bonne nuit. Le lendemain matin, je me sens mieux armée pour retourner voir ma mère à l'hôpital.

Interprétation erronée n° 2

Quand je me sens rejetée par mon petit ami, j'éprouve de la colère et de la jalousie à l'égard de ma sœur qui est mariée et heureuse. J'ai peur de me mettre en colère contre elle. Cette jalousie et cette colère forment un cocktail explosif qui me pousse à manger. En mangeant, j'étouffe mes paroles de colère. J'engouffre tout ce que je peux engouffrer et, pendant que je me gave, je pense à une seule chose : avaler un maximum de nourriture en un minimum de temps. Alors j'oublie tout le reste. Mais une fois que je n'ai plus rien à manger, je me déteste et me dis qu'il n'y a rien d'étonnant à ce que je n'aie pas un mari comme celui de ma sœur.

Réinterprétation réaliste

Quand je fais une pause pour réfléchir et relativiser les choses, je suis capable de voir que ma sœur souhaite sincèrement que je fasse un mariage aussi heureux que le sien. Quand je me rappelle qu'elle est de mon côté, je ne suis pas trop en colère pour l'appeler et elle m'aide à savoir ce que je dois dire à mon petit ami pour que notre relation s'améliore.

Interprétation erronée n° 3

Parfois, tard le soir, quand tout le monde dort, je me sens terriblement seule. J'ai l'impression que j'ai un torrent de larmes au fond de moi qui va couler, couler et ne jamais s'arrêter. Quand je suis dans cet état, j'ai absolument besoin de manger. Si je n'ai rien chez moi, je vais chez l'épicier du coin, ouvert en permanence, je lui achète des tonnes de friandises et je les mange toutes une fois rentrée chez moi. Mais après, mon comportement me déçoit terriblement.

Réinterprétation réaliste

Quand je suis dans cet état, je me passe le film le plus nunuche que je puisse trouver (ou je descends louer une vidéo). En regardant le film, je m'autorise à pleurer tout mon soûl, et une fois le film terminé, mes larmes ne coulent plus et je me sens mieux.

Interprétation erronée n° 4

Je ressens le besoin de manger quand j'ai l'impression d'être totalement indigne d'être aimée. Je pense alors que si je suis comme ça, alors il n'y a pas d'espoir. Je me précipite vers le frigo et j'avale tout et n'importe quoi. Mais une fois rassasiée, je suis si en colère contre moi que je comprends que personne ne puisse aimer une femme aussi nulle que moi.

Réinterprétation réaliste

J'enfile mes baskets et je vais faire un jogging. Pendant que je cours, je me dis que je ne suis pas si nulle que ça, et que même avec mon surpoids, je suis capable de courir plus de trois kilomètres.

Maintenant que vous avez exploré votre phobie du ressenti dans le cadre de la deuxième séance et admis le bien-être que vous procure la transe alimentaire dans la troisième, vous êtes capable de plonger votre regard au plus profond des cinq strates d'impuissance qui nourrissent votre faim émotionnelle.

Chapitre 13

Séance n° 4 : Comment surmonter vos doutes sur vous-même

Durant cette séance :

- Vous allez voir que vous êtes remplie de doutes sur vous-même, certains suscités par les autres, d'autres non provoqués.
- Vous allez identifier l'armure que vous portez pour vous protéger de vos doutes sur vous-même.
- En réinterprétant de façon réaliste votre attitude, vous allez vous rendre compte que vous n'êtes absolument pas impuissante.
- Vous allez apprendre à dialoguer avec Joséphine et les six accusations qu'elle porte contre vous.
- Vous allez comprendre que vous avez deux méthodes pour gérer vos doutes sur vous-même :
  1. Vous pouvez les atténuer en répondant du tac au tac à votre conscience critique.
  2. Vous pouvez cesser de les alimenter en faisant un retour sur vous-même dès que vous vous surprenez à interpréter une situation de façon erronée, c'est-à-dire à penser qu'il y a quelque chose qui ne va pas chez vous.

Dans les séances précédentes, vous avez découvert différents moyens de gérer votre phobie du ressenti et votre transe alimentaire sans recourir à la nourriture. L'essentiel étant de marquer un temps de réflexion vous permettant de diminuer l'intensité de vos émotions. Une fois que vous n'êtes plus sous l'emprise des émotions, vous pouvez faire de meilleurs choix. Ce sont des solutions à court terme, mais nécessaires pour avoir une pensée claire et lucide. Et quand nous voyons les choses clairement, nous pouvons mieux aborder nos problèmes extérieurs pour tenter de les résoudre et notre monde intérieur pour tenter de le maîtriser.

Comment maîtriser notre monde intérieur ? En écoutant la voix de notre autocritique, Joséphine, et en lui répondant du tac au tac. Rappelez-vous ce que je vous ai dit dans la première partie – *c'est l'expérience immédiate de notre sentiment d'impuissance qui crée notre désir incontrôlable de manger.* C'est aussi l'idée centrale de ce livre.

Répondez du tac au tac à votre voix critique

Vos doutes sur vous-même proviennent d'une histoire qui devrait être enterrée au fur et à mesure que vous grandissez et que vous vous transformez. Mais quand vous empêchez cette histoire d'être enterrée en succombant à votre faim émotionnelle, Joséphine appuie sur la touche PLAY et vous passe son vieil enregistrement, vous remettant en mémoire les insuffisances dont vous souffriez à l'âge de cinq, de dix ou de quinze ans, ce qui ne fait que les renforcer. Seule différence, mais elle est de taille : cette voix n'est plus celle de vos parents ou de vos enseignants, mais la vôtre, celle qui vous habite en permanence. Je ne veux pas dire que vous êtes devenue parfaite, mais je suis prêt à parier que la plupart des attitudes négatives, profondément ancrées en vous, que vous avez vis-à-vis de vous-même sont exagérées. Il est donc essentiel que vous osiez regarder en face votre manque d'estime de vous-même au lieu de continuer à les fuir dans la phobie du ressenti et la transe alimentaire.

Je vous invite à procéder à une évaluation objective, sans complaisance mais sans sévérité excessive, de vous-même, à découvrir la vérité et à comprendre ce que vous pouvez faire quand votre petite voix critique se met à vous parler.

- Commencez par écouter votre voix critique et analysez ce qu'elle vous dit.
- Ensuite, apprenez de nouvelles manières de répondre efficacement aux six accusations de Joséphine, qui sont les suivantes :
  1. Si vous n'êtes pas parfaite, vous avez de gros défauts et de graves insuffisances.
  2. Vous essayez de dissimuler et de nier l'existence de vos défauts et de vos insuffisances.
  3. Vous êtes dans l'imposture.
  4. Vous n'êtes pas réellement adulte et ne méritez pas d'avoir tous les droits des adultes.
  5. Vous savez que le bien qu'on dit de vous n'est pas vrai.
  6. Tout le monde sait ce que vous cachez.
- Enfin, apprenez à cesser de renforcer votre constat d'impuissance et de croire que c'est vous qui avez quelque chose qui cloche.

Quand vous dites à quelqu'un qu'il a de beaux cheveux, il ne vous répond pas, en général : « Je vous remercie. » Mais : « Vraiment ? Mais ils sont sales. » ou : « Non, ils ne sont pas si beaux que ça. » Les êtres humains veulent désespérément être vus, appréciés, connus et reconnus, et pourtant ils n'arrêtent pas d'essayer de vous convaincre de tout ce qui cloche chez eux. Joséphine garde des listes entières de critiques qu'elle attend de vous soumettre dès l'instant où vous êtes en difficulté ou insatisfaite. C'est pourquoi j'aimerais vous donner l'occasion de me dire ce qui cloche vraiment chez vous. Vous allez me répondre : « Attendez, votre livre est censé m'aider et regonfler mon estime de moi-même, et non me convaincre de toutes les choses horribles que je pense de moi. » Si vous savez être sincère et observer avec humour ce que vous n'aimez pas en vous, vous ne vous cacherez plus et vos doutes sur vous-même deviendront moins effrayants.

Qu'est-ce qui ne va pas chez vous ?

Vous reconnaissez cette liste ? Elle est la réplique exacte de celle que je vous proposais page 211 de la séance n° 2. Ce sont les qualificatifs que Joséphine vous donne. Choisissez ceux avec lesquels vous vous identifiez.

« Je pense que je suis … »

- désemparée et sans défense
- indigne d'être aimée
- nulle
- autodestructrice
- peu fiable
- inférieure
- méchante et cruelle
- peu digne d'intérêt
- désobéissante
- pleine de défauts
- puérile
- totalement dénuée de chaleur et de tendresse
- timorée et faible
- dénuée de talent ou de compétence
- dénuée de sens relationnel

- incapable de répondre à des attentes raisonnables
- incapable de prendre ou de tenir un engagement
- trop dépendante
- stupide
- égocentrique
- peu autonome
- trop docile
- trop sauvage
- ennuyeuse

À présent, construisez un récit autour de vos doutes, un récit qui raconte votre histoire et brosse votre portrait. Voici deux exemples :

Vincent a trente-neuf ans. Il est musicien. Cela fait vingt ans qu'il rêve de devenir une rock star. Outre ses petits concerts, qui ne lui apportent pas beaucoup d'argent, il joue de la musique pour les enfants d'une école maternelle. Il dépend toujours de sa mère sur le plan financier, laquelle lui donne 1000 euros par mois pour couvrir ses dépenses. Joséphine l'accuse d'être un minable. Lors des réunions de famille, il n'a pas de véritable contact avec ses frères ou ses beaux-frères, tous plus jeunes que lui mais capables de s'assumer financièrement. Alors, au lieu de participer aux conversations, il va jouer dans la cour avec les enfants et ne revient à table que pour le dessert. Il se gave de gâteaux, ce qui le rend encore plus minable à ses yeux.

Fabienne a cinquante-six ans. Elle a de grands enfants qui vivent aux quatre coins de la France. Elle ne travaille pas et ne s'intéresse pas à grand-chose. Joséphine la persuade qu'elle est trop sauvage et trop ennuyeuse. Elle ne sait pas comment sortir et se faire des connaissances. Elle passe ses journées à lire, aux côtés de son mari handicapé, et à grignoter.

Défendez-vous contre les accusations de votre conscience critique

La question « Qu'est-ce qui ne va pas chez vous ? » concerne les deux premières accusations de Joséphine.

Accusation n° 1 : Si vous n'êtes pas parfaite, vous avez de gros défauts et de graves insuffisances.

Accusation n° 2 : Vous essayez de dissimuler et de nier l'existence de vos défauts et vos insuffisances.

Défendez-vous contre son accusation n° 1

Quand Joséphine vous dit cela, vous n'avez pas à l'accepter et vous devez lui répondre du tac au tac. Comment ? Voici quelques exemples :

- Il est normal d'avoir des limites.
- Il est normal de ne pas tout savoir.
- Il est normal de ne pas pouvoir contrôler toutes les situations.
- Il est normal que je ne puisse pas me contrôler parfaitement.
- Tout le monde ne peut pas m'aimer comme je voudrais être aimée.
- Je ne peux pas être toujours au top.
- Nul n'est parfait.
- Ce n'est pas parce que je ne sais pas faire quelque chose que je ne sais rien faire.
- Ce n'est pas parce que j'ai commis des erreurs dans le passé que je ne peux pas faire mieux à l'avenir.

Nous avons tous des défauts et des insuffisances. Nul n'est parfait, même s'il semble avoir toutes les qualités.

Voyons comment Vincent pourrait répliquer à Joséphine.

Joséphine : Tu es vraiment minable d'avoir besoin de l'argent de ta mère à trente-neuf ans. Quand vas-tu commencer à grandir un peu ?

Vincent : Tu as raison. Je regrette de ne pas pouvoir me passer de son aide. Mais je suis tardif et ce n'est pas parce que je ne peux pas faire quelque chose (être entièrement autonome) que je ne peux rien faire. Je me crée de nouvelles opportunités professionnelles tous les jours.

Joséphine : À qui veux-tu faire croire ça ? Quand vas-tu enfin devenir adulte ?

Vincent : Cette année, je ne lui demande plus que 500 euros, soit moitié moins ; c'est bon signe, non ? À ce rythme, je ne vais peut-être plus avoir besoin de son aide financière l'année prochaine.

Joséphine : Tu devrais avoir honte de lui avoir demandé cet argent pendant toutes ces années !

Vincent : Tu sais quoi, Joséphine ? Je commence à accepter de suivre une voie différente de celle de mes frères et de mes beaux-frères. À ne plus avoir aucun complexe là-dessus. Je vais continuer à travailler dur et montrer à ma mère combien j'apprécie le soutien financier qu'elle m'apporte. Je pense vraiment ne plus en avoir besoin très longtemps.

Vincent se rend compte que s'il accepte sa situation du moment et se montre reconnaissant envers sa maman, il n'a plus besoin de prendre un air penaud devant sa famille et de se considérer comme inférieur. Il peut même participer aux conversations familiales. Et il découvre qu'à chaque fois qu'il se comporte ainsi, il oublie le dessert.

Prenez modèle sur l'exemple de Vincent pour entamer un dialogue avec Joséphine sur le défaut majeur ou l'insuffisance principale que vous vous attribuez.

Défendez-vous contre son accusation n° 2

C'est gratifiant de trouver quelqu'un que vous aimez, mais c'est essentiel de vous aimer. C'est excitant de voir que ce quelqu'un est un type bien, mais c'est indispensable de vous considérer comme quelqu'un de bien. C'est un plaisir de découvrir des individus dignes de respect, d'admiration et d'amour, mais c'est vital d'avoir la conviction de mériter le respect, l'admiration et l'amour. – Jo Coudert, auteur

Vous rappelez-vous les scénarios catastrophes qui nourrissaient votre phobie du ressenti ? Ces messages vous faisaient redouter vos propres émotions comme s'il s'agissait de forces terriblement nuisibles, capables de vous détruire et de détruire les autres. Or, ces messages méritaient d'être pris en compte. Vous avez certainement aussi peur de vos défauts ou de vos insuffisances. Mais sachez que votre regard sur vous-même est aussi faussé que stupide, et qu'il vous paralyse inutilement.

Tous les êtres humains ont des défauts et des insuffisances. Grandir signifie accepter cette condition humaine et comprendre que vous êtes un individu imparfait, comme tous les autres. Un point de vue mature consiste à vous voir comme un adulte naviguant à travers un monde complexe et parfois dangereux, qui doit être vigilant et adaptable, et qui doit continuer d'apprendre les leçons de la vie pour évoluer et s'épanouir. Un point de vue puéril consiste à s'accrocher à l'illusion que vous pouvez évaluer votre comportement sur la base d'une formule simple, une formule apprise dans votre enfance et empreinte de l'autorité parentale toute-puissante… et sécurisante.

Pour sortir de l'enfance, vous devez cesser de croire Joséphine sur parole et, notamment, de croire que ses accusations sont vraies ou fausses, sans demi-mesure.

Vous devez développer votre discernement et apprendre à penser par vous-même, ce que vous êtes totalement capable de faire. Bien sûr, cela va sans dire que vous devez vous attendre à batailler ferme avec Joséphine. Essayez de dialoguer avec elle à plusieurs niveaux pour prendre du recul par rapport à vos problèmes et les relativiser. Vous devez absolument « faire appel » au lieu d'accepter son verdict sans broncher. Si tous les thérapeutes prenaient pour argent comptant toutes les choses horribles que leurs patients leur racontent sur eux-mêmes, ils ne feraient jamais de progrès. Vous devez être votre propre thérapeute et découvrir quelle partie de l'histoire Joséphine laisse de côté. Qu'est-ce que Fabienne aurait pu répondre à Joséphine quand celle-ci l'accusait d'être sauvage et ennuyeuse ?

Joséphine : Fabienne, tu es sauvage et ennuyeuse. Tes enfants sont tous partis. Ils ne veulent pas vivre près de chez toi.

Fabienne : Ce n'est pas parce qu'ils ne vivent pas près de chez moi qu'ils ne m'aiment pas. Je les ai élevés du mieux que j'ai pu et, maintenant, ils ont suffisamment confiance en eux pour vivre leur propre vie.

Joséphine : Mais tu es une femme ennuyeuse pour les autres. Tu ne fais rien de la journée, excepté de lire des romans policiers et jouer au Sudoku.

Fabienne : Tu as raison. Je traîne pour passer le temps. Mais cela ne veut pas dire que je suis ennuyeuse. J'ai juste oublié qui j'étais maintenant que je n'ai plus à m'occuper de mes enfants. J'étais une mère formidable, très proche, je faisais des tas de choses passionnantes avec eux. Je pense que je suis capable de retrouver une vie riche et créative. Soit dit en passant, je te remercie, Joséphine, de me rappeler que je n'exploite pas assez les talents que je possède. Au fait, sais-tu jouer au Sudoku ? Ce n'est pas si facile que ça, tu sais.

Une fois que Fabienne a admis que Joséphine avait en partie raison, cette dernière est restée sans voix ! Quand vous dialoguez avec Joséphine, vous représentez le monde tel qu'il est aujourd'hui, alors qu'elle représente le monde d'hier. Tout comme je ne crois pas tout ce que mes patients me disent sur eux-mêmes, vous ne pouvez pas croire tout ce que vous dit Joséphine.

Préparez-vous à vous défendre contre son accusation n° 3

La plupart des gens ne sont pas eux-mêmes. Leurs pensées sont les opinions des autres, leur vie une imitation, leurs passions une citation. – Oscar Wilde, *De Profundis*, 1905

Vos doutes sur vous-même peuvent vous rendre si mal à l'aise que vous ressentez le besoin de vous réfugier dans une sorte d'armure, un rôle qui vous permet de vous distancier de la souffrance que vous ressentez quand vous êtes envahie par un sentiment d'impuissance. Jetez un coup d'œil à la liste des « rôles d'autoprotection » ci-dessous. Lequel ou lesquels de ces rôles endossez-vous quand vos doutes sur vous-mêmes sont activés ? Notez dans votre cahier celui ou ceux qui correspondent le mieux à votre propre système de défense et réfléchissez sur la manière dont ce(s) rôle(s) a(ont) influencé votre développement personnel, votre vie relationnelle et, plus globalement, l'ensemble de votre vie.

- La rêveuse
- L'hyperactive
- La solitaire
- La bûcheuse
- La perfectionniste
- La sociable

- La dure
- L'experte
- La meneuse
- L'indécise
- La victime
- La séductrice
- La boute-en-train
- La complaisante envers elle-même
- La martyre
- L'indifférente
- L'observatrice
- La vérificatrice
- La menteuse
- L'insouciante
- L'éternelle gémisseuse
- L'autosuffisante
- La rivale
- La fêtarde
- Celle qui s'excuse tout le temps
- La marginale
- La Mère de tout le monde

Prenez conscience du fait que vous avez adopté l'un de ces rôles pour compenser un manque de confiance en vous. Choisissez un ou deux rôles qui, vous le savez, vous posent des problèmes avec les autres ou vous limitent exagérément. Puis essayez d'identifier le(s) doute(s) sur vous-même que vous dissimulez sous ce(s) rôle(s). (Les rôles d'autoprotection sont généralement des qualités naturelles dont vous faites un usage excessif pour vous protéger.) Cette armure est tellement devenue une seconde nature que vous risquez de la confondre avec votre vraie personnalité, beaucoup plus vaste. Il est très important que vous puissiez identifier le type d'armure que vous portez pour pouvoir ensuite vous en extraire et affronter directement vos doutes sur vous-même. Vous commencez à comprendre que vous n'avez pas montré une fausse image de vous, mais que vous avez forcé le trait en surexploitant l'une de vos forces.

Anne a toujours aimé être seule. Ses parents disaient qu'elle passait des heures dans sa chambre à jouer avec son monde imaginaire. Bien que sa capacité à passer du temps seule de manière productive soit quelque chose qu'elle aime bien chez elle, elle l'a utilisée pour se protéger en grandissant. Aujourd'hui, Anne est une artiste qui peint de longues heures, seule dans son studio. Pendant qu'elle peint, elle a tendance à grignoter. Elle a pris quinze kilos l'année dernière. Elle dit à tout le monde qu'elle est tellement occupée à préparer l'ouverture prochaine de sa galerie qu'elle ne peut pas sortir plus. Mais, en réalité, elle ne veut pas qu'on voie qu'elle a pris quinze kilos. Elle se cache derrière son armure de solitaire.

Défendez-vous contre son accusation n° 3

Joséphine va essayer de vous accuser d'imposture parce que vous portez une armure. Elle n'a aucune compassion pour vous et ne cherche pas à comprendre que si vous la portez, c'est parce que vous cherchez à compenser un défaut ou une insuffisance que vous ressentez au fond de vous. Qu'allez-vous lui répondre ? Voyons ce qu'Anne lui a répondu :

Joséphine : Fabienne, tu es dans l'imposture. Tu n'es pas vraiment une artiste qui a besoin d'être seule. Tu te caches parce que tu as peur de prendre le risque de rencontrer des gens, et tu sais qu'ils vont te juger grosse avec tous les kilos que tu viens de prendre.

Anne : Non, Joséphine, j'aime vraiment être seule, mais tu as raison de dire que j'ai été plus souvent seule que je ne l'aurais souhaité ces derniers temps.

Joséphine : Tu ne sais même pas qui tu es derrière ton armure.

Anne : Je sais très bien qui je suis. Je suis une artiste, j'aime mon travail et je me donne à fond dans ce que je fais. J'ai simplement peur que personne n'aime la vraie Anne, celle qui est cachée sous mon armure.

Joséphine : Tu es simplement trop froussarde pour te débarrasser de ton armure et voir si quelqu'un pourrait t'aimer.

Anne : Tu as raison. Je l'ai été jusqu'à présent, mais j'ai pris beaucoup de risques avec ma peinture et j'ai été bien reçue. Maintenant, je peux peut-être prendre quelques risques avec mes relations.

Si vous admettez que vous portez une armure simplement parce que vous avez peur, Joséphine ne va certainement pas se monter compatissante à votre égard. Mais vous pouvez faire preuve de compassion à votre égard en comprenant que sous cette lourde armure se cache une personne assez remarquable.

Défendez-vous contre son accusation n° 4

Joséphine essaie de vous convaincre que vous êtes restée une enfant. Elle y a tout intérêt. Pourquoi ? Parce qu'elle ne peut avoir de l'emprise sur vous que si vous croyez que vous êtes encore une enfant. Vous allez devoir être vigilante pour repérer les schémas comportementaux autodestructeurs dans lesquels vous tombez dès l'instant où vous avez des doutes sur vous-même – comportements qui continuent de vous faire agir de façon puérile. Les comportements ci-dessous sont-ils les vôtres quand vous doutez de vous-même ?

- Vous devenez très intimidée et, du coup, vous n'osez plus exprimer votre opinion.
- Vous agissez comme si les autres avaient forcément raison et vous forcément tort.

- Vous avez peur d'exprimer vos sentiments/émotions.
- Vous vous sentez coupable, comme si vous aviez fait quelque chose de mal.
- Vous pensez que vous n'avez pas le droit de faire ou de dire ceci ou cela.
- Vous avez peur de montrer votre potentiel, vos talents ou vos véritables compétences.

Ce sont des comportements d'autosabotage fondés sur l'idée que vous n'êtes pas une personne adulte totalement affranchie et qui mérite tout ce que la vie peut lui offrir. À chaque fois que vous vous comportez ainsi, vous renforcez le pouvoir de Joséphine en acquiesçant à ce qu'elle dit de mal sur vous. Et qui n'est pas la vérité.

Votre dialogue avec Joséphine sur le problème de votre manque d'estime personnelle ne passe pas par le dire, mais par le faire. Autrement dit, faites le contraire de ce que vous faites habituellement. Par exemple, si vous avez peur d'exprimer vos sentiments, trouvez un moyen de le faire. Vous êtes adulte maintenant et c'est votre droit. À chaque fois que vous adoptez un comportement contraire aux comportements ci-dessus, vous affaiblissez Joséphine et vous vous renforcez.

Défendez-vous contre son accusation n° 5

Cessons toute cette autoflagellation, et au travail ! Nous avons un monde à changer. – Neale Donald Walsch, conférencier et écrivain

À présent, préparez-vous à l'attaque la plus sournoise de Joséphine. Vos doutes sur vous-même peuvent vous faire oublier que vous avez des qualités qui compensent vos défauts. Vous pouvez avoir reçu un César ou un Oscar, mais dès que le doute vous assaille, vous trouverez toujours le moyen de vous sentir nulle. En vous disant, par exemple, que si le jury connaissait la vérité sur vous, il aurait choisi quelqu'un d'autre, ou que cette récompense s'adresse à la femme que vous étiez avant, mais pas maintenant. Comme vous le savez, le manque d'estime de vous peut vous donner à penser que vous n'avez rien à offrir à personne.

Le seul moyen de couper court à ce déluge de doutes sur votre propre valeur est de garder un esprit positif et de vous rappeler les moments où vous étiez fière de vous ou juste heureuse d'être vous-même. Mais, bien sûr, Joséphine est prête à contre-attaquer. Elle sait très bien comment séparer son monde du vôtre pour vous persuader que toutes vos qualités ne comptent pas dans son monde. Vous pouvez être quelqu'un de formidable, mais elle ne vous laissera pas penser cela de vous une minute de plus ! Catherine, l'une de mes patientes, me disait : « Lorsqu'il se passe quelque chose dans l'école où j'enseigne ou avec mes amis, j'envisage aussitôt le pire. Ma collègue peut avoir des paroles agréables à mon égard, mes élèves peuvent me féliciter pour mes cours, je suis tellement dans une spirale de dévalorisation de moi-même que je me sens complètement nulle et inutile. »

Voyons ce que Catherine aurait pu répliquer à Joséphine :

Joséphine : Tu sais pertinemment que le bien qu'on dit de toi n'est pas fondé et que tu n'es pas vraiment une bonne enseignante.

Catherine : Tu as raison dans le sens où je me pose des questions sur ma manière d'enseigner, mais les éloges que je reçois de mes collègues et de mes élèves me laissent à penser que mes doutes sur moi-même ne sont pas fondés.

Joséphine : Ils essaient juste de te rassurer et te donner bonne conscience.

Catherine : Non, il y a trop de gens qui me félicitent, et je sais quand ces félicitations ne sont pas justifiées ou quand on essaie seulement de me rassurer et de me donner bonne conscience. Ce n'est pas le cas. Tous ces gens pensent vraiment ce qu'ils me disent. Et je suis fière du bon travail que je fais dans cette école. Je suis une bonne enseignante, même si je ne suis pas la meilleure. Je m'améliore d'année en année, alors n'essaie pas de minimiser mes progrès.

Défendez-vous contre son accusation n° 6

Joséphine est passée maître dans l'art de déguiser sa voix pour éviter que vous la reconnaissiez et de parler à travers votre époux, un enseignant, quelqu'un que vous pensiez être votre ami ou quelqu'un que vous redoutez d'approcher parce que vous savez qu'il vous critiquera.

Tous les Noël, Jeanne rend visite à sa belle-mère en compagnie de son mari. Et tous les ans, sa belle-mère lui dit : « Qu'est-ce que tu as fait à tes cheveux ? » Jeanne ne relève pas la remarque, mais se sent mal à l'aise le reste de la soirée. Cette année, elle s'est juré de ne plus se laisser critiquer. Lorsque Jeanne pénètre dans la maison de sa belle-mère, cette dernière lui dit, comme elle s'y attendait : « Dis donc, Jeanne, qu'as-tu fait à tes cheveux ? » Jeanne respire profondément et lui répond : « Pourquoi me poses-tu cette question ? » Sa belle-mère lui donne alors cette réponse inattendue : « Parce qu'ils sont superbes. » Jeanne avait toujours cru que sa belle-mère attirait l'attention sur ses cheveux parce qu'ils n'étaient pas comme il faut. Elle se faisait des idées. Et le réveillon s'est très bien passé. Jeanne envisage même d'aller voir sa belle-mère plus souvent.

Quand vous entendez Joséphine dans la bouche d'autres personnes, vous réagissez de deux manières : soit vous leur conférez tout le pouvoir de Joséphine et vous les évitez ou les apaisez pour ne pas être attaquée. Soit vous contre-attaquez – ils se trompent complètement, c'est vous qui avez raison et vous refusez de perdre. Mais vous perdez automatiquement quand vous confondez les vrais problèmes du quotidien qui doivent être résolus avec votre lutte acharnée pour défendre votre honneur face à la personne qui représente Joséphine à ce moment-là. C'est le moyen le plus sûr de perdre vos amis, ruiner votre intimité et vous isoler du monde parce que vous vous sentez incomprise.

Voyons ce que Jeanne aurait pu répondre à Joséphine :

Joséphine : Tout le monde sait ce que tu caches, notamment ta belle-mère.

Jeanne : Je te reconnais, Joséphine, et je ne veux pas dialoguer avec toi si tu ne te montres pas au grand jour.

Joséphine : Ta belle-mère pense que tu présentes mal et que tu n'es pas assez bien pour son fils.

Jeanne : Elle n'a jamais dit cela.

Joséphine : Mais elle le pense. Tu le sais, je le sais, Marc le sait, tout le monde le sait.

Jeanne : Je ne veux plus t'écouter. Je vais aller le lui demander, tout simplement.

Et, comme vous le savez, Jeanne a bien fait. Vous aurez des relations authentiques avec les gens si vous savez reconnaître comment Joséphine tire les fils de votre marionnette pour vous faire croire des choses sur vous qui ne sont pas vraies.

Cessez de renforcer votre sentiment d'impuissance

Vous êtes face à une situation donnée (vous trouverez quelques exemples ci-dessous, mais je suis sûr que vous n'aurez aucun mal à trouver un exemple plus personnel).

- Quelqu'un vous fait une remarque.
- Quelqu'un vous regarde.
- On vous dit que vos résultats sont mauvais à votre travail.
- On vous dit que votre enfant s'est mal comporté.

Vous commencez alors à porter un jugement sur vous et sur votre vie. Et c'est là que vous en tirez la conclusion qu'il y a quelque chose qui ne va pas chez vous. Vos doutes sur vous-même attisent votre sentiment d'impuissance, et vous mangez, cherchant refuge dans la transe alimentaire pendant quelques instants. Mais vous vous sentez coupable. Nulle. Bonne à rien. Et vous redoublez de doutes sur vous-même. Finalement, tout cela confirme ce que les autres pensent de vous.

Exemple d'interprétation erronée

Quand Alexandra rentre de son travail, son mari lui demande : « Comment es-tu habillée ? » (réalité extérieure, temps présent). Elle pense aussitôt qu'il critique ce qu'elle porte. Il n'aime jamais ce qu'elle porte. Il n'est pas attiré par elle. Il ne l'aime pas vraiment (scénario catastrophe). Elle en conclut qu'elle a quelque chose qui cloche (sa réalité intérieure où elle juge la situation en fonction de ses peurs et de ses expériences passées). Elle se précipite dans la cuisine, vers le frigo. Elle mange. Après, elle a encore davantage de doutes sur elle-même. Cette expérience renforce à la fois son manque d'estime personnelle et son sentiment d'impuissance.

Réinterprétation réaliste

Face à une situation donnée, vous avez deux possibilités. Vous pouvez dialoguer avec Joséphine ou évaluer la situation en fonction de ce qui se passe ici et maintenant. Vous pouvez voir si le jugement négatif que vous attribuez à l'autre est :

- exact
- complètement faux
- exagéré
- intéressé
- motivé par son besoin de se défouler sur vous
- peut-être vrai en partie, mais cela ne signifie pas que vous n'êtes que comme ça

Exemple de réinterprétation réaliste

Quand Alexandra rentre de son travail, son mari lui demande : « Comment es-tu habillée ? » Elle évalue la situation de façon réaliste. Il lui a posé une question, c'est tout. Peut-être ne l'a-t-il jamais vue habillée ainsi. Peut-être se demande-t-il pourquoi elle est si élégante pour un vendredi ordinaire. Elle n'a aucun moyen de savoir ce qu'il pensait en lui posant cette question, alors elle ne se rue pas vers le frigo, mais lui demande ce qu'il veut dire.

Si sa réponse indique un jugement critique à son égard, elle peut évaluer la situation et réfléchir si le commentaire de son mari correspond à l'un des six adjectifs ci-dessus. Il exagère peut-être. Il n'aime peut-être pas quand elle achète de nouveaux vêtements. Il n'a peut-être pas les mêmes goûts qu'elle, tout simplement. Alexandra n'a aucune raison d'en conclure qu'il y a quelque chose qui ne va pas chez elle.

Chapitre 14

Séance n° 5 : Comment combattre votre défaitisme

Durant cette séance :

- Vous allez comprendre que votre frustration par rapport à votre vie vous pousse à vous récompenser par la nourriture.
- Vous allez comprendre que votre frustration repose sur un sentiment d'impuissance non justifié. Une fois que vous aurez appris à redevenir maître de votre vie, la nourriture aura moins d'emprise sur vous.
- Vous allez effectuer les changements nécessaires à l'amélioration de votre vie relationnelle.
- Vous allez veiller à ce que vos besoins légitimes soient satisfaits et vos besoins immatures abandonnés.
- Vous allez prendre la responsabilité de votre potentiel inexploité.
- Vous allez apprendre à mieux gérer votre stress pour pouvoir le maîtriser.
- Vous allez découvrir que vous avez deux méthodes pour reprendre le contrôle de votre vie :
  1. Vous pouvez gérer activement les difficultés que vous rencontrez dans votre vie et tout faire pour qu'elle fonctionne dans tous les domaines.
  2. Vous pouvez éviter le défaitisme (qui ne fait que

renforcer votre soi-disant impuissance) en refusant de laisser les obstacles et les difficultés devenir de bonnes raisons de vous conforter dans votre rôle de victime.

Nous avons passé en revue les types de sentiments et d'émotions qui vous poussent à manger, ainsi que les événements, situations ou personnes qui déclenchent ces sentiments. Maintenant, nous allons examiner ce qui vous frustre et vous déçoit dans votre vie. Lorsque vous êtes capable de vous confronter directement à votre sentiment de frustration, la nourriture ne vous apparaît plus comme la seule récompense possible.

Voici les quatre grandes sources de frustration de la plupart des êtres humains :

1. Leurs relations affectives insatisfaisantes
2. Leurs besoins insatisfaits
3. Leur potentiel inexploité
4. Leurs tensions accumulées

Il y a toujours des choses que vous pouvez faire pour améliorer votre vie et qui ne dépendent de personne. Si vous cessez de jouer les défaitistes en vous disant que vous ne faites pas ce que vous pouvez faire, vous n'aurez pas besoin de vous empiffrer pour combler votre faim émotionnelle. C'est Joséphine, votre conscience critique, qui vous empêche d'être l'auteur de votre propre vie. Pour être vraiment satisfaite dans la vie, vous devez donc vous débarrasser de la voix défaitiste qui parle en vous et passer à l'action.

Dans les exercices qui suivent, j'essaie simplement de vous donner des exemples concrets de ce que vous pouvez faire, à condition de décider de le faire. Ce livre n'est pas un remède miracle, mais les exercices qu'il vous propose sont là pour vous mettre sur la bonne voie.

Comment faire pour que vos relations affectives fonctionnent mieux ?

Voici quelques conseils pour améliorer une relation qui vous tient à cœur. Pensez à une personne qui vous a déçue ou avec laquelle vous avez eu un désaccord, et demandez-vous si vous auriez mieux géré la situation :

- si vous aviez essayé d'entamer un dialogue sincère
- si vous aviez attendu moins d'elle
- si vous aviez accepté d'avoir des opinions différentes sur certains sujets
- si vous aviez appris à ne pas prendre tout au sérieux
- si vous l'aviez appelée plus souvent
- si vous n'aviez pas été si têtue ou si dure
- si vous n'aviez pas voulu tout contrôler
- si vous lui aviez laissé plus d'espace
- si vous aviez reconnu qu'elle était très stressée en ce moment
- autres ________ (précisez)

Observez la situation, faites un retour sur vous-même et choisissez une autre attitude

Si vous voulez améliorer vos relations et diminuer votre faim émotionnelle, soyez réaliste sur votre relation à l'autre, y compris sur vos attentes à son égard. Tout comme votre personnalité ne se résume pas à vos petites manies, vos défauts et vos insuffisances, votre partenaire est également trop ceci ou pas assez cela, mais il n'est pas que ça.

Si une relation vous frustre, vous pouvez faire certaines choses pour l'améliorer, dont travailler à changer une partie de votre attitude, de votre comportement, de votre sensibilité. Oh, pas de grands changements, mais des modifications, des ajustements progressifs. Si vous

vous trouvez en conflit avec votre partenaire, arrêtez-vous pour observer la situation, essayer d'identifier votre part de responsabilité et choisir une autre manière de gérer le problème.

Les six attaques de votre conscience critique sur vos relations insatisfaisantes

Nous allons répéter cet exercice pour chacune des principales sources de frustration. Il est important que vous vous rendiez compte à quel point Joséphine a de l'emprise sur vous, dans tous les domaines de votre vie.

Vous vous récompensez en mangeant au lieu de faire face aux problèmes que vous rencontrez dans votre vie. Pourquoi ? Parce que vous croyez dans votre défaitisme. Votre défaitisme repose sur la conviction que ce que Joséphine dit de vous est vrai – que vous n'êtes pas capable d'assumer votre vie. Essayez d'identifier de quelle manière Joséphine vous entrave, puis reprenez les exercices de la séance n° 4 (chapitre 13) et répondez à Joséphine du tac au tac. À chaque fois que vous êtes prête à essayer quelque chose de différent ou de nouveau dans vos relations, Joséphine intervient.

Vous dites : « Pour améliorer ma relation avec mon mari, au lieu d'être en colère contre lui ou déçue s'il ne lit pas dans mes pensées et ne répond pas à mes attentes, je peux lui poser une question. » Quand vous proposez cela, Joséphine vous répond par une ou plusieurs des réponses ci-dessous pour vous empêcher de prendre librement la décision de changer votre attitude :

1. Tu ne seras pas capable de faire cela parfaitement, il est donc préférable que tu ne fasses rien. Si tu le fais, tu vas échouer.
2. Tu as des défauts et des insuffisances, et tout le monde le saura si tu essaies de faire cela. Personne ne voudra être à tes côtés.

3. Tu vas perdre ton armure d'autoprotection et tu ne pourras plus rien contrôler. Alors, tout pourra arriver.
4. Tu n'as pas le droit d'aspirer à avoir plus que ce que tu as déjà ou de parler en ton nom.
5. Tu ferais mieux de ne pas croire que tes réussites ou les compliments que tu reçois prouvent que tu es quelqu'un de bien.
6. Tu sais qui va te critiquer si tu fais cela et ce qu'ils vont dire sur toi, alors laisse tomber.

Ces six affirmations de Joséphine correspondent aux six accusations dont nous avons parlé au chapitre précédent. Par conséquent, reprenez ce chapitre et faites les exercices pour vous défendre contre la ou les accusation(s) que vous entendez de la bouche de votre Joséphine.

Comment satisfaire vos besoins insatisfaits ?

Dès l'instant où nous naissons, nous avons des besoins. Nous avons faim, nous avons froid, nous sommes dans une position inconfortable. À mesure que nous grandissons, nos besoins se complexifient et deviennent plus difficiles à satisfaire. Devenir adulte signifie, entre autres, distinguer les besoins que nous pouvons et devons satisfaire nous-mêmes de ceux qui ne peuvent être satisfaits que par quelqu'un d'autre. Une fois que nous avons appris à faire la différence, nous devons prendre sur nous de faire savoir à ceux qui nous entourent quels sont nos besoins et de trouver un échange juste et équilibré avec eux.

Identifiez vos besoins insatisfaits

Voici une liste de besoins légitimes. Réfléchissez pour déterminer lesquels ne sont pas satisfaits, du moins par-

tiellement, et sont pourtant prioritaires pour vous.
« Je veux plus … »
- de reconnaissance et d'approbation
- d'attention et de considération
- de défis et de stimulations
- de proximité et d'intimité
- d'argent
- de liberté et d'espace personnel
- de soutien et de conseils
- d'honnêteté et de confiance
- d'opportunités d'évolution
- de contact physique et de passion
- de pouvoir et de prestige
- de fiabilité et de stabilité
- de respect à mon égard
- de responsabilité et d'autorité
- de sécurité
- de sensibilité et de communication
- de partage et de participation
- de structure et de direction
- de compréhension et d'empathie
- autres ________ (précisez)

Vous avez franchi la première étape : reconnaître vos besoins. Car tant que vous ne les admettez pas, vous ne pouvez pas les satisfaire. La deuxième étape consiste à séparer vos besoins réalistes de vos besoins irréalistes et à identifier les raisons précises pour lesquelles vous n'avez pas satisfait vos besoins réalistes.

Réfléchissez à l'un de vos besoins prioritaires, et demandez-vous pourquoi vous ne l'avez pas encore satisfait. Si vous avez le temps, passez en revue tous vos besoins. Sinon, choisissez celui qui vous donne le plus grand sentiment de frustration à l'heure actuelle et qui, par conséquent, est le plus susceptible de vous pousser à rechercher la nourriture comme récompense.

Exemple : « J'aimerais obtenir mon diplôme universitaire, mais j'ai trois enfants et je pense que je ne peux pas poursuivre cet objectif au vu de mes charges familiales. »
« Je n'ai pas encore satisfait ce besoin parce qu'(e) … »

- il n'était pas prioritaire
- il est en conflit avec un autre besoin important (par exemple, je veux en même temps la continuité et le changement)
- je ne sais tout simplement pas comment le satisfaire
- je ne pense pas qu'il me soit possible de le satisfaire dans ma situation actuelle
- je sais ce que je dois faire pour le satisfaire, mais j'ai peur d'essayer
- il est sans doute possible de le satisfaire, mais il ne vaut pas le coup
- j'ai peur d'être trop stressée d'essayer de le satisfaire et trop déçue ou déprimée si je n'y arrive pas
- la manière dont je voudrais le satisfaire est irréaliste (par exemple, mon âge, ma situation familiale, mes ressources, mon éducation ou ma santé physique m'empêchent de faire le nécessaire pour le satisfaire)
- pour le satisfaire, je serais obligée d'effectuer de grands changements dans ma vie que je ne suis pas encore prête à faire
- je ne peux le satisfaire que si quelqu'un d'autre change son comportement ou son attitude à mon égard, mais je ne suis pas sûre de pouvoir le faire changer, ni comment
- je veux le satisfaire, mais je pense que je suis trop exigeante et que je resterai une perpétuelle insatisfaite
- je veux le satisfaire, mais il est trop injuste pour les autres

Ce n'est pas parce que vos besoins ne sont pas satisfaits que vous êtes impuissante à les satisfaire

En réfléchissant aux raisons pour lesquelles vos besoins n'ont pas encore été satisfaits, vous allez être confrontée à votre terrible défaitisme et sauter sur l'occasion pour élaborer un scénario catastrophe – « Jamais, jamais je ne pourrai satisfaire mes besoins. »

Le plus probable, c'est que vous ayez fait le choix conscient et délibéré de ne pas satisfaire tel ou tel besoin pour l'une des raisons ci-dessus. Si c'est le cas, vous n'êtes pas une pauvre petite victime qui a besoin de s'empiffrer pour compenser son impuissance. Vous n'êtes pas impuissante. Vous êtes une adulte. Vous avez décidé que ce besoin n'était pas une priorité, qu'il était puéril, qu'il n'était pas compatible avec d'autres besoins plus importants ou que vous avez tout votre temps pour le satisfaire.

En explorant plus profondément l'un de vos besoins, vous pouvez aussi réaliser que, finalcment, vous voulez le satisfaire, devez le satisfaire et allez le satisfaire. Dans ce deuxième cas, vous n'êtes pas non plus une victime, vous n'êtes pas impuissante, vous êtes juste en train de découvrir qui vous êtes et ce que vous voulez vraiment.

Troisième possibilité : vous savez que votre besoin est important et que vous pouvez le satisfaire, mais il soulève des conflits intérieurs. Dans ce cas, vous êtes sous l'emprise de Joséphine et c'est avec elle que vous devez traiter. Sinon, la nourriture vous apparaîtra comme votre seule récompense possible.

Quatrième et dernière possibilité : vous pouvez finir par vous dire que ce que vous voulez est irréaliste, irréalisable, déraisonnable, voire puéril. Par exemple, compter sur les autres pour qu'ils fassent les choses à votre place. Je vous conseille plutôt de développer votre capacité d'adulte autonome et responsable pour faire ces choses vous-même.

Prenez des décisions pour devenir l'auteur de votre propre vie

Un adulte digne de ce nom se doit de prendre des décisions mûrement réfléchies, en pleine conscience. Que pouvez-vous faire après avoir constaté votre état de frustration ? Au bout de plusieurs minutes, heures, jours, semaines ou mois, vous devrez avoir pris l'une des trois décisions suivantes :

1. Essayer de satisfaire mon besoin plus activement.
2. Accepter de ne pas satisfaire entièrement mon besoin.
3. Décider que ce besoin ne peut pas ou ne doit pas être satisfait. Accepter qu'il existe d'autres sources de satisfaction dans la vie pour que je puisse continuer de vivre sans me sentir frustrée et impuissante.

Ainsi, même si votre besoin demeure insatisfait, il ne va pas nourrir votre faim émotionnelle comme il le faisait jusque-là parce que vous avez décidé en toute conscience de la manière de le gérer. Bien sûr, vous devez mener à bien ce que vous avez décidé, mais le seul fait de réfléchir à vos besoins sous ce nouvel angle vous soulagera beaucoup de votre faim émotionnelle.

Les six attaques de votre conscience critique sur vos besoins insatisfaits

Réfléchissez au rôle que Joséphine joue dans la frustration de vos besoins, puis reprenez les exercices de défense contre ses accusations dans la séance n° 4 (chapitre 13) pour lui répliquer du tac au tac. À chaque fois que vous êtes prête à essayer de satisfaire des besoins réalistes, Joséphine intervient.

Vous dites : « Pour recevoir davantage d'affection, je vais proposer à mon partenaire que nous fassions l'amour plus souvent. » Quand vous proposez cela, Joséphine vous répond par une ou plusieurs des réponses ci-dessous.

1. Tu ne seras pas capable de faire cela parfaitement, il est donc préférable que tu ne fasses rien. Si tu le fais, tu vas échouer.
2. Tu as des défauts et des insuffisances, et tout le monde le saura si tu essaies de faire cela. Personne ne voudra être à tes côtés.
3. Tu vas perdre ton armure d'autoprotection et tu ne pourras plus rien contrôler. Alors, tout pourra arriver.
4. Tu n'as pas le droit d'aspirer à avoir plus que ce que tu as déjà ou de parler en ton nom.
5. Tu ferais mieux de ne pas croire que tes réussites ou les compliments que tu reçois prouvent que tu es quelqu'un de bien.
6. Tu sais qui va te critiquer si tu fais cela et ce qu'ils vont dire sur toi, alors laisse tomber.

Ces six affirmations de Joséphine correspondent aux six accusations dont nous avons parlé au chapitre précédent. Par conséquent, reprenez ce chapitre et faites les exercices pour vous défendre contre la ou les accusation(s) que vous entendez de la bouche de votre Joséphine.

Exploitez votre potentiel

Développez vos qualités innées rien qu'en le décidant

À présent, mon objectif est de stimuler votre propre

réflexion sur votre potentiel et la façon dont vous pouvez mieux l'exploiter dans votre vie. Vous avez tort de penser que vous ne pouvez rien faire de plus pour devenir la personne que vous voulez être. Effectuer des changements intérieurs positifs et améliorer son mode de vie fait partie du processus d'évolution propre à tous les êtres humains. Et si vous voulez vaincre votre faim émotionnelle, vous devez réintégrer ce processus. Commençons par examiner les améliorations que vous aimeriez apporter à ce que vous êtes actuellement et à la vie que vous menez.

Faites vivre votre potentiel

Identifiez quelles parties de vous-même voudraient s'exprimer en complétant la phrase suivante :
« J'aurais une bien meilleure estime de moi-même si … »

- j'utilisais mes talents professionnels
- j'utilisais mes talents créatifs
- je tenais mes engagements
- j'étais plus sensuelle/sexuelle
- j'utilisais mes talents de leadership
- j'étais plus affectueuse et plus maternelle
- j'étais plus religieuse et plus spirituelle
- j'étais plus joyeuse et plus optimiste
- j'étais indépendante
- je recevais de l'amour et de la chaleur
- je m'assagissais
- j'étais plus empathique et plus sensible aux autres
- j'étais plus sérieuse
- j'utilisais mon don pour l'enseignement
- j'utilisais mes capacités intellectuelles

Vous n'avez pas besoin des autres pour assurer votre développement personnel. Vous avez juste besoin de prendre la décision d'exploiter tel ou tel aspect de votre potentiel. Et seule la peur de l'échec peut vous en empêcher. Réfléchissez à des erreurs que vous avez commises ou à des humiliations que vous avez subies. Qu'avez-vous ressenti à ce moment-là ? Était-ce en privé ou en public ? N'oubliez pas les petites erreurs ou les petites gênes, par exemple après avoir posé une question stupide.

Quel a été le résultat final de votre erreur ou de votre échec ? En avez-vous tiré une leçon ? Ou n'avez-vous plus jamais rien tenté de peur de revivre cette erreur ou cet échec ? Qu'est-ce qui peut vous arriver de pire si vous paraissez idiote ? Que redoutez-vous ? Si vous prenez le temps de réfléchir à ces questions et de noter vos pensées par écrit, vous allez découvrir que vous vous sentez assez mal et que vous avez un nœud au creux de l'estomac. Ce nœud est l'endroit où votre honte ou votre peur s'est cristallisée. Et il se transforme facilement en faim émotionnelle. Si vous réussissez à séparer votre sentiment de honte ou de peur de votre sensation de faim, vous allez franchir une nouvelle étape vers la conscience de vous-même et la reconquête de vos rêves personnels.

Partez à la reconquête de vos rêves

Rappelez-vous ce que je vous ai dit au sujet de la passion et du plaisir. Si vous n'avez pas de passion dans la vie, l'énergie créative que vous possédez – et que tous les êtres humains possèdent – va s'exprimer à travers des activités improductives telles que manger, vous disputer avec votre partenaire, regarder sans cesse la télévision, etc. Tout le monde a des rêves, peu importe lesquels. Vous en aviez certainement quand vous étiez enfant. Certains ne sont peut-être plus réalisables aujourd'hui, mais d'autres le sont encore, certainement. Nous allons les examiner ensemble.

Pensez à deux rêves que vous aviez enfant. Par exemple, vous vouliez être maîtresse d'école ou hôtesse de l'air. Vivre dans un château et épouser un prince. Puis réfléchissez à deux rêves que vous aviez à la fin de l'adolescence. Enfin, songez à deux rêves que vous avez maintenant. Même les plus farfelus.

À présent, établissez une liste des choses que vous aimez faire (même s'il s'agit de feuilleter un magazine ou de chanter dans le bain) et que vous enviez d'autres personnes de savoir faire. Personne ne verra votre liste, alors lâchez-vous !

Maintenant, considérez vos rêves un par un, en commençant par vos rêves d'enfant. Même s'ils étaient complètement irréalistes, essayez de saisir le moindre soupçon de réalité en eux. Par exemple, si vous rêviez de vivre dans un château quand vous étiez petite, la version adulte de ce rêve pourrait être de vouloir vivre dans une belle maison. Si vous vouliez être transportée dans un pays magique, vous pourriez aujourd'hui avoir des pratiques mystiques et être entourée de gens qui partagent vos centres d'intérêt. Mais n'hésitez pas à faire une croix sur les rêves qui ne vous intéressent plus.

Choisissez deux rêves que vous pouvez commencer à poursuivre dès maintenant. Divisez chacun en trois parties : quelque chose que vous allez faire cette semaine pour vous en rapprocher, quelque chose que vous allez faire dans six mois et, enfin, quelque chose que vous allez faire dans un an.

Lorsque vous vous défendrez contre Joséphine, gardez à l'esprit l'action que vous envisagez de faire cette semaine pour vous rapprocher de la concrétisation de votre rêve.

…es six attaques de votre conscience critique sur votre potentiel inexploité

Lorsqu'il s'agit de votre potentiel, Joséphine s'en donne à cœur joie : elle adore vous dire que vous êtes incapable de faire les choses que vous désirez secrètement faire. Au fond, elle vous dit que vous êtes fichue si vous le faites et fichue si vous ne le faites pas ! Si vous essayez quelque chose et échouez, vous ne serez plus capable de vous regarder en face, et si vous essayez quelque chose et réussissez, vous serez si fière et les gens seront si jaloux que vous ferez le vide autour de vous. Joséphine se régale de vos doutes, de vos peurs et de vos tergiversations. Si vous croyez tout ce qu'elle vous dit, alors vous n'avez pas d'autre choix que de manger, en effet. En revanche, si vous réalisez que tout cela n'est pas une peur réelle mais une peur projetée, aussi réelle qu'elle puisse paraître sur le moment, vous pouvez tenter de réaliser vos rêves. Après tout, le courage n'est pas l'absence de peur, c'est agir face à la peur. Alors lancez-vous !

Réfléchissez au rôle que Joséphine joue en vous empêchant d'exploiter votre véritable potentiel, puis reprenez les exercices de défense contre ses accusations dans la séance n° 4 (chapitre 13) pour lui répliquer du tac au tac. À chaque fois que vous êtes prête à essayer de réaliser vos rêves en exploitant votre potentiel, Joséphine intervient.

Vous dites : « Pour me rapprocher de mon rêve d'adolescente, je vais prendre des cours de comédie. » Quand vous proposez cela, Joséphine vous répond par une ou plusieurs des réponses ci-dessous.

1. Tu ne seras pas capable de faire cela parfaitement, il est donc préférable que tu ne fasses rien. Si tu le fais, tu vas échouer.

2. Tu as des défauts et des insuffisances, et tout le monde le saura si tu essaies de faire cela. Personne ne voudra être à tes côtés.
3. Tu vas perdre ton armure d'autoprotection et tu ne pourras plus rien contrôler. Alors, tout pourra arriver.
4. Tu n'as pas le droit d'aspirer à avoir plus que ce que tu as déjà ou de parler en ton nom.
5. Tu ferais mieux de ne pas croire que tes réussites ou les compliments que tu reçois prouvent que tu es quelqu'un de bien.
6. Tu sais qui va te critiquer si tu fais cela et ce qu'ils vont dire sur toi, alors laisse tomber.

Reprenez la séance n° 4 et faites les exercices pour vous défendre contre la ou les accusation(s) que vous entendez de la bouche de votre Joséphine.

Maîtrisez votre stress, ne le subissez pas !

Le stress est l'ennemi de tous les mangeurs émotionnels. Une définition large du stress englobe tout ce dont il est question dans ce livre. La question essentielle à vous poser est la suivante : comment le gérer ? D'abord, dites-vous que vous commencez à faire quelque chose contre votre stress dès l'instant où vous cherchez à surmonter votre sentiment d'impuissance. Le stress signifie généralement que vous êtes momentanément submergée par trop de choses à faire ou trop de problèmes à régler en même temps, ce qui vous perturbe émotionnellement et vous pousse à manger (voir séance n° 2, chapitre 11). Ce sont vos scénarios catastrophes qui vous donnent l'impression d'être dépassée. À partir du moment où vous les avez identifiés et avez essayé de les maîtriser, vous avez déjà diminué votre stress et votre tendance à toujours vous croire impuissante.

Développement personnel, amélioration de votre capacité à gérer le quotidien = maîtrise du stress

Le stress est causé par des problèmes que vous n'avez pas résolus. Vous gèrerez mieux votre vie ou résoudrez plus facilement vos problèmes au quotidien si vous gérez mieux votre budget, votre temps… et vous-même (question d'autodiscipline). L'exercice ci-dessous va vous aider à prendre conscience des différents moyens dont vous disposez pour réduire votre stress.

Maîtrisez votre stress

Sélectionnez trois réponses dans la liste ci-dessous et rangez-les dans différentes catégories (par exemple, gestion de votre budget, gestion de votre temps, attention portée à vous-même).

« Pour améliorer ma vie au quotidien, je devrais … »

- établir un budget
- équilibrer mes comptes
- contrôler mes dépenses et respecter mon budget
- régler mes factures et mes autres engagements financiers en temps
- faire des investissements judicieux
- préparer ma retraite
- hiérarchiser mes besoins et mes désirs et faire des achats en fonction de mes priorités
- √ définir ce que je veux vraiment et ce dont j'ai réellement besoin
- arrêter de vouloir être prise en charge pour me sécuriser et me débrouiller toute seule
- m'acquitter des corvées domestiques plus régulièrement
- faire des projets et les poursuivre
- suivre une ligne de conduite ou d'action
- me discipliner, m'astreindre à accomplir mes devoirs
- réunir des outils et des ressources adaptés

- cadrer et structurer ma journée
- établir et suivre un emploi du temps
- me fixer des délais raisonnables
- être à l'heure à mes rendez-vous
- accepter l'aide ou le soutien des autres
- m'autoriser un peu de légèreté et d'insouciance
- me fixer des objectifs qui sont à ma portée
- assumer mes responsabilités pour mieux m'autoriser à m'amuser et me distraire
- planifier mes activités de loisir

1. Dans votre cahier, notez les trois améliorations que vous devez effectuer.
2. Sous chaque amélioration à effectuer, notez la façon dont vous allez vous y prendre pour les réaliser et d'ici combien de temps.
3. Choisissez une amélioration à effectuer d'ici demain.

Les six attaques de votre conscience critique sur votre stress

Tout le monde doit apprendre à gérer son stress. Car la vie n'a jamais été aussi trépidante et il est bien difficile d'essayer de tout concilier. Réfléchissez au rôle que votre conscience critique joue en vous empêchant de gérer efficacement votre stress. Toute amélioration que vous avez choisi d'effectuer va accroître votre autonomie, votre indépendance, votre maturité et votre estime de vous-même. Et vous savez que votre conscience critique voit cela comme une menace. Vous dites : « Pour pouvoir mieux faire face à mes responsabilités au quotidien, je vais établir un programme et m'y tenir. » Quand vous proposez cela, votre conscience critique vous fournit une ou plusieurs des réponses ci-dessous.

1. Tu ne seras pas capable de faire cela parfaitement, il

est donc préférable que tu ne fasses rien. Si tu le fais, tu vas échouer.

2. Tu as des défauts et des insuffisances, et tout le monde le saura si tu essaies de le faire. Personne ne voudra être à tes côtés.
3. Tu vas perdre ton armure d'autoprotection et tu ne pourras plus rien contrôler. Alors, tout pourra arriver.
4. Tu n'as pas le droit d'aspirer à avoir plus que ce que tu as déjà ou de parler en ton nom.
5. Tu ferais mieux de ne pas croire que tes réussites ou les compliments que tu reçois prouvent que tu es quelqu'un de bien.
6. Tu sais qui va te critiquer si tu fais cela et ce qu'ils vont dire sur toi, alors laisse tomber.

Reprenez la séance n° 4 et faites les exercices pour vous défendre contre la ou les accusation(s) que vous entendez de la bouche de votre Joséphine.

Ne soyez pas dépassée par les efforts à fournir

Durant cette séance, vous avez passé en revue tous les efforts que vous allez devoir fournir pour avoir une vie adulte et des relations adultes épanouissantes. Cela peut vous paraître trop difficile à réaliser et vous vous sentez déjà dépassée… mais rassurez-vous. D'abord, vous n'êtes pas obligée de tout faire d'un seul coup. Il ne s'agit que d'une liste de projets que vous pouvez réaliser à votre propre rythme. Ensuite, c'est ce que tout adulte digne de ce nom doit faire dans la vie. Votre liste n'est pas si différente de celle de tous les gens que vous connaissez. Et elle est indispensable pour que puissiez gérer votre vie. Si vous ne gérez pas vous-même votre propre vie, qui le fera pour vous ? Vous pouvez penser que vous voudriez que quelqu'un prenne votre vie en main à votre place, mais en réalité vous ne le laisseriez pas faire, même s'il le voulait. Si vous ne vous assumez pas, vous allez être constamment frustrée. N'ayez pas l'illusion de croire que vous n'y pouvez rien et que vous devez vous récompenser par la nourriture. Vous pouvez devenir vraiment adulte et autonome. Vous pouvez vous débarrasser de votre faim émotionnelle. Vous n'aurez plus à vous récompenser par la nourriture parce que tout ce que vous entreprendrez dans votre vie vous récompensera suffisamment.

Cessez de renforcer votre sentiment d'impuissance

Imaginons l'un des scénarios suivants :

- Quelque chose ne se passe pas ou ne se passe pas au moment où vous le souhaitez.
- Vous rencontrez des obstacles qui vous font penser que vos objectifs sont trop difficiles à atteindre.
- Vos relations avec vos proches ne vont pas comme vous le souhaiteriez.
- Vous avez des besoins qui ne sont pas satisfaits.
- Vous êtes consciente de votre potentiel inexploité et des opportunités que vous ratez.
- Vous subissez trop de facteurs de stress à la fois.
- Vous avez souvent effectué des tentatives qui ont échoué.

Vous vous dites (interprétation erronée) : « Je ne peux pas faire fonctionner ma vie. Je ne peux pas améliorer mes relations. Je ne peux pas satisfaire mes besoins. Je ne peux pas exploiter mon potentiel et je ne peux pas faire ce qu'il faut pour réussir à gérer mon stress. » Vos frustrations vous donnent un terrible sentiment d'impuissance et vous mangez, cherchant un refuge provisoire dans la transe alimentaire. Et puis vous vous sentez coupable. Votre mauvaise habitude à résoudre vos problèmes par la nourriture (ce qui ne les résout en rien, d'ailleurs) confirme votre incapacité à faire fonctionner votre vie correctement.

Exemple d'interprétation erronée

Lise fait des essais pour pouvoir chanter au sein de la chorale de l'église, mais elle n'est pas acceptée (réalité extérieure ici et maintenant). Elle interprète mal cette situation, se disant qu'elle n'obtient jamais ce qu'elle veut, puis tombe dans le scénario catastrophe : elle est incapable de chanter (sa réalité intérieure fondée sur ses peurs et ses expériences passées). Au sortir de l'audition, elle se rue vers le fast-food du coin. Mais après avoir mangé gloutonnement, elle se sent encore plus frustrée et plus désemparée.

Réinterprétation réaliste

Quand vous êtes confrontée à une situation d'échec ou de frustration, vous avez deux possibilités : soit vous dire que vous pouvez toujours réessayer, soit évaluer la situation en fonction de ce que vous vivez ici et maintenant. Vous pouvez alors interpréter autrement ce qui s'est passé.

- Vous pouvez chercher des alternatives ou réajuster vos attentes.
- Vous pouvez vous dire que bien que les obstacles soient réels, ils peuvent être négociés, voire franchis.
- Vous pouvez vous dire que les relations ont des hauts

et des bas et que ce n'est pas parce que quelque chose ne va pas bien aujourd'hui qu'elle n'ira pas bien demain ou qu'elle n'ira jamais bien.

- Vous pouvez essayer de comprendre que la satisfaction de vos besoins dépend aussi des autres et que ce n'est pas parce que vous voulez ceci ou cela que les autres le veulent aussi.
- Vous pouvez vous dire que si vous n'exploitez pas votre potentiel aujourd'hui, c'est peut-être que ce n'est pas le bon moment ou que vous avez encore besoin d'apprendre et de vous améliorer.
- Vous pouvez vous dire que vous serez moins dépassée en gérant les facteurs de stress un par un.
- Vous pouvez réaliser que tous vos échecs réclament peut-être une nouvelle approche des choses.

Exemple de réinterprétation réaliste

Lise fait des essais pour pouvoir chanter au sein de la chorale de l'église, mais elle n'est pas acceptée. Elle analyse la situation telle qu'elle est. Elle se dit que ce n'est peut-être pas le moment pour elle d'entrer dans une chorale, surtout que sa fille, qui est en terminale cette année, va avoir besoin de son soutien. La chorale lui prendrait beaucoup de temps. Lise décide qu'elle va en profiter pour prendre des leçons de chant et qu'elle repassera l'audition l'année prochaine. Son analyse objective de la situation lui évite de se sentir impuissante et d'avoir besoin de manger pour compenser.

Chapitre 15

Séance n° 6 : Comment vous créer une vraie sécurité intérieure

Durant cette séance :

- Vous allez devoir faire face à l'anxiété que vous cachez dans l'illusion d'être en sécurité ou indépendante avec vos kilos superflus.
- Vous allez devoir comprendre que vous mangez pour vous sentir en sécurité, mais que la nourriture n'assure pas votre sécurité intérieure ; elle vous permet seulement d'éviter d'avoir à reconnaître les décisions de vie que vous avez prises et qui doivent être révisées.
- Vous allez voir qu'il y a de meilleurs moyens de gérer vos difficultés qu'en utilisant votre surpoids comme protection et comme excuse.
- Vous allez devoir devenir adulte dans un monde réel qui vous donnera une sécurité et une indépendance véritables.
- Vous allez découvrir que vous disposez de deux méthodes pour retrouver votre sécurité intérieure :
  1. Vous pouvez utiliser ce que vous allez apprendre durant cette séance pour cesser de vous dissimu-

ler et découvrir par vous-même que vous n'êtes pas impuissante.
2. Vous pouvez cesser d'interpréter de façon erronée les petits dangers de votre quotidien qui ont contribué à votre constat d'impuissance.

Dans la séance précédente, vous avez compris comment vos doutes sur vous-même et la voix de Joséphine vous empêchaient d'être l'auteur de votre propre vie. Vous avez toujours eu peur de cela, ce qui vous a poussée à chercher un refuge que vous avez trouvé dans la nourriture.

Les exercices suivants sollicitent la partie de vous-même qui sabote vos efforts pour vous mettre au régime, qui veut rester trop grosse, qui utilise votre surcharge pondérale pour vous empêcher d'avoir la vie que vous voulez. Une partie de vous désire perdre du poids, avoir un corps séduisant et en bonne santé, entretenir de meilleures relations avec les autres et s'épanouir dans la vie. Mais une autre partie, celle qui est en quête de sécurité, est terrifiée de maigrir.

Une partie de vous-même se sent impuissante à créer et maintenir un sentiment de sécurité sans recourir au surpoids. Vous devez découvrir son raisonnement pour décider ensuite si sa vision des choses vous semble tenir debout. Je suis convaincu que non, alors laissez-moi vous expliquer pourquoi.

Identifiez ce que vous cherchez à dissimuler sous vos kilos superflus

Examinez la liste ci-dessous et cochez les raisons qui vous poussent à rester en surpoids.
« J'ai tout intérêt à rester en surpoids … »

- parce que mon surpoids me donne une excuse pour éviter les contacts ou faire davantage d'efforts pour rencontrer et fréquenter d'autres personnes
- pour être plus à l'aise avec le sexe opposé – je n'ai aucun risque de séduire et de vivre une histoire d'amour
- parce que cela m'évite d'avoir à m'occuper de mon apparence
- parce que certaines particularités de mon physique (corps ou visage) passeront inaperçues
- parce que j'ai toutes les chances d'échouer, et cela me rendrait encore plus mal
- parce que c'est un moyen pour moi d'avoir des attentes moins élevées à mon égard (voir chapitre 5)
- parce que j'ai peur d'être abandonnée et rejetée puisque je ne me sens pas digne d'être aimée à ma juste valeur (voir chapitre 4)
- parce que cela me permet de contrôler certaines pulsions que je ne saurais pas comment contrôler autrement (accès de colère, crises de larmes, pulsions sexuelles)
- parce que cela m'évite d'avoir à m'occuper de ma sexualité
- parce que cela m'évite d'avoir à être ambitieuse et probablement déçue
- parce que cela me donne une excuse pour ne pas exprimer mon besoin de proximité
- parce que cela me permet de contrôler ma rivalité avec les membres de ma famille, mes amis et mes collègues
- parce que c'est un moyen pour moi de gérer ma colère à l'égard des autres

Vos kilos superflus ne vous apportent aucune sécurité réelle. Ils vous aident seulement à éviter de vous confronter à ce que vous savez déjà sur vous-même. De plus, ils vous empêchent d'être au clair avec les décisions que vous avez prises, ce qui signifie que vous ne pouvez pas les mettre en question avec la partie plus consciente et plus intelligente de votre cerveau. Ils sont également un moyen de vous duper vous-même en refusant d'admettre que vous avez fait certains choix de vie fondés sur des peurs ou des doutes personnels. Observez les réponses que vous avez cochées dans la liste ci-dessus. Demandez-vous si vos kilos en trop vous protègent réellement de la réalité. Ne feriez-vous pas mieux de voir en face le travail à accomplir pour :

- Surmonter votre timidité et votre peur de l'intimité
- Résoudre les difficultés et saisir les opportunités de la vie
- Vaincre vos doutes sur vous-même
- Contrôler vos impulsions et vos pulsions

Puisque vous avez compris que vous êtes loin d'être impuissante dans ces différents domaines, vous n'avez aucune raison de continuer à vouloir éviter à tout prix de grandir. Voici quelques conseils que je vous donne à propos des décisions que vous avez prises. Reconnaissez-les ou réajustez votre attitude.

- Par exemple, si vous utilisez votre excès de poids pour éviter les relations sexuelles, c'est que vous avez pris la décision de ne pas avoir de rapports sexuels. Pourquoi ne pas reconnaître les choses telles qu'elles sont et, soit rester sur votre position (c'est votre droit et votre corps), soit réévaluer votre décision et travailler sur vos peurs ? N'importe laquelle de ces décisions serait, de toute façon, une attitude plus responsable, plus adulte, et ferait de vous quelqu'un de plus fort.
- Si vous refusez les relations sexuelles, dites simplement « non », ne vous habillez pas de façon provocante, tenez-vous à l'écart des bars et des discothèques

ou envoyez des signaux clairs à votre patron pour lui faire comprendre que vous n'êtes pas disponible.

- Si vous êtes timide, travaillez sur votre timidité ou acceptez-la. D'ailleurs, en étant en surpoids, vous attirez l'attention des autres, ce qui est contraire à ce que vous voulez consciemment.
- Si vous ne voulez pas multiplier les relations extra-conjugales ou les partenaires sexuel(le)s, soit vous décidez de rester monogame ou fidèle à votre partenaire et vous ne revenez pas sur votre décision, soit vous cherchez à comprendre pourquoi vous allez voir ailleurs ou jugez impossible de tenir votre engagement.
- Si vous redoutez l'intimité, la réussite, l'échec ou la compétition, vivez avec votre peur ou essayez de la surmonter. Le poids n'a pas à entrer en ligne de compte. Votre surpoids ne vous protège pas, il ne fait que recouvrir une décision que vous avez déjà prise et vous empêche de la réexaminer en toute honnêteté. Vous êtes coincée. Et votre blocage scelle votre impuissance.

Voilà où vous en êtes arrivée. Reconnaissez-le. Et, dans les trois constats suivants, choisissez celui qui s'applique le mieux à vous :

« Trop manger et être trop grosse ne m'empêche pas de savoir certaines choses sur moi, mais de regarder en face des choses que je ne peux pas ou ne veux pas regarder en face. »

« Oui, mon surpoids focalise mon attention sur mon combat pour maigrir, sur la culpabilité que j'éprouve quand mes régimes échouent et sur la femme peu attirante physiquement que je suis. Cela m'évite de ressentir ce qui me perturbe émotionnellement. »

Le cercle vicieux de la faim émotionnelle me permet

de rester à la surface des choses et m'évite d'avoir à me confronter à la douleur de mes vrais problèmes. Comme toutes les personnes en surpoids, je sais comment gérer ma culpabilité et ma honte de trop manger, mais pas les autres sentiments qui risquent de me faire prendre douloureusement conscience de mon isolement ou de ma marginalisation.

Voulez-vous rester dans cet état d'évitement, sachant qu'il s'agit juste d'une stratégie d'évitement et non d'une protection réelle ? Je suppose que non.

Gardez votre rôle traditionnel au sein de votre famille ou faites émerger votre vraie personnalité

Comme je l'ai montré au chapitre 6, vous possédez une strate de peur plus profonde liée à votre famille d'origine. À chaque fois que vous relevez un défi dans votre vie et progressez d'une marche dans l'escalier de votre développement personnel, vous changez inconsciemment de rôle par rapport à votre famille d'origine parce que vous tracez votre propre chemin de vie, réalisez votre propre potentiel et devenez celle que vous êtes vraiment. Si vous restez emprisonnée dans le rôle qu'on vous a donné ou que vous vous êtes donné, vous allez vous sentir frustrée… mais également en sécurité. Sortir de votre rôle est nécessaire mais dangereux. Il y a ce danger bien réel de perturber les modèles sociaux, mais le plus fort est ce sentiment de danger qui accompagne toute quête d'individuation.

Identifiez votre rôle au sein de votre famille

Dans la liste ci-dessous, distinguez les rôles que vous

jouiez dans votre famille de ceux que jouaient vos frères et sœurs.

- Le sportif ou la sportive Béné
- L'intellectuel(le) Moi
- Le clown de service Béné
- Celui ou celle né(e) pour réussir Moi
- La star Béné
- Le beau mec Fabian
- Le(la) rebelle Fabian
- Le(la) colérique Fabian
- Le(la) mal-aimé(e) Béné
- Le(la) chouchou Moi
- Le(la) ronchon(ne) Fabian
- Le(la) mauvais(e) élève Fabian
- Le(la) timide Moi
- Le(la) têtu(e) comme un âne Béné
- Le(la) laideron(ne) Béné
- L'âme charitable Béné
- Le trublion Fabian
- Le pacificateur ou la pacificatrice Moi

C'était à la fin des années 1950. Judith s'habillait comme toutes les adolescentes de son âge. Elle sortait avec de jolis garçons et faisait de bonnes études. Martine, sa sœur, est devenue la rebelle de la famille pour prendre le contre-pied de toutes les valeurs que Judith incarnait. Elle a teint ses cheveux blonds en noir et s'est mise à fréquenter les garçons de sa classe les plus voyous. Aujourd'hui, elle a soixante ans, mais ce rôle de rebelle lui reste collé à la peau.

Vous, et toutes les personnes que vous connaissez, avez joué l'un de ces rôles stéréotypés en grandissant. Ces rôles sont notre héritage familial et nous collent à la peau jusqu'à ce que nous nous en détachions. La plupart d'entre nous s'en débarrassent complètement au fil des années, d'autres non. Quand le surpoids fait office de cachette, la libération n'a pas lieu.

Le rôle que vous jouez au sein de votre famille déforme ce que vous êtes et entrave ce que vous êtes capable d'être. C'est pourquoi le désir de le transcender est toujours très fort. Mais vous devez vous battre pour y arriver, devenir responsable de ce que vous êtes et de votre vie.

En sortant de votre rôle familial pour vous réapproprier votre véritable identité, vous risquez d'être punie, rejetée et jalousée par les autres. Vous craignez qu'on dise du mal de vous, d'être cataloguée et exclue du clan. Si vous perdez du poids et décidez de refaçonner votre vie, vous vous exposez à ces anciennes peurs et votre Moi rebelle vous dit que vous ne pourrez retrouver votre sécurité intérieure qu'en reprenant du poids.

Remodelez votre rôle au sein de votre famille

Réfléchissez au rôle le plus important que vous voulez essayer de changer. Posez-vous les questions suivantes :

Si je change ce que je souhaite changer, serais-je vraiment exclue immédiatement et irrévocablement de ma famille, de mon cercle d'amis ou de mon entourage professionnel ?

S'il y avait une menace réelle ou un vrai danger d'opérer ce changement, serais-je capable d'y faire face en l'abordant l'esprit ouvert et avec une maturité suffisante ?

Suis-je capable de distinguer les conséquences réelles de mes scénarios catastrophes qui m'ont toujours empêchée de faire émerger ma vraie personnalité ?

Si, dans les exercices précédents, vous avez abouti à la conclusion que vos kilos superflus ne vous apportent

aucune sécurité réelle, inutile, bien sûr, de payer cher l'illusion de la sécurité. Mais si vous croyez toujours que votre surpoids vous protège réellement, demandez-vous si cette protection vaut la peine d'être en surcharge pondérale. Établissez une liste de ce que vous coûte votre poids excessif dans la vie.
« Utiliser la nourriture comme une source de sécurité signifie que je ne serai jamais capable … »

- de me sentir vraiment adulte, responsable de mes choix
- de résoudre mes vrais problèmes
- de me sentir digne d'être aimée
- de me sentir digne d'intérêt
- d'être en bonne santé
- de mériter le respect et l'admiration des autres
- de m'épanouir dans ma vie
- d'être vue pour ce que je suis vraiment

Votre surpoids vous a certainement protégée d'émotions terrifiantes, mais il vous a coûté très cher. Grossir est un moyen de se retirer du devant de la scène et de diminuer les attentes. Il faut se rappeler que la plupart des personnes en surpoids souffrent d'être en surpoids. Dans le domaine professionnel. Dans le domaine relationnel. Alors demandez-vous vraiment si vous avez plus à gagner qu'à perdre de garder vos kilos superflus. Personnellement, je ne le crois pas.

Comment vous sentir en sécurité ?

Si vous ne vous engagez pas totalement dans votre carrière ou votre relation de couple parce que vous voulez éviter de faire un travail psychologique sur vous-même ou de prendre des décisions difficiles, si vous vous dissimulez derrière vos bourrelets pour vous dérober à vos engagements et à vos responsabilités, votre travail et votre relation de couple auront peu de chance de prospérer et de vous satisfaire.

Dans le monde qui est le nôtre, vous pouvez renforcer votre sécurité réelle en faisant face à la réalité, en ayant conscience des dangers réels, en anticipant les problèmes et en recherchant des solutions. Vous pouvez garder une relation de couple solide ou vous engager auprès d'un partenaire honnête et digne de confiance. Vous pouvez éviter d'agir de façon impulsive en vous mariant avec quelqu'un avant de le connaître vraiment ou en épousant la mauvaise personne pour contrarier vos parents. Il y a mille choses que vous pouvez faire, mille compétences que vous pouvez développer pour vous garantir une sécurité maximale dans ce monde parfois imprévisible. Mais pour être un adulte capable de s'apporter à lui-même une sécurité réelle, vous devez vous confronter à la réalité, quelle qu'elle soit, et travailler avec elle. Si vous vous dissimulez sous vos kilos superflus pour vous donner l'illusion de la sécurité en évitant les défis à relever, vous ne regardez pas la réalité en face et ratez l'occasion de devenir responsable de votre propre sécurité et de la rendre aussi réelle que possible.

Créez-vous une sécurité authentique

D'abord, identifiez les domaines de votre vie où vous vous sentez vulnérable – la relation avec votre partenaire, vos finances, votre santé ou celle d'un proche, vos enfants. Puis établissez la liste de ce que vous pouvez et devez faire, vous, personnellement, pour vous créer une sécurité authentique en vous appuyant sur ce que je viens de dire plus haut. J'insiste : pour que vous soyez réellement – et non pour que vous vous sentiez – en sécurité. Par exemple, vous constatez que l'argent qui rentre dans le foyer est insuffisant (votre mari est seul à travailler), vous redoutez de ne pas pouvoir financer les études de vos enfants et vous savez que vous pouvez et devez recommencer à travailler. Jusqu'ici, vous vous êtes contentée de vous inquiéter et d'espérer que votre époux pourrait vous rassurer en vous disant « Ne t'inquiète pas, tout va bien aller. » Mais ce n'est pas le cas. Vous vous rendez compte que seule l'action en vue de changer la situation peut vous procurer une réelle sécurité.

Cessez de renforcer votre sentiment d'impuissance

Imaginons que vous êtes dans une situation où vous êtes tentée de vous débarrasser du rôle que vous avez toujours joué dans votre famille. Mais cela vous fait peur et vous cherchez un refuge. Cette situation pourrait être la suivante :

- Vous avez l'occasion d'obtenir une promotion dans votre travail ou d'atteindre un niveau plus élevé dans l'une de vos activités favorites.
- Vous êtes sous le feu des projecteurs pour une raison quelconque.
- Vous êtes tentée de vous laisser emporter par une passion nouvelle.
- Vous décidez de faire un nouveau choix de vie.
- Vous commencez à admirer et à fréquenter des personnes qui ne sont pas acceptées par votre famille ou votre époux.
- Vous êtes rattrapée par une expérience passée qui vous a fait beaucoup souffrir ou quelque chose de similaire à ce que vous avez vécu dans votre enfance

est en train de se produire.

Vous vous lancez aussitôt dans une interprétation erronée de la situation : « Je suis incapable de me protéger. Je vais être punie pour oser changer. Je vais être attaquée, critiquée, humiliée, dénigrée ou expulsée de la famille. » Vos peurs vous donnent un sentiment d'impuissance et vous trouvez refuge dans la transe alimentaire. Mais la bulle de béatitude totale éclate rapidement. Vous vous sentez coupable. Votre ruée sur la nourriture confirme votre incapacité à aller de l'avant, à affronter la vie avec courage.

Exemple d'interprétation erronée

Marine vit une relation insatisfaisante, où règne la violence verbale, avec son époux (sa réalité extérieure actuelle). Elle interprète la situation de façon erronée en pensant qu'elle est mieux avec lui que seule. Elle craint que sa famille n'approuve pas sa décision de le quitter. Après tout, elle a toujours joué le rôle de martyre auprès de ses proches. Elle a peur de ne pas être capable de gérer seule son budget, et son inquiétude se transforme aussitôt en scénario catastrophe : J'ai subi des violences plus graves dans mon enfance, cette relation n'est pas aussi malheureuse que cela. C'est peut-être le meilleur traitement que je puisse espérer des gens qui m'aiment (sa réalité intérieure fondée sur ses peurs et ses expériences passées). Marine est incapable de trouver le courage de quitter son mari, mais elle a mis une barrière entre elle et lui en prenant… quatre-vingts kilos. Sa surcharge pondérale renforce son manque de sécurité intérieure et son sentiment d'impuissance.

Réinterprétation réaliste

Pour transformer votre sentiment d'impuissance, vous avez deux solutions : soit répliquer à Joséphine du tac au tac (défense contre son accusation n° 4), soit réévaluer la situation avec objectivité. Marine doit analyser la situation en fonction de ce qu'elle vit dans le présent (et non de ce qu'elle a vécu dans le passé). Lorsque vous avez peur de la situation et ne savez pas comment vous sentir en sécurité :

- Vous pouvez évaluer le rapport coût/bénéfice, risque/récompense de votre décision.
- Vous pouvez accorder davantage de valeur à votre opinion qu'à celle des autres.
- Vous pouvez juger flatteuse la jalousie des autres.
- Vous pouvez travailler à créer votre sécurité authentique.
- Vous pouvez assumer courageusement un rôle différent de votre rôle habituel.
- Vous pouvez apprendre à maintenir des frontières entre les autres et vous.

Exemple de réinterprétation réaliste

Marine vit une relation insatisfaisante, où règne la violence verbale, avec son époux. Elle prend le temps de réfléchir à la situation. Elle réalise qu'elle a fait le maximum, qu'elle n'a jamais cessé d'encourager son mari à aller consulter, avec elle, un thérapeute de couple, qu'elle a modifié son attitude et que, malgré tous ses efforts, monsieur se refuse à tout compromis. Elle se dit que, même si divorcer et vivre seule sera difficile, elle ne peut pas continuer de se cacher sous une montagne de bourrelets. Elle comprend que ce n'est qu'en ayant son chez-elle qu'elle sera protégée de la violence verbale qu'elle subit actuellement en permanence. Finalement, Marine a l'impression de retrouver son pouvoir sur sa vie et décide de quitter son mari. Elle n'a plus besoin de se dissimuler sous des kilos protecteurs.

Chapitre 16

Séance n° 7 : Comment gérer votre colère de façon mature

Durant cette séance :

- Vous allez comprendre comment gérer votre propre colère pour ne plus avoir besoin de manger pour la contrôler.
- Vous allez comprendre que quand vous mangez pour gérer votre colère, c'est vous que vous attaquez et non les autres.
- Vous allez comprendre que manger pour défier ou punir l'autre vous donne un sentiment de puissance illusoire qui n'a rien à voir avec l'indépendance réelle.
- Vous allez apprendre les six manières dont vous utilisez la nourriture et votre surpoids pour vous rebeller.
- Vous allez voir que vous pouvez retrouver votre pouvoir en exprimant votre colère d'une façon adaptée à chaque situation particulière que vous rencontrez dans votre vie d'adulte. Vous allez savoir à qui vous en voulez vraiment.
- Vous devez garder à l'esprit que vous avez deux méthodes pour annuler votre constat d'impuissance face à votre colère :

1. Vous rappeler que la rébellion et l'attitude de défi n'ont rien à voir avec une saine indépendance et une véritable autonomie.
2. Cesser d'entretenir votre colère en confondant vos vieilles histoires, aussi douloureuses soient-elles, avec ce que vous vivez maintenant.

Vous mangez aussi pour vous rebeller. Pour vous venger d'un parent, d'un partenaire ou de quelqu'un d'autre que vous avez connu. Vous n'hésitez pas à passer votre colère sur votre propre corps – c'est plus sûr, car si vous montrez votre colère et votre rébellion, vous risquez d'être abandonnée. Vous vous dites : « Si je ne peux pas contrôler mon monde, je peux au moins me faire du mal. » Comme beaucoup d'individus, vous avez du mal à abandonner vos griefs, à accepter le passé pour faire une croix dessus et à faire preuve de résilience. Certes, il est extrêmement difficile de se débarrasser de sa soif de vengeance et de sa colère, mais c'est la meilleure chose à faire si vous voulez vraiment grandir et évoluer dans votre vie. Voilà les six pensées rebelles que vous avez pour justifier votre dépendance à la nourriture. Nous les avons examinées en détail dans la première partie, mais ce qui nous préoccupe maintenant, c'est de savoir comment vous pouvez les dépasser.

1. Aime-moi d'abord, ensuite je perdrai du poids.
2. C'est de leur faute si je suis comme je suis, donc je ne peux pas changer.
3. Je vais me venger d'eux.
4. Je ne suis pas ce corps.
5. La nourriture est la seule chose agréable que j'ai dans la vie, je ne vais donc pas y renoncer.
6. Si je ne peux pas être parfaite, je préfère être trop grosse.

Aime-moi d'abord, ensuite je perdrai du poids

Quand vous vous sentez indigne d'être aimée, vous faites passer de nombreux tests à votre partenaire pour qu'il vous prouve à quel point il vous aime – le test du surpoids, par exemple. Après tout, il devrait vous aimer telle que vous êtes, non ? Mais demandez-vous plutôt pour qui votre surpoids est une réelle punition. Comment pouvez-vous demander à celui qui partage (ou partageait) votre vie d'aimer ces kilos que vous détestez ? Quand vous lui demandez de vous aimer inconditionnellement, vous lui demandez quelque chose d'impossible, qui remonte à l'enfance, au foyer dans lequel vous avez grandi, aux parents que vous avez eus. Votre partenaire sera toujours perdant, quoi qu'il dise. S'il semble vous aimer avec votre surpoids et que vous décidez de maigrir, il appréciera certainement votre nouvelle silhouette – l'occasion rêvée pour lui dire qu'il vous aime davantage mince que grosse et que, par conséquent, il vous mentait auparavant. Que faites-vous ? Vous vous dépêchez de reprendre vos kilos perdus pour le punir de son hypocrisie. Et, toute votre vie, vous allez garder une énorme colère et une terrible méfiance. Ce que vous devez comprendre, c'est que ce n'est pas une histoire entre vous et lui, mais une histoire qui remonte à votre enfance, à l'impression qui vous est restée de ne pas avoir été aimée comme vous le vouliez par vos parents.

Ne confondriez-vous pas votre partenaire avec l'un de vos parents ?

Je vous conseille vivement d'écrire la conversation que vous auriez voulu avoir avec ce parent qui ne vous a pas donné l'amour inconditionnel que vous désiriez (vous n'êtes pas obligée de lui montrer ce que vous avez écrit). Pourquoi ? Pour maintenir une séparation entre votre passé et la conversation actuelle que vous devez avoir avec votre partenaire. Vous devez lui expliquer le schéma de fonctionnement que vous avez appliqué, lui demander de se montrer compréhensif avec vous, c'est-à-dire de comprendre pourquoi vous avez agi et réagi ainsi dans le passé, et vous engager vis-à-vis de lui à ne pas reproduire ce schéma à l'avenir. Cela vous aidera à faire la distinction entre la réalité actuelle et les images du passé qui vous maintiennent dans un état de rébellion et vous empêchent de raisonner correctement. Dites-lui ce que vous pensez de votre surpoids et que vous ne voulez pas qu'il vous juge très bien comme ça alors qu'il sait, et que vous savez, que vous n'êtes pas bien comme ça. Dites-lui aussi que vous savez que le véritable amour est fondé sur des échanges sincères, des jugements francs et honnêtes, ainsi que sur une lucidité vis-à-vis de soi-même.

C'est de leur faute si je suis comme je suis, donc je ne peux pas changer

Vous avez peut-être gardé vos kilos superflus parce que « vos parents vous ont faite comme ça » en vous faisant trop manger ou en utilisant la nourriture comme une récompense ou une punition. Vous pensez même que votre surpoids peut être dû à un facteur génétique, auquel cas cela vous conforte dans l'idée qu'ils vous ont faite comme ça. Si vous continuez d'utiliser votre poids pour vous venger de vos parents, vous leur donnez un pouvoir bien trop grand sur votre vie. N'oubliez pas qu'ils ne vous dirigent plus, que c'est vous qui êtes désormais votre propre maître. Mais votre colère continue de leur accorder une influence excessive. Le problème, c'est que vous n'exprimez pas directement cette colère. Vous risquez moins gros en vous la retournant contre vous par le biais de la nourriture. Vos parents ne sont pas là pour vous écouter, pour vous répondre, pour être blessés par vos propos. En fait, votre colère vous fait peur et vous ne savez pas la gérer autrement qu'en vous faisant du mal à vous-même et en croyant, à tort, que vous punissez vos parents à travers votre souffrance.

Vos parents dirigeraient-ils encore votre vie ?

Vous devez absolument comprendre que votre histoire est une vieille histoire et travailler à sortir de votre colère passée pour vivre la réalité présente. Même si vous étiez trop petite à l'époque pour tenir tête à vos parents et vous débrouiller seule, qu'est-ce qui vous fait encore croire que vous devez traîner cette vieille histoire toute votre vie ? Dialoguez avec votre conscience critique pour parler à vos fantômes intérieurs. Redonnez-vous l'autorité suprême sur votre vie. C'est à vous, et à vous seule, que vous faites du mal. Si vous avez de bonnes raisons pour en vouloir à vos parents, soit prenez la décision d'en parler avec eux s'ils sont toujours là, soit laissez tomber vos vieux griefs. Ce sera toujours mieux que de tuer votre santé à petit feu.

Je vais me venger d'eux

Cette idée découle de la précédente. Non seulement vous rendez vos parents responsables de ce que vous êtes aujourd'hui, mais vous les punissez de ne pas avoir été les parents que vous souhaitiez. Vous sacrifiez votre vie, votre corps et votre santé à votre soif de vengeance.

Voulez-vous vraiment faire de votre corps un champ de bataille ?

Ressentez-vous toujours autant de colère contre vos parents ? Voulez-vous leur dire à quel point vous êtes en colère contre eux ? Avez-vous peur de le faire ou n'êtes-vous pas sûre que ce soit une bonne idée ? En tout cas, que vous leur exprimiez votre colère ou non, ce sera toujours mieux que de ruminer vos reproches et de vous venger silencieusement sur vous-même. N'ayez pas peur de ressentir profondément votre douleur et votre colère. Après, vous déciderez ce que vous voulez en faire. Le plus important est de reconnaître que, jusqu'à présent, vous avez utilisé votre corps comme l'arme de votre vengeance et de vous demander si vous voulez continuer comme ça.

Je ne suis pas ce corps

Si vous avez subi des violences, vous avez sans doute décidé qu'être dans votre corps n'était pas un endroit sûr. Vous vous êtes séparée de lui pour vous protéger, mais le temps a passé et il est largement temps de vous le réapproprier. Pourquoi ? Parce qu'il est aujourd'hui un lieu sûr. Petite, vous avez été dépassée par vos peurs, votre trouble et votre culpabilité. Maintenant, vous pouvez affronter les émotions qui montent en vous par le travail que nous faisons ensemble – et en allant consulter un thérapeute, si nécessaire. Si jamais vous continuez de subir des violences physiques, allez consulter sans tarder.

Ne serait-il pas temps de vous réapproprier votre corps ?

Même si vous ne le considérez pas comme votre corps

depuis longtemps, c'est votre corps. Quand quelque chose vous perturbe, essayez ces trois techniques qui vous aideront à mieux prendre conscience de lui.

1. Regardez-vous dans un miroir en pied et parlez-vous pendant cinq minutes.
2. Ralentissez votre rythme respiratoire. N'oubliez pas de respirer par le ventre. Veillez à faire des respirations complètes. Focalisez toute votre attention sur vos inspirations et vos expirations.
3. Massez-vous. Mieux encore, essayez de trouver quelqu'un pour vous masser. Concentrez-vous sur chaque partie de votre corps que vous touchez ou que l'autre touche.

Ce sont des actions physiques qui permettront d'amorcer le processus de réunification entre votre corps et vous, mais rappelez-vous qu'elles doivent agir sur votre psychisme. Si vous lui en donnez la possibilité, votre corps vous fera revenir à un état d'être naturel, celui que vous avez perdu. Vos kilos superflus ne font que vous séparer de vous-même, et vous rebeller pour les conserver n'est qu'un moyen d'exprimer votre colère contre ce qui s'est passé et de maintenir en place cette barrière qui vous donne une illusion de sécurité – comme si, aujourd'hui, vous n'étiez pas capable de gérer les émotions du passé.

La nourriture est la seule chose agréable que j'ai dans la vie, je ne vais pas y renoncer

Dans le chapitre 14, vous avez vu que la nourriture ne peut jamais remplacer un plaisir réel. Elle ne peut pas vous aimer, elle ne peut pas vous rendre fière, elle ne peut pas vous apporter l'affection, l'attention et la reconnaissance que vous désirez si fort. Rendez-vous à l'évidence. Quand vous dites que la nourriture est votre seul plaisir dans la vie, vous fonctionnez à partir d'une image de vous-même que vous devriez mettre en question. En êtes-vous vraiment arrivée au point que vous ne pouvez tirer aucune satisfaction de vos relations familiales, amicales ou affectives et de toutes les opportunités que la vie vous offre ? Est-il vrai que seule une chose inanimée telle la nourriture peut vous combler ? Rendez-vous compte qu'en disant cela, vous dites que le monde entier vous est inutile ?

Pourquoi ne pas vous trouver une source de plaisir réelle ?

À présent, vous devez vous prouver à vous-même que l'image que vous avez de vous – celle d'une personne qui ne peut être comblée que par la nourriture – est une vieille image que vous avez perpétuée par habitude en évitant de vous regarder de près. Cette image n'est pas vous. Elle correspond à une idée de vous née de votre déception. En ayant lu les chapitres précédents, vous commencez peut-être à mieux définir ce à quoi vous avez toujours aspiré dans votre vie. Choisissez trois choses que vous allez commencer à concrétiser cette semaine. Soyez particulièrement attentive au plaisir que vous prenez en faisant les choses que vous avez toujours remises à plus tard.

Si je ne peux pas être parfaite, je préfère être trop grosse

Encore une fois, permettez-moi de vous rappeler que vous ne serez jamais parfaite – que personne ne le sera jamais. C'est un idéal difficile à abandonner, mais que tout individu doit, un jour ou l'autre, enterrer pour connaître le bonheur et la réussite. Soyez consciente qu'il s'agit d'une excuse grosse comme une maison et, en disant cela, vous attaquez votre propre conscience critique, Joséphine. Vous mangez pour la défier parce qu'elle vous a toujours fait croire que vous deviez être parfaite pour vous accepter et vous faire accepter des autres. Si vous cherchez toujours à être parfaite, dialoguez avec Joséphine (voir chapitre 13, séance n° 4).

N'est-il pas grand temps de relativiser la perfection ?

Répondez à l'accusation n° 1 de votre conscience critique dans le chapitre 13, séance n° 4.

Gérez votre colère de façon adulte

Vous allez devoir appliquer le principe-phare que je vous ai enseigné, à savoir considérer la réalité de la situation et partir du principe que toutes les réalités sont complexes et sujettes à des interprétations multiples. Vous allez devoir, tel un détective, analyser chaque indice avant de décider en conséquence. Accepter que votre colère soit un réflexe fondé sur l'interprétation erronée que la situation actuelle qui suscite votre colère est identique à la situation passée qui a suscité votre colère. Prenez le temps de bien réfléchir pour comprendre la différence. Profitez de ce temps de réflexion pour choisir une nouvelle façon, adulte cette fois, de gérer une situation qui vous met en colère.

- Vous pouvez utiliser votre colère pour vous motiver.
- Vous pouvez dissiper un malentendu.
- Vous pouvez admettre votre responsabilité dans l'histoire.
- Vous pouvez faire un compromis.

- Vous pouvez prendre la jalousie des autres pour un jugement flatteur.
- Vous pouvez découvrir que l'autre ne l'a pas fait exprès.
- Vous pouvez réaliser que votre sentiment d'être dans votre bon droit ou que vos attentes sont à l'origine de votre colère.
- Vous pouvez affirmer de façon adéquate vos droits et vos attentes si elles sont raisonnables.

Votre véritable indépendance passe par un comportement adapté, raisonnable et mature en accord avec vos propres valeurs, avec ce que vous jugez bien ou mal. Plus vous garderez une réaction de colère adaptée à la réalité de la situation bien spécifique que vous vivez actuellement, plus vous ressentirez votre puissance et moins vous mangerez par défi.

Exprimez ouvertement vos griefs ou oubliez-les définitivement

Qui n'a pas été blessé ou déçu dans sa vie ? Qui n'a pas de raisons d'en vouloir aux autres, à commencer par ses ancêtres dont il a hérité le patrimoine génétique, notamment un physique qui lui déplaît ? On peut en vouloir à ses parents, voire au conducteur qui vient de vous faire une queue de poisson. Dans votre cahier, notez les personnes auxquelles vous en voulez. Puis prenez une décision : osez vous confronter à vos griefs en les exprimant ouvertement ou oubliez-les définitivement.

1. Parlez-en à cette personne ou, s'il s'agit de votre partenaire, allez consulter ensemble un thérapeute de couple.
2. Reconnaissez votre part de responsabilité dans l'histoire.

3. Admettez que vous ne pouvez pas vous expliquer avec cette personne (parce qu'elle est décédée, que vous ne la voyez plus ou qu'elle refuse de vous parler), prenez-en votre parti et oubliez.

Cessez de renforcer votre sentiment d'impuissance

Imaginons l'un des scénarios suivants :

- On vous a manqué de respect.
- Vous ne vous sentez pas appréciée.
- Vous vous sentez incomprise.
- Vous vous sentez exploitée.
- Vous vous sentez insultée.
- Vous vous sentez rabaissée.
- Vous vous sentez trahie.

Vous vous lancez aussitôt dans une interprétation erronée de la situation : « Je ne sais pas comment gérer ma colère. » Alors vous mangez pour éviter de vous confronter à la situation ou à la personne en face de vous – vous risqueriez de mordre !

Exemple d'interprétation erronée

Enfant, Manuel avait l'impression que sa mère s'intéressait à tout sauf à lui – à ses magazines, à sa tapisserie, à ses discussions au téléphone, à ses sorties shopping, à ses feuilletons à la télé… La seule attention qu'elle avait pour lui était de lui donner à manger. Elle lui préparait ses plats favoris et s'asseyait à table pour manger avec lui. Manuel a été en surpoids toute sa vie. Récemment, il s'est inscrit sur un site de rencontres. Il a choisi une photo de lui quand il était moins gros. Pendant trois semaines, il a dialogué avec Patricia et tout allait bien. Mais lorsqu'ils se sont rencontrés, elle a semblé déçue et fini par lui avouer qu'elle le trouvait trop gros (la réalité extérieure ici et maintenant). Manuel est en colère et interprète les propos de Patricia de façon erronée : « Je ne sortirai jamais avec une fille. » Il appelle sa mère et lui dit que c'est de sa faute s'il est gros. Puis il tombe dans le scénario catastrophe : Je ne trouverai jamais une femme qui m'aimera (sa réalité intérieure fondée sur ses peurs et ses expériences passées). Manuel se venge de Patricia et de sa mère sur la nourriture. Comment la nourriture pourrait-elle les punir ? Vu de l'extérieur, c'est complètement absurde, mais pas pour Manuel au moment où il passe à l'acte. La nourriture qu'il avale renforce sa révolte et son sentiment d'impuissance.

Réinterprétation réaliste

Pour transformer votre sentiment d'impuissance, vous avez deux possibilités : soit répliquer à Joséphine du tac au tac (défense contre son accusation n° 6), soit réévaluer la situation de façon objective. Manuel doit analyser la situation en fonction de ce qu'il vit dans le présent (et non de ce qu'il a vécu dans le passé). Lorsque vous êtes en colère et ne savez pas comment la gérer autrement que par la rébellion :

- Vous pouvez communiquer et dissiper d'éventuels malentendus.
- Vous pouvez apprendre des techniques de respiration.
- Vous pouvez reconnaître votre part de responsabilité dans l'histoire.
- Vous pouvez faire la paix avec les personnes qui, selon vous, vous ont fait du mal dans le passé pour éviter de continuer à trimballer vos vieilles rancunes.
- Vous pouvez pardonner.

Exemple de réinterprétation réaliste

Récemment, Manuel s'est inscrit sur un site de rencontres. Il a choisi une photo de lui quand il était moins gros. Pendant trois semaines, il a dialogué avec Patricia et tout allait bien. Mais lorsqu'ils se sont rencontrés, elle a semblé déçue et fini par lui avouer qu'elle le trouvait trop gros. Manuel prend du recul pour réfléchir à la situation. Il se rend compte qu'il a trompé des partenaires potentielles en choisissant une photo de lui qui ne correspond plus à la réalité et que la déception de Patricia est justifiée. Il réalise aussi que même si sa mère ne lui a pas accordé toute l'attention dont il avait besoin petit garçon, il ferme la porte à une relation plus authentique avec elle aujourd'hui en ruminant une vieille rancune. Enfin, il se dit que c'est à lui, et à lui seul, qu'il fait du mal en s'empiffrant. Et puis ce n'est pas en se montrant agressif qu'il va attirer les femmes. Alors il envoie un courriel à Patricia pour s'excuser. Celle-ci est si touchée par sa sincérité qu'elle accepte de rester en contact avec lui. Ils se voient de temps en temps pour faire du vélo ensemble, puis de plus en plus souvent, et Manuel réussit à perdre du poids sans effort. Ils partagent une belle complicité. Finalement, Manuel reçoit de la part d'une femme toute l'attention dont il a toujours rêvé.

Chapitre 17

Séance n° 8 : Comment combler votre vide intérieur

Durant cette séance :

- Vous allez comprendre votre expérience du vide intérieur, ce qu'elle signifie pour vous, personnellement, et comment vous pouvez la gérer en prenant votre vie en main.
- Vous allez comprendre la strate mystérieuse du sentiment de vide. Vous allez reconnaître votre peur de l'abandon et la voir telle qu'elle est, à savoir une image obsolète et un souvenir périmé de ce que vous redoutiez quand vous étiez toute petite.
- Vous allez connaître intimement votre schéma d'attente et votre scénario catastrophe, la peur terrible d'être privée de ce que vous voulez ou déçue.
- Vous allez devoir vous prouver à vous-même que votre schéma d'attente n'est pas la bonne manière de gérer vos relations.
- Vous allez devoir cesser d'alimenter votre sentiment de vide en vous méfiant de ce que vous donnent ceux qui vous aiment.
- Vous allez devoir garder à l'esprit que vous avez deux méthodes pour annuler votre constat d'impuissance face à votre vide intérieur :

1. Vous rappeler que le vide ressenti ne peut jamais être comblé par la nourriture.
2. Cesser d'entretenir votre sentiment de vide en confondant votre peur infantile de l'abandon avec votre situation actuelle.

Qu'est-ce que l'expérience de vide intérieur signifie pour vous ?

Le sentiment de vide est différent chez tous les individus. À vous de déterminer dans quelles circonstances vous vous sentez vide intérieurement. « Je me sens vide quand … »

Strate du manque d'estime de soi

- Je suis envahie de doutes sur moi-même. ✓
- Je n'ai pas une assez bonne image de moi. ✓
- Je me sens jugée. ✓

Strate de la frustration

- Je suis insatisfaite de mes relations.
- Je suis seule.
- Je suis loin des gens que j'aime. ✓
- Mes besoins ne sont pas satisfaits.
- Je ne fais pas quelque chose qui me passionne. ✓
- Je me sens dépassée et incapable de gérer ma vie. ✓

Strate de la sécurité

- Je suis anxieuse.
- Je suis en conflit avec ma famille.
- J'ai peur d'expérimenter quelque chose de nouveau.

Strate de la rébellion

- Je me sens incomprise. ✓
- Je me sens étrangère aux autres et au monde. ✓
- Je me sens marginalisée ou insignifiante. ✓

Strate du vide intérieur

- J'ai l'impression que la vie n'a pas de sens. ✓
- Je suis avec des gens que j'aime, mais j'ai l'impression de ne pas participer.

- Je traverse un grand changement dans ma vie.
- J'ai l'impression que mes attentes ne seront jamais comblées par personne. ✓

Essayez de déterminer à quelle catégorie appartient votre sentiment de vide pour pouvoir, ensuite, faire du bon travail sur vous-même. Si votre vide intérieur concerne l'une des quatre premières strates d'impuissance, relisez les chapitres qui s'y rapportent et travaillez ces domaines. S'il concerne la dernière strate, poursuivez votre lecture et je vous montrerai comment travailler sur ce sentiment.

Comprenez votre peur de l'abandon

Dans le chapitre 8, vous avez vu que votre peur de l'abandon est votre peur la plus primitive et la plus profonde et qu'elle suscite souvent un sentiment de vide que vous essayez de combler par la nourriture. Vous avez également compris à quel point votre peur d'enfant d'être abandonnée pouvait exacerber la peur de la femme adulte que vous êtes devenue d'être abandonnée. Il est normal que vous ayez peur de voir partir ou mourir les gens que vous aimez – vos parents, votre compagnon, vos amis, vos enfants. Mais c'est quand ces peurs sont associées à la peur de l'abandon que vous ressentiez toute petite qu'elles deviennent insupportables. À présent, il est temps de les dissocier. Dans votre cahier, tracez deux colonnes. En haut de la colonne de gauche, écrivez « anciennes peurs de l'abandon » et à droite « peurs de l'abandon actuelles ».

Dans la colonne de gauche, faites une liste des moments, dans votre vie, où vous avez eu peur d'être abandonnée, où vous avez été rejetée ou délaissée par vos petit(e)s copains ou copines de classe, où vous avez été confrontée à la mort ou au départ de quelqu'un de proche ; notez également les cauchemars et les différentes peurs dont vous vous souvenez. Essayez de ressentir à nouveau ce que vous ressentiez alors et comment vous avez réagi. Dans la colonne de droite, faites la liste de vos peurs actuelles, par exemple que l'un de vos proches tombe malade ou décède, que votre partenaire vous quitte, que vous soyez obligée de déménager, que vos enfants quittent la maison, etc.

Comment apaiser vos peurs de l'abandon ?

Observez vos deux listes. À propos de vos peurs actuelles, demandez-vous : « Comment puis-je apaiser mes peurs ? » Vous pouvez apaiser vos peurs en vous posant les questions suivantes :

1. Est-il possible d'empêcher l'abandon que je redoute ? Si oui, comment ? (Par exemple, si votre partenaire est gravement malade mais ne se soigne pas, vous pouvez le prendre en charge et l'inciter à suivre un traitement.)
2. Est-il possible de me préparer à l'abandon que je redoute ? Si oui, comment ? (Par exemple, si vos enfants vont bientôt aller étudier ailleurs et quitter la maison, vous pouvez commencer à penser un peu à vous, à trouver des activités et des centres d'intérêt ; ainsi, une fois qu'ils seront partis, vous ressentirez moins un grand vide.)
3. Si vous ne pouvez pas empêcher cet abandon ou vous y préparer, comment allez-vous le gérer ? (Par exemple, si vous divorcez, vous pouvez vous assurer un bon conseil juridique et des systèmes de soutien adaptés.)

Lorsque vous examinez vos deux listes, pouvez-vous voir en quoi vos anciennes peurs intensifient vos peurs actuelles ? Réussir à faire le lien entre les peurs passées et les peurs présentes suffit souvent à susciter l'éveil de la conscience et une nouvelle vision des choses.

Dans le chapitre 8, vous avez peut-être compris que vous aspiriez toujours à ce que vos proches vous aiment comme un parent aime son enfant, c'est-à-dire répondent aussitôt à vos besoins. Mais, à l'époque, vos besoins étaient simples – vous aviez besoin d'être prise dans les bras de maman quand vous pleuriez et nourrie quand vous aviez faim. Même toute petite, vous vous êtes représentée dans votre tête ce que vous pouviez attendre des autres quand vous aviez besoin de contact humain. Toute relation mère-enfant met en marche un modèle d'attente qui s'appliquera à l'ensemble des relations futures. Si vous vous reconnaissez une tendance à vous méfier de l'amour qu'on vous donne, à rester en retrait pour vous protéger ou à être constamment déçue par les personnes censées vous aimer, vous avez probablement un modèle d'attente qui crée votre sentiment de vide intérieur. Si, quand vous êtes aimée, vous ne l'acceptez pas, vous ne pouvez pas être comblée, c'est certain.

Apprenez à accepter l'amour qu'on vous donne

Vous allez devoir laisser de côté ce modèle d'attente, reconnaître les moments où vous êtes vraiment aimée et laisser la chaleur du véritable amour vous envahir sans en avoir peur. Comment ? En vous observant dans ces moments où vous savez que vous êtes aimée mais où vous ne laissez pas cet amour venir à vous. Par exemple, votre compagnon essaie de vous égayer ou de vous câliner quand vous êtes de mauvaise humeur. Au lieu de vous énerver et de le repousser, comme pour dire que ce qu'il fait n'est pas assez, vous lui dites que vous appréciez ses efforts.

Qu'est-ce qui vous comble ?

Demandez-vous ce qui vous comble réellement. Repassez le film de votre vie et rappelez-vous les moments où vous vous sentiez comblée. « Je me sens comblée quand … »

- je suis amoureuse ✓
- je reçois des compliments/félicitations à mon travail ✓
- j'ai l'impression que ma vie est sur la bonne voie
- je me sens reliée au Divin
- tous les gens que j'aime sont heureux et en bonne santé
- je me passionne pour ce que je fais ✓
- je suis en contact avec l'Autre/les autres
- je prends soin de moi ✓
- je prends soin des autres ou je leur rends service

Établissez votre propre liste en la personnalisant au maximum et consultez-la à chaque fois que vous ressentez un grand vide intérieur.

Cessez de renforcer votre sentiment d'impuissance

Imaginons l'un des scénarios suivants :

- Quelqu'un vous en veut.
- L'un de vos proches est mort.
- Votre compagnon vous a quittée.
- Vous ne vous sentez aimée de personne.
- Vous n'êtes pas appréciée.
- Vous êtes loin de tous ceux que vous aimez fréquenter.
- Vous ne trouvez aucun sens à votre vie.
- Vous vous lancez aussitôt dans une interprétation erronée de la situation : « Je ne me sentirai jamais aimée ou

comblée. Personne ne me comprend. Je suis seule au monde. » Vous ressentez alors un immense sentiment de vide et d'impuissance que vous tentez de combler par la nourriture.

Exemple d'interprétation erronée

Le petit ami de Béatrice l'a quittée. Ils avaient fait des projets de mariage. Luc a profité d'un voyage d'affaires de Béatrice pour faire sa valise et s'en aller. Lorsque Béatrice est rentrée à la maison, les placards de Luc étaient vides (réalité extérieure ici et maintenant). Elle interprète mal la situation en se disant qu'elle ne sera jamais aimée comme elle le souhaite, puis tombe dans le scénario catastrophe : Mon père est mort quand j'avais dix ans, les hommes n'arrêtent pas de me quitter, je serai toujours seule (sa réalité intérieure fondée sur ses peurs et ses expériences passées). Béatrice se met à manger à longueur de journée. Elle ne supporte pas ce sentiment de vide terrible au creux de son ventre. En six mois, elle a pris dix-huit kilos. Manger renforce son vide intérieur en l'empêchant de chercher des choses qui la combleraient vraiment et confirme son sentiment d'impuissance.

Réinterprétation réaliste

Pour transformer votre sentiment d'impuissance, vous avez deux possibilités : soit répliquer à Joséphine du tac au tac (défense contre son accusation n° 1), soit réévaluer la situation de façon objective. Béatrice doit analyser la situation en fonction de ce qu'elle vit dans le présent (et non de ce qu'elle a vécu dans le passé). Lorsque vous ressentez un vide intérieur et ne savez pas comment le combler pour éprouver une réelle plénitude :

- Vous pouvez demander pardon.

- Vous pouvez tisser de nouveaux liens affectifs.
- Vous pouvez demander une aide psychologique.
- Vous pouvez reconnaître la différence entre vos peurs d'antan et vos peurs d'aujourd'hui.
- Vous pouvez cesser d'attendre un amour inconditionnel de l'Autre/des autres.
- Vous pouvez chercher à nouer des contacts ou à vous lancer dans une ou plusieurs activités.

Exemple de réinterprétation réaliste

Le petit ami de Béatrice l'a quittée. Ils avaient fait des projets de mariage. Luc a profité d'un voyage d'affaires de Béatrice pour faire sa valise et s'en aller. Lorsque Béatrice est rentrée à la maison, les placards de Luc étaient vides. Luc ne voulait même pas en parler. Il lui a juste dit qu'il avait besoin de partir. Béatrice prend du recul pour réfléchir à la situation. Elle réalise que ses sentiments sont exacerbés par le fait que son père soit mort et l'ait « quittée » lorsqu'elle avait dix ans. Elle réplique à Joséphine en se disant que ce n'est pas parce que Luc est parti qu'elle a tous les défauts, qu'elle est bonne à rien et qu'elle restera toujours seule. Sa souffrance la pousse à aller demander une aide psychologique. Face au psychologue, elle parle du départ de son petit ami et de la mort de son père. Ce n'est qu'alors qu'elle réalise à quel point le décès de son papa et sa peur de l'abandon ont marqué toute sa vie affective. Elle n'a jamais vraiment aimé ses partenaires comme ils l'ont aimée. Elle avait trop peur parce qu'ils pouvaient la quitter un jour. Maintenant que Béatrice a fait ce travail sur elle pour combler son vide intérieur, elle ne se sent plus impuissante, n'a plus besoin de s'empiffrer pour se sentir comblée et se dit qu'elle peut tout à fait vivre une relation épanouissante.

Conclusion

Regardez tout le travail que vous avez accompli. Vous avez beaucoup réfléchi. Vous avez plongé au cœur de vous-même. Peut-être vous sentez-vous encore dépassée et aspirez-vous toujours à une solution magique pour perdre du poids et avoir le corps que vous souhaitez. Nous cherchons tous le remède miracle, et j'aurais aimé vous l'apporter, mais de toute façon je n'aurais pas pu car il n'existe pas. Retrouver votre pouvoir sur vous-même, redevenir maître de vos choix et de votre vie, pas à pas, est le seul moyen de contrôler durablement votre poids.

En appliquant dans votre vie ce que vous avez appris dans ce livre, une strate d'impuissance vous apparaîtra peut-être plus facile à surmonter qu'une autre. J'explique à mes patients que cela ne veut pas dire qu'ils n'ont pas fait de progrès, mais simplement qu'ils sont plus dépendants de la nourriture dans certains domaines. Et ces domaines réclament plus de temps, de patience et de persévérance. Au départ, vous pouvez être capable de contrôler vos grignotages de l'après-midi au boulot, mais pas vos fringales nocturnes. Les domaines qui vous donnent le plus de fil à retordre sont ceux dans lesquels vous devez faire un travail plus approfondi – vous poser plus de questions, faire plus de choix, procéder à des réinterprétations réalistes plus fréquentes, répliquer davantage à votre Joséphine. Gérer votre vie est un projet de toute une vie, et gérer votre relation à la nourriture un projet plus spécifique qui fait partie intégrante de ce grand projet.

Avec un peu de pratique, vous devez être capable de prendre du recul par rapport à une situation, un événement ou une personne qui déclenche en vous une émotion, c'est-à-dire de réfléchir quelques instants à chaque fois que vous êtes sur le point de succomber à la nourriture. C'est dans cet intervalle de temps que vous êtes réellement vous-même, avec vos rêves, vos sentiments, vos idées, vos besoins, vos objectifs et votre potentiel inexploité. Quand vous faites le choix de faire autre chose que de manger, vous donnez la possibilité à votre vrai Moi d'émerger, et c'est là que la vie peut vous ouvrir toutes ses portes et que vous pouvez enfin avoir le corps que vous voulez.

Je n'ai plus grand-chose à ajouter, si ce n'est de vous rappeler des principes évidents mais ô combien fondamentaux :

- C'est votre vie et vous êtes la seule à pouvoir la gérer.
- Vous faites beaucoup mieux de vous autoriser à vous autodéterminer qu'à abandonner votre pouvoir à votre conscience primitive. Une conscience mature rend la vie tellement plus facile.
- Puisque vous êtes adulte et l'auteur de votre propre vie, vous pouvez écrire les pages de votre histoire comme bon vous semble.

Table des matières

Impression et façonnage réalisés en octobre 2014
par CPI Black Print
Imprimé en Espagne